Désinformation économique

Myret Zaki

Désinformation économique

Repérer les stratégies marketing qui enjolivent les chiffres officiels

FAVRE

Siège social
29, rue de Bourg
CH – 1002 Lausanne
Tél. : +41 (0)21 312 17 17 – Fax : +41 (0)21 320 50 59
lausanne@editionsfavre.com
www.editionsfavre.com

Groupe Libella, Paris

Dépôt légal en février 2022.

Couverture : dynamic19
Photo de couverture : © Magali Girardin
Mise en page : Lemuri-Concept

ISBN : 978-2-8289-1449-3

La maison d'édition Favre bénéficie d'un soutien structurel de l'Office fédéral de la culture pour les années 2021-2024.

Je revois le sautoir que portait ma grand-mère Safeya :
au milieu des perles s'intercalaient des saphirs d'un bleu
si absolu, qu'il sculpta en moi une indélébile vision d'intégrité.

Table des matières

Introduction :
L'information et les dangers de l'idéologie 11

Peu ou pas de réflexion 14

Le poids des impératifs géopolitiques 17

Les récits déteignent sur les chiffres 18

Chapitre I :
Le plus souvent, les chiffres officiels expriment des demi-vérités 29

France : des clichés sociaux loin des réalités 32

Suisse : des taux hypothécaires trompeurs 35

États-Unis : l'antisocial vendu comme social 38

Chapitre II :
Statistiques manipulées : qu'en dit la recherche ?..... 49

Le cas de la sous-estimation des déficits de l'UE 54

Chapitre III :
Le taux de chômage et ses lacunes 59

France : le « halo » du chômage 61

Le taux de chômage, une métrique dépassée ? 61

États-Unis, les inactifs oubliés 64

En Suisse, des données incomplètes 68

Une statistique différente peut casser un mythe 74

Chapitre IV :
Inflation, l'indice qui ne mesure pas le coût de la vie 79

L'inflation en France : du politique aux mathématiques 79

En Suisse, des demi-solutions 83

Une lacune non résolue 85

Les subsides, l'autre versant de l'inflation 93

États-Unis, l'inflation euphémisée par les chiffres 97

Méthode hédoniste 107

Effet de substitution 108

Le « boost » apporté au PIB 118

Chapitre V :
Seul étalon de valeur, l'or est manipulé 121

Chapitre VI :
Rapports annuels, l'assommoir de la complexité 133

Un outil de vente 142

Greenwashing révélé par des ONG 144

La barrière légale 145

Quand tout figure… sauf l'essentiel 146

Risque systémique : l'angle mort des rapports 150

Le cas du rapport mondial sur le *shadow banking* 152

Finance non cotée en bourse : comptabilité créative et bulles 158

Chapitre VII :
La désinformation sur les paradis fiscaux 161

Les *leaks*, une information sans informateur 161

Les gouvernements à la manœuvre : des précédents révélateurs 164

L'angle mort des leaks 169

Quand l'information est produite par les plus gros paradis fiscaux 171

Chapitre VIII : Comment la communication a infiltré le journalisme économique 175

Communication et information, deux buts opposés..... 178

Comment la publicité oriente le contenu....................... 179

Le siècle de la communication 182

Des marques devenues « médias » 183

La pression légale 186

La sanction de l'audience.. 187

L'info indépendante dans le journalisme non professionnel 190

Captation institutionnelle : le cas des journalistes de la Fed 191

Quand le terme « désinformation » sert des fins partisanes.. 198

Chapitre IX : L'impact des sponsors, mécènes et fondations 205

Une gouvernance encore lacunaire............................... 211

Le *New York Times* et les conflits d'intérêt....................... 213

« Les conflits d'intérêt, ce n'est pas grave » 214

Les lobbyistes déguisés en chroniqueurs 215

Liens d'intérêt avec les pharmas minimisés 215

Le Monde : *tribune dissimulant les liens avec LVMH* 216

Lobby pro-industrie dans une posture d'« objectivité » 217

Défense de Coca-Cola et consulting de multinationales... 218

Chapitre X :
La propagande privatisée 221

L'émergence des espions privés 221

La weaponisation du concept de « factuel » 223

Le fléau de l'espionnage privé 226

De la propagande au lobbying 230

L'astroturfing ou la désinformation payée 236

La guerre cognitive, un boulevard de désinformation... 237

Chapitre XI :
Comment les 1 % façonnent l'opinion 243

La défaite de l'idée de redistribution 244

Les récits collectifs des 1 % 247

Des bulles sur le marché des idées 249

Conclusion :
Diversifier ses sources 257

L'information et les dangers de l'idéologie

« Votre problème, ce n'est pas ce que vous ignorez. C'est ce que vous prenez pour parfaitement vrai, mais qui ne l'est pas. » Mark Twain

Le terme de désinformation a revêtu, surtout dans le contexte de la crise du Covid-19, mais déjà bien avant, un sens exclusif, dans lequel il désigne les fausses informations colportées par les quidams sur les réseaux sociaux, mais aussi par l'extrême-droite, par les complotistes, par les Russes ou par les Chinois, ou par tous ces « hurluberlus » qui se prennent pour des experts et se permettent d'exprimer leurs opinions en ligne. Ce n'est pas du tout l'angle de ce livre. Il est en effet étonnant, voire inquiétant de voir que ce terme en est venu à désigner uniquement la désinformation qui vient d'en bas, mais pas celle qui vient d'en haut. Les États, les grandes entreprises, les services de renseignement, les lobbies, les agences de relations publiques n'ont jamais été aussi actifs dans les pays occidentaux. Pourtant, ils ne sont que rarement évoqués en tant qu'agents de désinformation, et le souci exprimé face à celle-ci ne fait presque jamais référence à ces entités. Cela, en soi, est une grosse désinformation et une lacune majeure dans la présentation des risques qui guettent l'information citoyenne, intègre et indépendante. En effet, en démocratie, le premier souci devrait être de veiller à ce que la désinformation qui provient des institutions, et face à laquelle la plus grande vigilance est de mise, soit sous contrôle. Car elle porte évidemment la plus lourde responsabilité sociale, et de loin, sur la vie du plus grand nombre.

Dans cet ouvrage, on va donc remédier à cette lacune problématique, et s'occuper de la désinformation qui vient des gouvernements, des entreprises, et de l'industrie de l'influence. La désinformation qui affecte tout citoyen et toute citoyenne au premier chef, car elle est parée de la légitimité du pouvoir. Celle qui touche les informations officielles sur lesquelles les citoyens comptent pour prendre leurs décisions de vie. Celle qui peut émaner des autorités, des multinationales, des organisations supranationales, qui peut se reposer sur la crédibilité des chiffres, et dont la diffusion impacte des millions de personnes. En effet, dans une démocratie, c'est l'État qui est au service du citoyen et non l'inverse. C'est l'État qui doit la transparence au citoyen et non l'inverse. L'information est un droit fondamental. C'est donc la qualité de l'information émanant d'entités puissantes qui nous occupera ici en premier lieu.

Mais on ne va pas, dans ce domaine, s'interroger sur la désinformation des Chinois ni sur celle des Russes, ni sur d'autres «ennemis du Monde Libre». On va s'intéresser à la désinformation qui existe dans nos démocraties occidentales, celle qui doit être notre souci premier, celle que les journalistes, dans leur rôle de sentinelles des démocraties, ont pour tâche prioritaire d'investiguer, questionner, analyser, exposer.

Dans la première partie du livre, on va se concentrer sur les chiffres économiques. Le pouvoir des chiffres est immense. Il réside dans la confiance qu'inspire leur apparente précision, supérieure aux mots, qui leur confère une autorité en tant que porteurs de faits et de vérité. Le point fort des chiffres est aussi leur universalité (ils ne sont pas liés à un pays, à une langue, culture ou frontière). Cela explique le poids qu'ont acquis les chiffres en tant qu'outils de gouvernance, y compris transnationale. L'image de transparence et de neutralité que renvoient les chiffres est attrayante pour les adeptes de technocratie, en particulier dans nos sociétés de l'information du XXIe siècle. Mais elle est trompeuse. La transparence, l'objectivité et la précision s'avèrent souvent illusoires[1], comme l'ont montré maintes études académiques. Des faits sont présentés comme vérités, d'autres sont obscurcis. Transformer la vie économique en nombres est un outil de gestion puissant, mais qui doit nécessairement simplifier et standardiser des réalités complexes pour en faire des catégories gouvernables. Cela implique des choix politiques et un projet de société. À la source du chiffre, donc, il y a des postulats idéologiques qui doivent pouvoir être discutés en dehors des cercles limités des statisticiens et économètres[2]. Ceci d'autant plus que les statistiques économiques se prêtent à la manipulation en raison de leur malléabilité[3] et que le processus de leur production est, et restera, fondamentalement politique et tributaire du niveau d'intégrité des institutions et du degré d'engagement envers l'intérêt général qui, dans une démocratie en tout cas, ne peuvent s'affranchir d'une supervision démocratique. C'est d'ailleurs exactement le même raisonnement qui s'appliquera à l'intelligence artificielle. Il n'y a pas d'algorithme intelligent, encore moins bienveillant. Il y a seulement une programmation humaine antérieure qui peut créer ou non la condition de ces qualités.

Qu'entend-on précisément par « désinformation » ? C'est la diffusion de données officielles ou provenant d'importants acteurs institutionnels qui laissent croire à une réalité différente, qui embellissent ou travestissent les faits dans un sens conforme aux intérêts de l'émetteur, plutôt qu'à la vérité et à l'intérêt général. C'est la non-diffusion, la cessation de diffusion, la difficulté d'accès, la présentation rendue confuse,

1. H. Hansen, T. Porter, "What Do Numbers Do in Transnational Governance?" *International Political Sociology*, 2012.

2. A. Desrosières. *The politics of large numbers: A history of statistical reasoning*, Éditions La Découverte, 1998.

3. Différentes approches de calcul pour une même statistique sont disponibles dans l'espace méthodologique des standards statistiques internationaux, dont la plus avantageuse peut être exploitée sous la pression politique, qui sera différente de celle retenue en l'absence de pressions.

ou l'insuffisante visibilité de données importantes, essentielles et d'intérêt public. Ce sont les barrières, en termes de complexité et de technicité qui peuvent entraver l'accès à des informations pertinentes. L'analyse concerne les données telles qu'elles sont collectées en amont et produites par des agences officielles, mais celles-ci ne sont pas les seules à avoir des incitations à embellir les chiffres. Les biais dans les statistiques peuvent aussi provenir d'autres acteurs, comme les entreprises, les organisations internationales, les think tanks, les médias ou les milieux académiques, lorsqu'ils relaient des données existantes ou publient les leurs.

La désinformation peut être la conséquence d'arrangements politiques, mais peut également résulter d'un excès de complexité et de mauvaises priorités. Très souvent aussi, l'excès de communication et de marketing, mélangés à des contenus se voulant objectifs et informatifs, aboutit à des formes de désinformation.

Au XXIe siècle, la désinformation revêt de nouvelles formes, plus sophistiquées. Cet ouvrage documente le phénomène à travers maints exemples que nous détaillerons, en nous basant sur les faits.

La focale sera placée sur les distorsions qui guettent l'information économique, car rien n'est plus essentiel que cette dernière. Elle concerne la répartition des richesses dans une société, notre pouvoir d'achat, notre épargne, notre dette, notre logement, nos retraites, notre sécurité financière et l'avenir de nos enfants, et à partir de là notre bien-être individuel et collectif, la préservation de nos droits fondamentaux et l'équilibre social et politique.

Peu ou pas de réflexion

L'information économique est-elle fiable, dans nos pays développés ? Peut-on faire confiance aux statistiques officielles ? Qu'ils émanent d'États, de banques centrales, d'organismes supranationaux ou d'entreprises, les chiffres du chômage, de l'inflation, du PIB, des activités des multinationales, de la spéculation financière, de la valeur des monnaies, des cours boursiers, des prix de l'or, reflètent-ils fidèlement la réalité ?

À travers plusieurs exemples choisis et traités en détail, nous verrons que, très souvent, l'information pèche par manque d'objectivité et aboutit à une désinformation du public. Nous étudierons les mécanismes qui obscurcissent ces chiffres : des statistiques qui cessent d'être publiées ; des méthodes de calcul modifiées pour réduire l'ampleur ou la visibilité de certains phénomènes ; des rapports qui noient les informations essentielles dans une masse de données peu pertinentes.

Cette question fondamentale reçoit curieusement peu d'attention et suscite peu de réflexions. Or il faut le constater : il est souvent difficile de s'informer de manière objective et complète sur tout ce qui affecte notre porte-monnaie, sans devoir y consacrer une immense énergie, que très peu de gens auront à disposition pour rechercher, recouper, décrypter, interpréter. Si un citoyen, une salariée, un consommateur, une épargnante veulent gratter au-delà de la surface des chiffres et des communiqués, les informations ne leur tomberont pas dans le bec.

Quels sont les mécanismes de désinformation, toujours plus importants, qui sont à l'œuvre dans nos démocraties, qui émanent d'organes d'autorité, de grandes entreprises ? Se pourrait-il que les manques de ce côté contribuent à affaiblir la confiance des citoyens dans les institutions ? Comment agir face à ces formes de désinformation dans les pays développés, dont peu d'entre nous sommes conscients ou préoccupés ? Ce sont les interrogations auxquelles ce livre veut répondre.

Si j'ai voulu poser ces questions, c'est parce qu'au fil de mes vingt-cinq ans de travail dans le journalisme économique, j'ai constaté que la barrière de complexité ne cessait de croître, au point que de nombreuses informations économiques sont devenues totalement inaccessibles pour un citoyen lambda. De même, j'ai observé que la communication prenait une place toujours plus grande dans l'information qui concerne la croissance économique, l'emploi, les entreprises, les banques, les marchés financiers, les politiques monétaires et que, surtout depuis 2008, il existe un décalage croissant entre l'état réel de nos économies développées et l'image qui en est véhiculée. État réel que l'on peut capter seulement en combinant différents indicateurs annexes. Les narratifs peuvent même parfois s'opposer à la réalité.

Prenons les chiffres macroéconomiques. Que constatons-nous ? Que les statistiques économiques sont parfois manipulées, comme le montrent des études académiques présentées dans ce livre. Que souvent, elles expriment des demi-vérités ; que la plupart du temps, elles sont mal interprétées. C'est un fait, que nous allons démontrer dans les pages qui suivent : les statistiques traduisent mal les réalités des économies et induisent souvent les citoyens en erreur.

Avec ce constat fondamental : ce problème n'existe pas seulement dans les régimes autoritaires et non démocratiques, connus pour leurs chiffres peu fiables. Il se produit également dans nos démocraties. C'est l'apport de ce livre, qui se concentre sur les pays occidentaux, et sur la perception erronée que les chiffres peuvent véhiculer. Nous chercherons à décrire les processus de manipulation, les embellissements, les omissions, les euphémismes, les choix méthodologiques, les effets d'assommoir, les citadelles de technicité, les demi-vérités, les exagérations, toutes ces distorsions qui altèrent l'information et qui, au bout du compte, produisent de la désinformation.

Souvent, les chiffres servent davantage des fins de marketing (politique ou commercial) que des fins de *reporting* fidèle et objectif. Attardons-nous sur cette notion de marketing : aussi bien les chiffres officiels des gouvernements que les rapports annuels des organisations peuvent céder à la tentation de se présenter sous leur aspect le plus avantageux, plutôt que sous leur état le plus objectif. On parle ici de la différence entre une démarche de fidélité comptable qui reflète une réalité économique, qu'elle soit favorable ou défavorable, par opposition à une démarche promotionnelle qui entend vendre une belle image pour des raisons concurrentielles. Deux approches fondamentalement opposées.

D'une façon générale, il est à observer qu'une culture du marketing et de la promotion, omniprésente et favorisée par les nécessités politiques, par le boom des sciences de la communication, par l'essor des canaux du digital, a clairement pris le pas sur la mission d'information et de reporting (qui n'ont jamais été parfaits, mais l'intention était plus claire).

Nous vivons à l'ère de la communication, qui privilégie les techniques narratives, les arts graphiques et audiovisuels. Ces derniers se mettent au service des messages promotionnels des grandes entreprises et des organismes officiels. Tout cela exerce une influence sur la probité de l'information économique.

Les éléments de langage et le *storytelling* occupent une place croissante dans les stratégies politiques, celles des entreprises, des institutions, des comités monétaires de banques centrales, des grands-messes internationales, ce qui contribue à la désinformation et nécessite un travail de complémentation. Dans tous les secteurs, la communication devient un cœur de métier. C'est d'autant plus vrai quand de gros enjeux sont en cause : statistiques officielles d'un pays, industrie de la finance risquée et dérégulée, résultats des grandes entreprises scrutés par les marchés boursiers.

Nous vivons aussi à l'ère des complexités technico-légales. Auparavant, certaines informations n'étaient pas divulguées. Aujourd'hui, énormément d'informations sont divulguées, mais elles sont souvent rendues peu ou pas lisibles. La complexité dans la présentation de celles-ci ne cesse de croître, parfois jusqu'au ridicule, c'est-à-dire au point où l'information cesse d'en être une.

Le poids des impératifs géopolitiques

La tentation du marketing des chiffres peut s'expliquer par différents facteurs. Si l'on s'intéresse aux chiffres étatiques, le facteur géopolitique est déterminant, comme on le verra plus loin. Dans un contexte mondial tendu, où les économies occidentales perdent leurs monopoles et leur avance technologique par rapport à des puissances rivales comme la Chine, l'attrait de la démarche promotionnelle pour entretenir une image performante de l'Ouest est considérable. La rivalité avec la Chine recèle en effet bien des parallèles avec la période de la guerre froide qui a opposé l'Occident à l'Union soviétique entre 1945 et 1991. Sauf qu'aujourd'hui, la guerre froide entre la Chine et les États-Unis est moins idéologique que commerciale. C'est principalement sur le plan de la supériorité technologique, financière et militaire que se joue la compétition, aussi bien pour les gouvernements que pour les entreprises. La pression croît alors que l'Occident se fait doubler par un Empire du Milieu qui, il n'y a pas si longtemps, appartenait au tiers-monde. Difficile de se laisser vaincre sans livrer bataille. Et la bataille se situe très souvent au niveau des chiffres, par exemple ceux du PIB, l'indicateur roi. Un taux de croissance élevé du PIB, accompagné d'autres indicateurs performants, crée la perception de suprématie économique, suscite la confiance, attire les flux d'investissements et assure l'alignement du reste du monde sur le « favori » du moment.

Les récits déteignent sur les chiffres

Sous-estimer l'inflation permet d'afficher des croissances du PIB plus élevées. Les processus qui mènent à embellir les chiffres sont subtils et complexes, aisément justifiables sur le plan mathématique, mais en réalité ils impliquent des choix idéologiques à différentes étapes du calcul, qui remontent jusqu'à la collecte des données brutes. Les chiffres économiques ne sont pas, et ne seront jamais, des sciences exactes, mais résultent bien au contraire d'hypothèses initiales et de choix de société. Nos économies développées sont toujours plus inégalitaires ; les chiffres contribuent au problème, à travers le message qu'ils véhiculent. Comme l'explique Thomas Piketty dans son ouvrage de 2019, *Capital et idéologie*, chaque société produit un ensemble de discours et d'idéologies visant à légitimer l'inégalité telle qu'elle existe ou devrait exister, et à décrire les règles économiques, sociales et politiques permettant de structurer les récits dominants sur lesquels s'appuient les régimes inégalitaires en place.

Or l'image que se donne l'Occident n'est pas celle de régimes inégalitaires. Le mythe de la supériorité occidentale repose sur le récit entrepreneurial et méritocratique, porté par les symboles de réussite américains. Ceux-ci dominent l'imaginaire collectif d'une grande partie du globe depuis au moins quatre générations, avec leurs pôles incontournables (Hollywood, Wall Street, la Silicon Valley) et leurs ambassadeurs de charme (Nike, Apple, Google, Amazon, Tesla, Coca-Cola...).

Et si la réalité des chiffres économiques et des conditions de vie racontait une autre histoire, plus médiocre ? Le PIB, par exemple, est une mesure insuffisante pour évaluer l'état général d'une économie et pour comparer deux pays. Accorder un grand poids à ce chiffre offre une image trompeuse. Il ne dit rien du bien-être individuel ou collectif, puisqu'il n'évalue que la production économique, dans laquelle il n'inclut pas les activités comme élever des enfants, s'occuper de parents âgés, soigner son jardin ; ni les ressources que l'on trouve sous la mer et sous la terre. En réalité, pour exprimer une image précise de l'économie d'un pays, il faudrait au bas mot se pencher sur... 140 indicateurs de développement économique différents, à l'instar de ceux utilisés par la Banque mondiale. L'image dégagée serait alors plus nuancée, moins tape-à-l'œil.

Pour prendre un exemple, comparons les États-Unis et la Russie. Sur la base des indicateurs les plus connus, les États-Unis sont infiniment plus performants que la Russie : PIB cinq fois plus grand, marché financier 70 fois plus grand, compétitivité, productivité et innovation largement supérieures, meilleur rating de toutes les agences de notation. Mais si on les compare selon des critères moins scrutés, comme leurs taux de mortalité infantile, on obtient d'autres sons de cloche et une meilleure capacité prédictive. En Russie, le taux de mortalité infantile est passé de 18,4 pour 1000 naissances en 1990, à 4,9 pour 1000 en 2019, et devient donc plus bas que le taux de mortalité infantile américain (5,6), d'après les chiffres de la Banque mondiale.

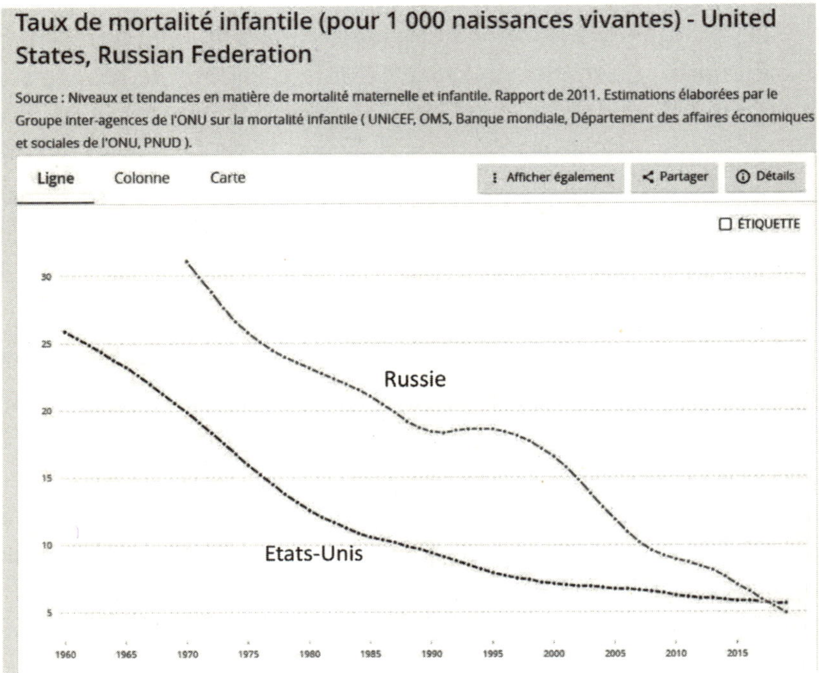

Ce paramètre de développement humain, non négligeable, nous indique une évolution plus positive de la Russie que des États-Unis. Mais les biais du discours du côté occidental ne permettent pas de comparer plus objectivement les deux pays. On observe aussi que le taux de suicide américain a constamment augmenté en vingt ans, tandis qu'il a fortement baissé en Russie, et l'écart ne cesse de se réduire.

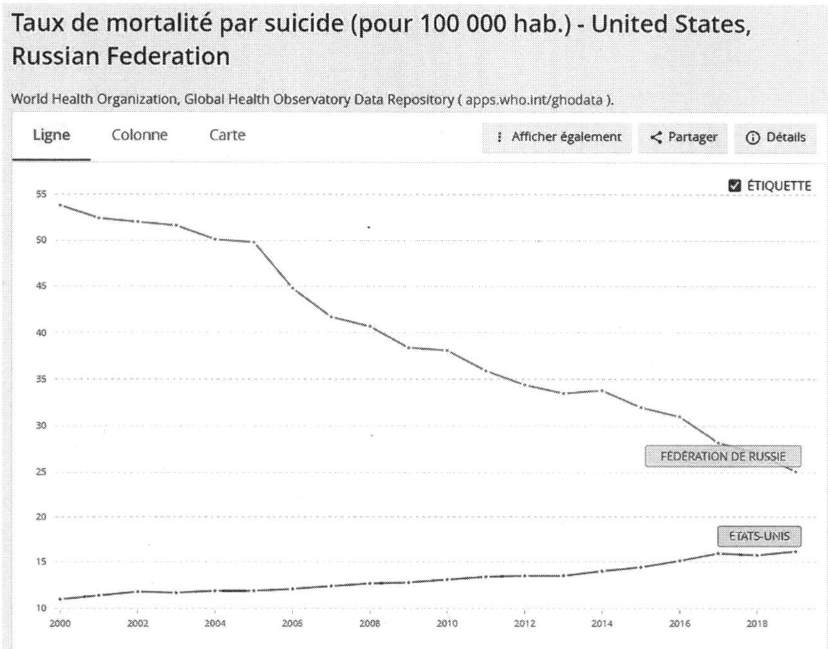

De même, l'indicateur de l'espérance de vie, dans lequel la Russie se classe comme l'un des plus mauvais élèves d'Europe, car il a connu une dégringolade durant deux décennies (1985-2005), a connu un rattrapage considérable ces quinze dernières années. En comparaison aux États-Unis, même si un écart important continue de les séparer, on observe une inversion de tendance (la courbe a fléchi ou s'est tassée aux États-Unis depuis 2014, tandis qu'elle s'envolait en Russie) :

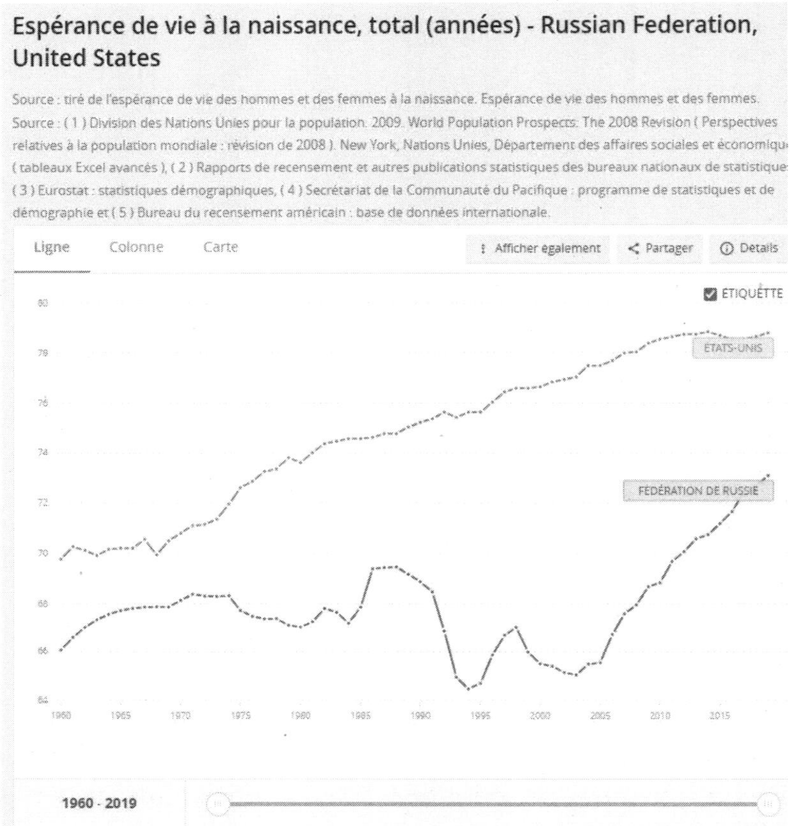

D'autres indicateurs comme le taux d'incarcération méritent le détour, car ils montrent aussi une réalité différente de l'image habituellement véhiculée : le taux américain est le plus élevé au monde en 2019, tandis qu'il est près de deux fois inférieur en Russie. En conclusion, si l'on veut comparer deux pays et anticiper les évolutions futures, cela nécessite de consulter un grand nombre d'indicateurs différents, qui éclairent différents angles de la réalité.

Ainsi, plutôt que de se focaliser exclusivement sur les performances des indices boursiers ou sur la croissance des PIB, examiner aussi des indicateurs démographiques permet de compléter une image réductrice de la réalité et de comparer plus objectivement les pays. Les chiffres qui attestent du développement humain et des évolutions démographiques sont souvent dans l'angle mort de l'information économique de masse, alors qu'ils sont aisément disponibles. Certains répondront : « on peut tout faire dire aux statistiques ». Pas vraiment. On réduit les risques en prenant les chiffres d'organisations comme la Banque mondiale, qui assurent une comparabilité internationale et une fiabilité supérieure aux statistiques nationales. D'autres chiffres comme différentes métriques sur l'emploi, que l'on trouve auprès du Bureau international du travail (BIT) apportent aussi un complément à l'image sans nuance véhiculée par les indicateurs nationaux habituels. Il faut donc étoffer les indicateurs surutilisés comme le PIB avec des données qui renseignent sur des aspects tels que le développement humain, l'emploi et ses différentes déclinaisons, et la démographie ; des compléments d'information importants.

Les exemples ci-dessus, de taux de mortalité infantile, de taux de suicide, d'espérance de vie et de taux d'incarcération, qui révèlent des paramètres moins défavorables à la Russie, ne sont qu'un exemple qui montre que le choix d'une large palette d'indicateurs permet d'éviter le risque de perceptions biaisées et possiblement trompeuses de la réalité.

Ce que nous verrons dans la suite de l'ouvrage est que les indicateurs moins flatteurs pour la performance occidentale sont rarement mis en avant, tandis que ceux de prospérité sont survendus. Plus préoccupant, l'utilité sociale d'indices comme l'inflation se perd dans un océan de complexité et dans le changement graduel de signification de ce chiffre. En outre, nous verrons que les risques financiers, qui concernent au premier chef la collectivité (puisque c'est elle qui paie pour les krachs) sont minimisés ou euphémisés. Bref, les citoyens sont relativement mal informés de l'état réel de leurs économies. En arrière-plan transparaît le fait que ces dernières deviennent de plus en plus inégalitaires. Or « un régime inégalitaire se caractérise par un ensemble de discours et de dispositifs institutionnels visant à justifier et à structurer les inégalités économiques », explique Thomas Piketty[4]. L'information est encore plus contrôlée

4. Thomas Piketty, *Capital et idéologie*, Éditions du Seuil, 2019.

lorsque les inégalités socio-économiques se creusent dans des proportions qui deviennent difficiles à justifier au nom de l'intérêt général. C'est là que le discours méritocratique et entrepreneurial se fait plus insistant pour justifier que les gagnants du système économique actuel raflent une part disproportionnée des richesses. Incontestablement, cette vision du monde influe sur la production des statistiques économiques, sur la manière de les présenter et de hiérarchiser l'information.

Problème : la politisation des chiffres a des conséquences sociales. Si la population ressent qu'une certaine réalité, qu'elle vit au quotidien, est en décalage avec les chiffres mis en avant par les institutions, qui véhiculent une image plus positive, cela est porteur de tensions sociales. Depuis 2008, au fil des crises successives, les populations, dans notre monde développé, se font en partie contestataires, dissidentes, expriment une colère sociale et un manque de confiance dans les institutions. On a pu l'observer avec le Brexit en Angleterre, l'élection de Donald Trump aux États-Unis, le mouvement des Gilets Jaunes en France, puis encore davantage avec le « coronascepticisme », ou la contestation des politiques sanitaires durant la crise du Covid-19. Au lieu de se noyer dans la singularité de chacun de ces cas, nous proposons d'identifier le facteur transversal à ces tensions, qui n'est autre que le recul de la confiance dans les chiffres officiels, dans la parole officielle, dans l'information officielle, dans l'*establishment*. Un mot qui a revêtu une connotation péjorative depuis la campagne de Donald Trump pour désigner une oligarchie capitaliste de connivences, dont l'intégrité serait suspecte.

Cette vision des mécontents est certes caricaturale. Mais il est indéniable qu'une partie des populations du monde développé a infiniment moins profité des politiques de globalisation des dernières décennies. Et ceci reste mal reflété dans les chiffres. Ces politiques, vantées comme souhaitables, ont longtemps été soulignées par des indicateurs occidentaux très positifs : PIB en hausse, faible inflation, chômage sous contrôle, indices boursiers fabuleux. Indicateurs qui ont semblé exclure une partie de la réalité, celle des moins favorisés. Il est par exemple établi que les classes moyennes populaires aux États-Unis, celles qui ont élu Donald Trump, ont connu un déclin relatif sous l'effet de la mondialisation, qui a profité aux classes moyennes des pays émergents. Le revenu réel des ménages des classes moyennes populaires américaines a augmenté d'à peine 21 à 23 % sur 20 ans[5], tandis que les classes moyennes de la Chine urbaine ont vu quant à elles leur revenu réel augmenter de 300 % sur la même période. Entre 1970 et 2020, les salaires des 1 % les plus riches ont augmenté de 180 %, et ceux des 0,1 % les plus riches ont explosé de 390 %. Ceux des 90 % restants ont augmenté de 28,2 %. Or le déclin relatif des salariés occidentaux a été masqué par la publication des profits des entreprises occidentales. Entre 1999 et 2011, les États-Unis ont connu une perte nette de 2 à 2,4 millions d'emplois sous l'effet de la croissance des importations de Chine[6]. Les travailleurs non diplômés des industries américaines se sont reportés vers des emplois de service moins rémunérateurs et moins stables. Pourtant, le taux de chômage américain n'a pas reflété ce phénomène entre 1999 et 2008 (jusqu'à la crise), et la qualité détériorée des jobs et des contrats de travail n'a pas été reflétée dans les statistiques. Une foison de communications sur les bienfaits de la globalisation a pris le devant de la scène. Un doute légitime s'est installé dans l'esprit des perdants de la globalisation. Et si les chiffres annoncés comme fantastiques durant ces trente années de globalisation, si ces rebonds spectaculaires post-crise, si cette croissance continue, parfois même à deux chiffres, cette inflation longtemps modérée, ce quasi-plein emploi (suivant les pays), ces bourses en hausse linéaire, si tous ces paramètres étaient moins glorieux qu'il n'y paraît ?

5. « Trump et l'électorat populaire blanc », rapport de l'IRFI, septembre 2016.

6. D. Acemoglu, D. Autor, *et al.*, "Import Competition and the Great Employment Sag of the 2000s", *Journal of Labor Economics*, No. S1, pp. S141-S198.

Il convient alors de s'interroger : et si c'était ce décalage supposé entre les chiffres et la réalité quotidienne des salariés qui favorisait le conflit social, un déclin de la confiance dans les institutions et dans la parole publique, et une détérioration des rapports sociaux dans les pays démocratiques ? Et en effet, nombre de ces chiffres sont moins glorieux une fois exprimés d'après d'autres méthodes de calcul, révisés, ou complétés. Tout cela n'est pas pure spéculation, nous le démontrerons amplement dans les chapitres suivants. Si cette réalité moins reluisante était exprimée, des revendications sociales plus importantes seraient légitimées. Ainsi, le décalage entre la réalité et les chiffres semble remplir deux fonctions :

– Une fonction géopolitique sur le plan extérieur : masquer le déclin occidental face aux autres puissances émergentes ;
– Une fonction sociale sur le plan intérieur : réduire l'étendue des revendications sociales. L'inflation, par exemple, est porteuse d'enjeux sociaux très élevés car elle conditionne les salaires, l'aide sociale et les rentes. Nous y consacrerons un chapitre.

C'est pourquoi le fait de soumettre à un examen minutieux des indicateurs très utilisés dans les économies occidentales est un exercice essentiel. Car le décalage entre des chiffres apparemment bons et la détérioration du climat social fait un peu penser au *Portrait de Dorian Gray* : l'apparence de beauté et de jeunesse éternelle qu'arborait le personnage d'Oscar Wilde (qui avait vendu son âme à cette fin) était de plus en plus contredite par le portrait illustrant son véritable état, qui s'enlaidissait avec l'âge et avec la décadence. Dans le cas qui nous occupe, la montée de la contestation de la base, au fil des crises qui frappent l'Occident, semble être ce tableau révélateur du vrai visage de nos économies aux surfaces lustrées. Ce visage qui raconte une autre histoire, qu'illustre la contestation en hausse dans les rues françaises, dans la périphérie anglaise, dans le centre désindustrialisé des États-Unis. Toutes ces régions n'ont pas profité des retombées de la globalisation, mais le problème ne s'arrête pas là. Ce sont aussi celles qui ont le plus perdu suite aux crises des subprimes, de l'euro, du Covid, et qui ont subi le plus d'austérité et de dégradation de leurs conditions de vie, sans que cela ne soit correctement reconnu par les chiffres qui, comme nous le verrons, excluent nombre d'éléments défavorables. Ou parfois, les chiffres pertinents ne sont pas mis en avant. Un taux de chômage de base, non assorti des autres catégories d'inactifs non comptabilisés comme chômeurs, est par exemple une information lacunaire.

Ce visage moins parfait des économies, que révèlent des votes comme le Brexit, l'élection de Donald Trump, l'insurrection qui a marqué son départ, les mouvements sociaux comme les Gilets Jaunes, mais aussi le mouvement des coronasceptiques, témoigne d'une rupture de confiance dans l'État.

D'où l'interrogation amenée plus haut : ces soulèvements révéleraient-ils des réalités que les chiffres veulent cacher ? S'est-on trop vite contentés de coller aux contestataires une étiquette idéologique commode – populistes, complotistes, extrême-droite – tout en échouant parfaitement à analyser les conditions socio-économiques sous-jacentes à ces révoltes, invisibles car mal reflétées dans les chiffres ? L'information économique fait clairement partie des éléments qui créent ou affaiblissent la confiance. Lorsqu'elle est contrôlée, tronquée, manipulée, une partie de la population cesse d'y croire.

Il est fondamental de se pencher sur ce problème, alors que l'Occident se trouve face à un clivage sociétal au sujet de la véracité de l'information. Sur fond de colère sociale, une partie de la population occidentale rejette les institutions, y compris les médias, doute de la parole officielle, vote blanc ou donne sa voix aux extrêmes, et se tourne massivement vers des sources d'information alternatives, dont les audiences révèlent en creux l'étendue du rejet de l'information officielle.

Revenons aux raisons qui peuvent inciter les institutions à enjoliver les chiffres pour montrer une image plus reluisante. L'Occident est tiraillé. Présenter des chiffres économiques médiocres ne serait pas sans conséquences. Ce serait – si l'on se risquait à une comparaison prosaïque – comme une instagrammeuse se montrant sans filtre, ni maquillage, ni fond de teint, ni faux cils, sous une lumière crue. Le vrai visage, avec ses yeux cernés, son teint inégal, ses rougeurs, ses traits disharmonieux, ferait moins rêver. Il serait moins intimidant pour les rivales, qui se verraient confirmées dans leur supériorité. Pourtant, c'est ce visage-là qui nous intéresse en tant que citoyens désirant être informés sur l'état réel de nos pays, sur notre réel pouvoir d'achat, sur nos réelles perspectives d'emploi, sur nos vraies possibilités de création d'épargne, d'accès à la propriété, de protection des retraites, et sur la sécurité économique que peuvent espérer nos enfants. Mais aussi sur la vraie place qu'occupent aujourd'hui l'Europe et les États-Unis dans le monde. Ce que l'on vaut vraiment. Ni plus, ni moins. C'est donc à un travail d'information citoyenne qu'il s'agit de s'atteler.

Tout au long de ce livre, nous examinerons le visage « démaquillé » de nos économies, après avoir identifié les retouches plus ou moins subtiles, les effets d'assommoir et les lacunes dont bénéficient les résultats des entreprises ou des chiffres comme le chômage ou l'inflation, que ce soit en France, aux États-Unis, au niveau de l'Union européenne (UE), ou en Suisse.

Nous prendrons aussi la pleine mesure de l'essor des techniques de communication, et de l'impact négatif qu'elles exercent sur la qualité de l'information économique et sur l'indépendance des médias.

Puis nous nous pencherons sur d'autres phénomènes de désinformation qui sont en progression, comme l'espionnage privé et les officines de propagande. Tout au long de ce voyage, nous aborderons les manières de s'informer correctement aujourd'hui, à une époque où la compréhension des réalités requiert des sources diversifiées et solides, du temps, un esprit pointilleux, de la volonté, du discernement, voire une bonne dose d'acharnement.

Chapitre I

Le plus souvent, les chiffres officiels expriment des demi-vérités

« Le scandale n'est jamais illégal.
Le scandale est ce qui est parfaitement légal. »
Charles Peters, ancien rédacteur en chef
du *Washington Monthly*

En Europe et aux États-Unis, on a pour habitude de prendre avec des pincettes les statistiques officielles venant de pays autoritaires comme la Chine ou la Russie. Un mot de précaution et un air désabusé accompagnent chaque évocation de ces chiffres, et les données de ces pays sont souvent retravaillées par les analystes occidentaux. À l'inverse, il est généralement admis que les chiffres officiels d'Europe et des États-Unis sont fiables, et peu sujets à la manipulation. Au point que l'écosystème qui travaille avec ces chiffres et les relaie tend à leur vouer une confiance aveugle et une complaisance peu propices à la remise en question.

Or les chiffres des pays développés n'échappent pas à un degré d'inexactitude. Des études ont montré qu'ils peuvent être manipulés, ou exprimer des demi-vérités. Dans tous les cas, reprendre ces informations sans recul ni réflexion critique est clairement insuffisant, et peut déboucher sur de la désinformation.

Que ce soit le PIB, l'inflation, le chômage et d'autres chiffres officiels, de trimestre en trimestre, nombre d'inexactitudes et d'embellissements divers et variés entachent leur fidélité à la réalité. Ces chiffres nécessiteraient un examen plus méticuleux. Souvent, ils mériteraient d'être retraités pour tenir compte d'éléments extérieurs. Souvent, la mesure la plus large, et non la plus étroite, devrait être celle mise en avant. Souvent, le chiffre devrait être resitué dans son contexte et accompagné d'une batterie d'autres indicateurs complémentaires – comme les données démographiques dans l'exemple États-Unis-Russie cité plus haut – qui affineraient l'image, réductrice, que donne un chiffre isolé. Souvent, il faudrait aussi procéder à une mise en perspective historique en affichant l'évolution des données sur plusieurs décennies, ce qui n'est presque jamais le cas dans les publications périodiques. Souvent, il faudrait mentionner si des éléments pertinents ont été exclus de la statistique, rappeler s'il y a eu changement de méthodologie. Souvent, lorsque sort après coup un chiffre révisé, il faudrait s'assurer que ce dernier a plus de visibilité que la première estimation, ce qui n'est jamais le cas. Toujours, il faudrait éviter de véhiculer le communiqué de presse tel quel, sans l'avoir passé au crible d'une analyse critique et apporté les compléments indispensables. Bref, en l'absence de ce travail de remise en contexte, l'information économique n'offre souvent que des fragments de réalité, lacunaires, opportunistes, qui peuvent s'avérer trompeurs, alors que leur impact est majeur sur le sort des salariés, des débiteurs, des épargnants, des entrepreneurs, et sur les décisions de vie que prennent les individus.

Bien que nul expert économique n'ignore ces failles, des indicateurs comme le chômage ou l'inflation sont typiquement relayés tels quels, sans référence à leur méthode de calcul. Un problème dont nous verrons les conséquences.

Ces chiffres officiels sont particulièrement vulnérables aux choix méthodologiques qu'on leur applique. Or les changements de méthodes statistiques sont fréquents, comme nous le verrons. Et le résultat n'est pas anodin : un chiffre calculé différemment, comme l'inflation, se met à dire tout autre chose. Par exemple, il ne calcule plus le renchérissement d'un produit par rapport à lui-même, mais il suppose que la demande va se reporter sur un produit de substitution moins cher. Ce changement d'hypothèse modifie à lui seul le niveau de l'indice, mais aussi son sens. Il n'est alors plus une mesure du coût de la vie, qui permet de maintenir un niveau de vie constant, mais un indice de prix pour des paniers variables ou adaptables. Et pourtant, la plupart des gens l'ignorent.

Ces changements de méthode sont rarement rappelés. Tout comme il est rare que les commentateurs de ces données les nuancent ou les étoffent. Typiquement, tout commence par le communiqué de presse d'une institution : gouvernement (département de commerce, office des statistiques), organisation comme l'OCDE ou statistique supranationale comme l'Union européenne (UE). Les données sont reprises telles des vérités scientifiques sur les fils des agences et dans les bulletins des économistes et analystes bancaires. Ils traitent et commentent ces chiffres selon une routine établie, qui laisse peu de place à la discussion sur les choix méthodologiques ou sur le sens véhiculé par le chiffre en question. Les médias reprennent la statistique au pied de la lettre, par exemple une croissance du PIB de 3,2 % au 3e trimestre. Le marché boursier oscille à la décimale près, comme si le niveau de précision était celui de sciences exactes, alors que tout analyste ou chef économiste admet que la marge d'erreur est généralement supérieure à la décimale. D'ailleurs, lorsqu'on en discute avec des analystes, aucun ne nie que ces indicateurs sont pour la plupart une simplification extrême de la réalité, et qu'il faudrait, pour chaque indicateur (emploi, inflation, croissance du PIB) recouper plusieurs statistiques complémentaires pour avoir une image plus proche de la réalité. Mais le processus de diffusion de l'information laisse peu de place à l'essentiel : expliquer ce que dit en réalité ce chiffre, et surtout, ce qu'il ne dit pas. Pour trouver tout ce qu'il y aurait à redire à propos de ces chiffres, c'est souvent ailleurs qu'il faut chercher, par exemple sur des sites spécialisés dans le retraitement de cette information, dans les analyses d'experts *contrarians* (terme anglais qui désigne les commentateurs positionnés de manière critique), dans des enquêtes d'ONG économiques (plusieurs seront citées dans ce livre), et dans des ouvrages d'économistes diligents et souvent engagés.

Commençons par évoquer trois exemples de désinformation socialement dommageable, avant d'examiner les statistiques officielles au chapitre II.

France : des clichés sociaux loin des réalités

Une idée reçue est qu'en France, ce sont les PME et les petits commerces qui ont le plus largement profité des aides publiques, en particulier durant la pandémie. C'est notamment la conviction de Nicolas Bouzou, économiste libéral qui a fait partie de l'équipe sollicitée par le ministre de l'Économie, Bruno Le Maire, pour concevoir les solutions d'aide à l'économie face à la récession. Lors d'une émission télévisée, l'économiste se félicitait du fait que les PME et les petits commerces étaient les principaux bénéficiaires de l'argent étatique, et que la crise du Covid avait cassé l'individualisme et créé de la « solidarité ». En général, l'image véhiculée sur la France est au demeurant celle d'un pays qui reste social, trop social même, et où le salarié est roi. Qu'en est-il en réalité ? Tout l'inverse. Cette image de la France est largement mythique. L'Hexagone est le champion des aides... aux grandes entreprises. C'est ce que démontrent l'économiste Maxime Combes et le journaliste Olivier Petitjean, dans une tribune au *Monde* le 30 novembre 2020. Durant la pandémie, la part du lion des aides publiques est revenue aux grandes entreprises du CAC40[1].

Ils notent que les quartiers populaires ont dû se contenter de 0,8 % du financement du plan de relance. Quant aux services publics et leurs agents, ils ont été « servis avec parcimonie ».

1. M. Combes, O. Petitjean, « Allô Bercy ? Aides publiques : les Corona-profiteurs du CAC40 », L'Observatoire des multinationales, novembre 2020.

En revanche, les grandes entreprises ont été servies à la louche. « À suivre à la trace ces milliards d'euros d'argent public mobilisés depuis le début de la pandémie de Covid-19 pour venir en aide aux entreprises privées, nous pouvons l'affirmer : plus sûrement qu'un retour de l'État en vue de satisfaire l'intérêt général, ces milliards transcrivent surtout la volonté de mettre l'État, et ses ressources, au service des intérêts du secteur privé. » Ils ont découvert que les 40 multinationales du CAC40 ont toutes touché des aides publiques liées au Covid-19, souvent plusieurs fois, y compris les 26 d'entre elles qui ont versé de généreux dividendes à leurs actionnaires en 2020, et qui étaient donc très profitables. Au sein du CAC40, Carrefour, Bouygues, Capgemini, Michelin, Publicis, Schneider, ou encore Vinci et Vivendi ont versé pour près de 10 milliards d'euros de dividendes en 2020. Les actionnaires ont donc été rémunérés par des groupes subventionnés par des fonds publics. Sur ces 26, 14 ont profité du chômage partiel pour rémunérer leurs salariés aux frais de l'État.

Ces aides ne sont pas l'exception, due à la pandémie, mais la règle, depuis quinze ans. En effet, l'argent public versé par l'État français aux grandes entreprises est passé de 65 à 150 milliards depuis 2008, sans conditions ni contreparties. Une progression qui dépasse celle du PIB, des aides sociales et des salaires, notent les auteurs. Soit un bond de 230 %, et donc une subvention qui augmente de 7 % par an en moyenne, octroyée à des groupes qui sont, pour la plupart, très profitables. Avec la pandémie, ce soutien est devenu encore plus massif. Et inconditionnel. Il aurait pu s'accompagner d'exigences étatiques portant sur la transition énergétique, sur la reconversion de l'outil industriel, sur la préservation des emplois, mais ce n'est pas le cas.

Il faut souligner que la désinformation sur ce sujet, très mal connu, provient du fait qu'une grande confidentialité entoure ces subventions aux grandes entreprises. Durant leur enquête, Combes et Petitjean se sont heurtés à un mur d'opacité, le secret fiscal étant avancé pour échapper à la transparence. Ainsi, alors que ces aides représentent des dizaines de milliards d'euros,

« il n'existe aucun suivi précis et public de leurs bénéficiaires, des montants, et de ce qui les justifie. » Il n'y a ni transparence ni contrôle démocratique sur l'usage de ces fonds publics, et le débat démocratique n'a pas eu lieu sur les règles d'attribution de cet argent qui appartient aux contribuables français.

Cet exemple nous montre que quand un processus échappe à la transparence de l'information, il échappe par la même occasion au contrôle démocratique, et donc à la responsabilité qui lui revient. Tout se passe hors du sentier démocratique et on utilise les fonds publics sans rendre de comptes. De l'opacité découle le déficit démocratique. De faux narratifs se développent et de vieux clichés, depuis longtemps dépassés, perdurent, qui veulent nous faire croire à une France sociale, redistributrice, qui a des lois du travail généreuses, qui subventionne les pauvres et les chômeurs, mais qui ne soutient pas beaucoup ses entreprises et qui n'est pas assez pro-business. Une image qui, comme le montre l'énorme différentiel entre la croissance des subventions au CAC40 d'un côté, et celle des salaires et aides sociales de l'autre, est désormais à l'opposé de la réalité.

Le cas de désinformation sans doute le plus important est aujourd'hui celui qui concerne le libéralisme. En France, comme aux États-Unis ou dans l'UE, le consensus s'est figé autour d'un mythe, devenu lointain, selon lequel nous vivons dans un système libéral. En réalité, nous vivons l'inverse du libéralisme. Outre les subventions et sauvetages massifs consentis aux entreprises du monde développé à chaque crise financière ou économique, le secteur privé bénéficie de financements publics pour la recherche et développement, mais aussi de taux d'imposition sur le revenu des entreprises qui n'ont jamais été aussi bas, sans compter l'aide via les banques centrales. Jamais le secteur privé n'a autant bénéficié d'une sécurité étatique en cas de baisse, et d'une liberté « zéro État » à la hausse. Une configuration parfaitement illibérale, très favorable aux entreprises dans tous les cas de figure, et défavorable aux contribuables dans tous les cas de figure.

Suisse : des taux hypothécaires trompeurs

Actuellement, les taux hypothécaires en Suisse, pour qui veut emprunter à 10 ans afin d'acheter un logement, se situent autour de 1,3 %. Jamais durant les dernières décennies, ils n'avaient été aussi bas. En août 2008, ils se situaient vers 5 %. Des taux proches de 1 % laissent croire à une opportunité sans précédent d'accéder à la propriété. Sauf que cette perception est trompeuse.

D'une part, les prix de l'immobilier ont fortement augmenté en Suisse ces dernières années, comme un peu partout en Europe, et le prix d'un appartement ou maison familiale devient de plus en plus inaccessible pour les primo-acquérants. D'autre part, le taux de 1 % véhicule une fausse idée de la réalité. Il ne dit rien du durcissement des conditions de crédit pratiquées par les banques. Ainsi, pour accéder à ce taux de 1 %, la banque exigera que l'acquéreur soit théoriquement capable de financer un taux de 5 % (pour l'amortissement) en plus de 1 % pour l'entretien. Et ce coût de financement réel ne doit pas dépasser un tiers des revenus du ménage. Il faut des revenus et des capitaux propres toujours plus élevés pour remplir les conditions de la propriété immobilière. C'est ainsi que, dans un pays où les taux hypothécaires affichés sont au plancher, l'accès à la propriété n'a jamais été aussi difficile pour la plupart des ménages. Selon les calculs de la banque Raiffeisen, pour acquérir une maison valant 1 million de francs, en comptant des capitaux propres de 200'000 francs, il faut percevoir un salaire annuel minimal de 176'000 francs. C'est à partir de ce niveau de revenus « que les intérêts hypothécaires indicatifs de 5 %, ainsi que les 1 % de la valeur d'avance, respectivement pour l'amortissement et l'entretien, ne dépasseront pas un tiers des revenus du ménage », a souligné la banque Raiffeisen, qui a plaidé pour un abaissement de ces taux indicatifs. « Si l'on ne dispose pas déjà d'un patrimoine substantiel ou que l'on ne peut pas compter sur une avance d'hoirie, il est difficile de devenir propriétaire avant un certain âge », a déploré le chef économiste de Raiffeisen Suisse

Martin Neff[2]. Conséquence, la part des ménages propriétaires de leur logement est tombée à 37 % en 2021, contre 44 % en 2016, et 47,6 % en 2013. Ainsi, d'un taux hypothécaire au plus bas historique, on arrive à la conclusion inverse : que l'accès à la propriété n'a jamais été aussi cher.

Maintenant, il reste à s'interroger : pourquoi est-ce que les taux affichés donnent une information trompeuse (1 %), alors que les banques ne les octroient qu'à ceux qui peuvent financer du 5 % ? La réponse généralement véhiculée est que l'autorité de surveillance des banques (FINMA) exige cette marge pour couvrir tous les risques ultérieurs de hausses de taux ainsi que les risques des débiteurs, car tant la FINMA que la Banque nationale suisse (BNS) craignent une bulle de mauvais crédits immobiliers (on en est loin à l'heure actuelle). Ces restrictions arrangent les affaires des grandes banques, en particulier. Estimant depuis des décennies déjà que la gestion des petits crédits devient coûteuse et peu rentable, elles cherchent à évacuer de plus en plus les risques des petits clients de leurs bilans, préférant se focaliser sur la clientèle aisée.

En réalité, les banques n'ont pas l'obligation d'appliquer ce taux théorique de 5 %. David Kreutzer, conseiller à la clientèle chez Raiffeisen, rétablit les faits : non, les banques n'ont pas de contrainte d'utiliser un taux théorique de 5 % : les directives de l'Association suisse des banquiers indiquent que la banque doit fixer le taux « avec prudence » et qu'elle peut s'appuyer sur « des valeurs de long terme comme base de calcul »[3]. Autre facilité que les banques refusent aux ménages : « La réglementation n'empêche pas les banques de prêter davantage que le 80 % du prix du bien, contrairement à l'idée habituellement véhiculée.

2. « Les prix de l'immobilier continuent de grimper en Suisse », *Le Nouvelliste*, 20 mai 2021.

3. Association suisse des banquiers, « Directives sur les crédits garantis par gage immobilier », août 2019. Voir sous « Taux hypothécaire théorique ».

En réalité, la seule exigence est que l'acheteur doit détenir 10 % de fonds propres durs », souligne David Kreutzer.

Pourtant, les banques ne cachent pas leur réticence à prêter davantage que 80 %, car cela entraînerait un surplus de réserves de fonds propres ; elles n'ont aucun intérêt à le faire puisque l'argent immobilisé sur leur bilan représente un coût.

En outre, la plupart des banques choisissent d'utiliser le taux hypothécaire indicatif de 5 % (la Banque Migros utilise un taux de 4,5 % pour certains dossiers). Diverses tentatives ont été menées par la banque Raiffeisen et par le biais de son ex-CEO Patrick Gisel afin que les taux hypothécaires actuellement bas profitent aux jeunes ménages et à ceux de la classe moyenne en favorisant les critères d'octroi de prêts hypothécaires. Après d'intenses discussions avec la FINMA, le projet a toutefois été abandonné par la banque, même si elle aurait pu le mener au bout.

Ce sont donc les banques qui choisissent d'utiliser ce taux de 5 %, et de prêter à 80 % et non à 90 %. La FINMA les y encourage, sa doctrine étant que tout assouplissement des possibilités d'accès à la propriété aurait pour conséquence immédiate une augmentation du prix des logements. Bref, il ne serait donc pas bon de faciliter l'accès à la propriété pour des raisons macroprudentielles. Il y a comme un problème, si un besoin aussi important que le bien-être économique des ménages moyens et leurs possibilités d'épargne passe après les considérations de risques du marché. D'autant que cette doctrine, qui désavantage les ménages modestes, n'est pas appliquée aux gros acheteurs institutionnels, responsables de la surchauffe depuis des années, tels les groupes d'assurance et les fonds de prévoyance. Ces derniers ont fait exploser à la hausse les prix de l'immobilier en Suisse depuis des années, sans rencontrer d'obstacle à l'achat des biens. Certes, la FINMA a cherché à limiter cette frénésie institutionnelle d'achats immobiliers, mais de manière douce. Sa directive d'août 2019 exige que les objets locatifs soient acquis avec au moins 25 % de fonds propres. Cette mesure cible les objets de rapport (destinés à la location) typiquement achetés par les institutionnels. Or l'augmentation des fonds propres de 20 % à 25 % n'a pas été assez dissuasive : les institutionnels continuent d'inonder le marché, accumulant de vastes portefeuilles d'objets immobiliers situés aux emplacements premiums des villes. Il semble ainsi que les autorités de surveillance n'ont pas de problème avec un marché immobilier qui flambe en soi, tant que les acheteurs ont une forte capacité financière. C'est cette vision qui mène les banques à appliquer ce taux théorique de 5 %, sorte de filtre qui sélectionne les clients les plus confortables financièrement. Or ce raisonnement discriminatoire laisse de côté l'intérêt de l'ensemble des Suisses à pouvoir accéder à la propriété.

Information prise, on voit donc qu'un taux d'appel offre une information trompeuse, et que selon qu'on soit institutionnel ou privé, les conditions d'achat immobilier en Suisse s'avèrent très différentes.

États-Unis : l'antisocial vendu comme social

Un autre exemple, d'une omission cette fois, qui confine au mensonge ? Présenter la hausse boursière comme résultant d'une « croissance économique », quand ce n'est pas le cas. Aux États-Unis, durant le mandat de Donald Trump (mais pas seulement), les médias financiers, dans ce cas *Fox News*, ont laissé entendre que les records des indices boursiers étaient dus à l'excellente performance de l'économie. Relayer la hausse boursière en 2020, en laissant croire qu'elle doit tout au seul mérite des entreprises cotées, est faux. Depuis plus d'une décennie, la croissance organique des entreprises est moyenne à faible, et les records boursiers doivent beaucoup à l'argent des banques centrales, qui injectent des liquidités dans les marchés de manière pratiquement continue depuis 2009. Des entreprises qui ne créent pas elles-mêmes de la valeur s'apprécient aussi en bourse parce que la Réserve fédérale (Fed) et la Banque centrale européenne (BCE) injectent des milliards. Entre 2019 et 2021, la Fed a injecté 5000 milliards de dollars pour faire monter le marché, essentiellement à la faveur de la crise du Covid, mais déjà à partir d'août 2019. La Banque centrale européenne a créé de son côté 2300 milliards d'euros en 2020-2021 pour les injecter en bourse.

Depuis 2009, les banques centrales créent de l'argent pour acheter massivement des obligations d'État et d'entreprises, ce qui fait monter tous les titres en bourse, tout en réduisant fortement le risque et la volatilité des marchés financiers. Les gains des investisseurs sont alors dopés artificiellement, ou subventionnés, par ces gros instituts monétaires, qui portent le marché à bout de bras, et garantissent qu'il n'y aura pas de krach. En outre, depuis plus d'une décennie, les taux d'intérêt sont restés exceptionnellement bas, ce qui a encouragé les investisseurs à emprunter à très bon marché pour investir. Un autre cadeau des banques centrales. L'argent emprunté pour investir dans l'indice S&P 500 est par exemple à son record historique. Pour la première fois dans l'histoire, nous sommes témoins de 13 années de soutien artificiel à la Bourse par les banques centrales occidentales.

Malgré cela, d'innombrables articles de la presse financière et bulletins bancaires présentent les records boursiers sous l'angle de la pure croissance des entreprises et de l'euphorie économique, omettant l'éléphant au milieu du corridor que représente le soutien fondamental des banques centrales. Pourtant, même la Banque des règlements internationaux (BRI), la banque centrale des banques centrales, a expliqué dans un rapport de septembre 2020[4] que la hausse boursière aux États-Unis et en Europe s'expliquait en grande partie par les injections des banques centrales.

4. "The short and long end of equity prices during the pandemic", *BIS Quarterly Review*, September 2020.

Mais la présentation erronée des faits, qui omet des milliers de milliards d'argent injecté, nous offre un narratif anachronique d'un monde à l'ancienne, où les bourses montent et baissent spontanément et sans intervention aucune des banques centrales. Or ce monde, dans lequel une hausse boursière s'expliquerait uniquement par l'achat d'investisseurs assumant à 100 % leurs propres risques, convaincus par les fondamentaux d'un pays, d'un secteur ou d'une entreprise en particulier, n'existe plus. Ce paradigme a clairement changé depuis bientôt 13 ans, avec des marchés largement administrés par les instituts monétaires. Le narratif, lui, n'a pas évolué.

Faute d'une présentation véritablement objective de la situation par les médias et les professionnels de la finance, qui explicite quels facteurs tirent la hausse des marchés et soutiennent les records boursiers successifs, un très grand nombre de personnes, même actives dans l'industrie financière, en viennent à sous-estimer totalement le rôle central des politiques monétaires, pour croire à une euphorie économique et à un « boom de croissance ». Une croyance qui mène à se féliciter de la performance de l'économie et des entreprises, et à oublier les coûts de cette politique monétaire pour la société. On parle bien sûr des effets inflationnistes de ces milliers de milliards créés *ex nihilo* par les instituts monétaires, qui représentent une taxe sur l'épargne de la collectivité.

Autre omission importante : les médias financiers ont relayé l'idée que grâce aux records boursiers, les « ménages » se sont enrichis. En pleine campagne pour la réélection de Donald Trump, *Fox News*, *CNBC* et les autres ont cité le 23 septembre 2020 l'annonce en fanfare de la Fed, selon laquelle grâce à la Bourse, « la fortune des ménages américains a atteint un record au 2e trimestre 2020 », augmentant entre avril et juin 2020 de 7 % à 119'000 milliards de dollars. Le mot-clé, c'est « ménages américains ».

Il y a là une grosse part de désinformation. Il faut signaler la très faible part de ménages qui détiennent des actions aux États-Unis. Les chiffres qui permettent une mise en perspective existent : seuls 10 % des Américains sont réellement exposés au marché des actions et à sa hausse fulgurante depuis 2009. Les autres 90 % ne sont que peu ou pas concernés par un record boursier. Ces 10 % d'Américains possédaient 88 % des actions en 2018, selon un rapport de Deutsche Bank Global Research, une part qui a encore nettement augmenté depuis 2020. Quant aux 1 % des Américains les plus fortunés, ils détenaient 50 % de la valeur de tous les placements boursiers en 2018, et davantage encore depuis 2020. Ceux qui dépendent des salaires et non de la Bourse ont, à l'inverse, perdu du pouvoir d'achat depuis au moins une dizaine d'années.

Foxbusiness La **fortune des ménages américains** a atteint un record au dernier trimestre, alors que le rebond boursier se poursuivait depuis la chute causée par la pandémie plus tôt cette année. D'après des données publiées par la Réserve fédérale, **la valeur nette collective des ménages américains** a grimpé de 7 % au deuxième trimestre, à 119'000 milliards de dollars, contre 111'000 milliards au premier trimestre.

(Note : Nous avons traduit cet extrait de l'anglais, et mis en gras les deux passages qui permettent au lecteur de constater la formulation trompeuse reprise par Fox News, qui relayait la communication de la Fed.)

Source : Fox Business via Instagram

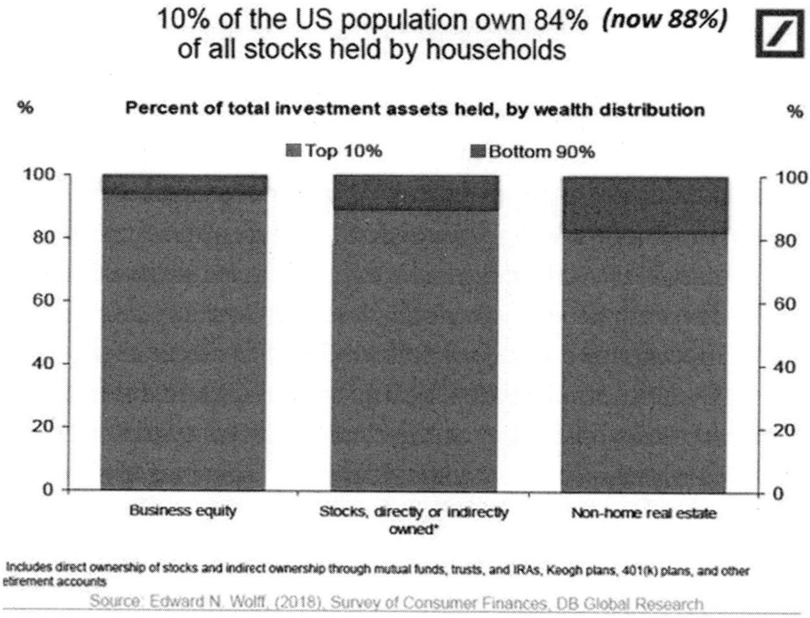

Des chiffres proches, calculés par Goldman Sachs, indiquent que les 1 % les plus riches aux États-Unis représentent désormais 56 % de la valeur des actions détenues par les ménages, contre 46 % il y a 30 ans. Cela inclut les actions cotées en bourse et les actions d'entreprises non cotées. Les 90 % les moins riches détiennent quant à eux 12 % de la valeur des actions.

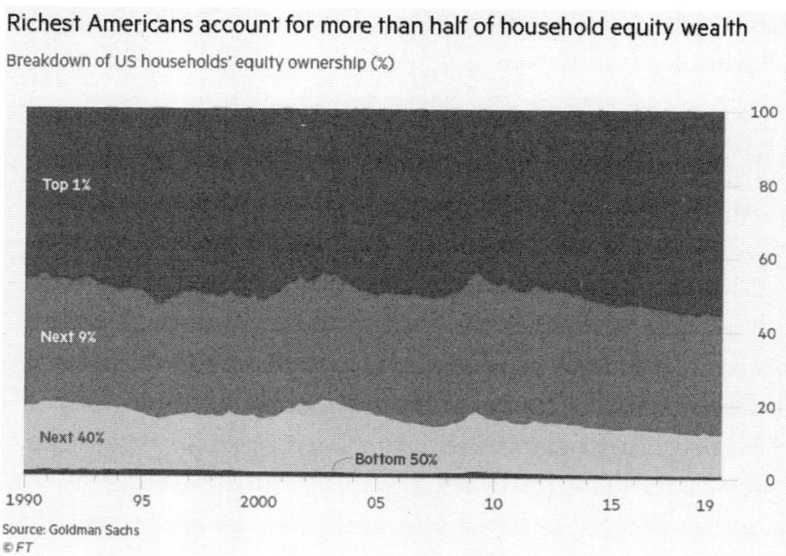

Dès lors, parler de « la richesse collective des ménages américains » comme l'article de *Fox News* précédemment évoqué induit largement en erreur, en laissant croire à une richesse boursière largement répartie. Cela donne une fausse image de la situation, en portant à croire, chaque fois qu'on lit qu'un indice a atteint un record, que c'est une bonne nouvelle pour l'ensemble de la collectivité, et que c'est ce que tout le monde désire et encourage. Dans l'esprit des personnes non averties, la Bourse sera la mesure de la prospérité générale. Et lorsque des événements révéleront des mécontentements populaires, des votes extrêmes, nombre de commentateurs seront pris de court, et échoueront à avoir la bonne analyse, n'ayant aucunement vu venir cette situation.

En réalité, rien n'est plus faux qu'une large répartition des gains boursiers dans l'Amérique d'aujourd'hui (et dans les autres pays développés). Comme nous l'avons expliqué, les gains – largement subventionnés par la Banque centrale américaine – ont disproportionnellement profité aux 1 %, et aux 10 % suivants, mais quasiment pas aux 90 % des « ménages américains ».

Cela montre l'inégalité créée par les politiques monétaires de cette décennie, et l'erreur de croire qu'une hausse boursière créera un « effet de richesse » général. On crée de la désinformation lorsque l'on favorise une perception contraire à la réalité, par exemple en laissant croire que l'ensemble des ménages a bénéficié de cette hausse. Les faits sont que, tandis que les salaires de la majorité des Américains ont stagné depuis 1990, le marché des actions a été multiplié par 10 sur la même période, et les gains sont allés aux plus aisés de la population. La tendance est à une concentration des actifs boursiers aux mains d'une partie toujours plus petite de la population. Or ce fut différent à d'autres époques. Même Margaret Thatcher, la Première Ministre britannique, qui n'est pas exactement un modèle d'égalitarisme, avait fait mieux qu'aujourd'hui. Elle avait mis en œuvre en 1980 une politique de « capitalisme populaire » destinée à faire participer une part plus importante de la classe moyenne aux rendements boursiers. Certes, à l'époque, chaque investisseur prenait ses risques de tout perdre, ce qui n'est plus le cas aujourd'hui, avec des marchés actuellement soutenus en cas de baisse par les banques centrales. Mais il reste que la visée était celle d'une plus large répartition des gains que pouvaient apporter les actions. En une décennie, le nombre de détenteurs d'actions en Angleterre avait presque quadruplé, pour atteindre un quart des Anglais en 1990.

Étonnamment, la gauche américaine n'a aucune critique à formuler contre la politique inégalitaire de la Fed, qui saute pourtant aux yeux de financiers qui en profitent le plus, comme Stan Druckenmiller, un célèbre gérant de fonds spéculatifs qui a travaillé pour George Soros avant de fonder Duquesne Capital. Cet investisseur de Wall Street, dont la fortune atteint 6 milliards de dollars, a expliqué lors d'une récente interview qu'il n'existe pas de moteur d'inégalité plus fort que la Réserve fédérale des États-Unis ces 11 dernières années. « En 2020, j'ai eu la meilleure année boursière en 15 ans, grâce à la création monétaire de la Fed. Les jeunes de Harlem n'en profitent pas, mais moi, Stan Druckenmiller, et d'autres en profitent. Comment la gauche peut-elle être aussi excitée par la création monétaire alors que toutes les données disent que ceux qui profitent de la planche à billets sont les riches, tandis que l'inflation va toucher les pauvres beaucoup plus que les riches ? »[5]

L'effet de la désinformation est socialement dommageable. Aujourd'hui, un salarié du monde occidental qui lit que « la richesse des ménages atteint un record », sans autre explication, aura l'impression que quelque chose cloche : lui-même et son ménage n'ont pas le sentiment de s'être enrichis ou d'être exposés à des actifs qui montent, et pour cause, l'information donnée est trompeuse. En réalité, le salarié a même été très fortement dépassé, en termes de pouvoir d'achat, par l'investisseur en

5. Stan Druckenmiller 2021 interview, USC Marshall Business School, chaîne YouTube HF2030, 23 août 2021.

bourse. Le différentiel s'accélère quand les bourses sont fortement subventionnées par les banques centrales et explosent à la hausse. Seuls les détenteurs d'actions sont protégés contre cette inflation, puisque leurs titres la compensent en temps réel. Mais le salarié subit cette forme d'inflation, qui se traduit par sa perte de pouvoir d'achat relative face à l'investisseur en bourse et à ce que ses actions lui permettent d'acheter. Ce que ce dernier pourra acquérir avec le produit de ses gains inflatés (gonflés par l'inflation) en bourse, sera démultiplié par rapport à ce que le salarié pourra acheter avec son revenu relativement déprécié. Un ratio permet de mesurer cet écart : le nombre d'heures que doit travailler un salarié pour acheter une part de l'indice d'actions S&P 500. Ce nombre d'heures est passé de 10 heures dans les années 50 à près de 150 aujourd'hui. Cela veut dire que dans les années 50, être investi en bourse ne conférait pas un avantage d'augmentation démesurée du pouvoir d'achat comparé aux salariés. Aujourd'hui, oui.

Une couverture objective de l'actualité requiert de fournir des informations sur la manière dont la participation aux gains boursiers se répartit, quelles catégories en profitent, pourquoi la répartition n'est pas plus large, comment elle a évolué et quelles sont les conséquences de cette répartition. Ces recherches ne seront pas menées par des organes officiels comme la Fed, dont le communiqué parle seulement des « ménages » américains sans plus de précisions, et crée cette fausse perception. L'erreur est de relayer la « comm » politique telle qu'elle vient, et cela a des effets sur la confiance des citoyens.

En Suisse, on ne dispose pas de chiffres sur la part d'actions détenue par les moins fortunés. Une étude d'il y a vingt ans indiquait que dans la catégorie des bas revenus, 11,8 % des Suisses détenaient des actions, contre 65 % chez les plus hauts revenus. Des proportions similaires à celles des États-Unis. Par ailleurs, et ce phénomène est lié au précédent, les inégalités de revenus se sont nettement creusées en Suisse en vingt ans, selon un rapport d'août 2021 de l'Union syndicale suisse (USS). D'après ce rapport, « les écarts salariaux sont maintenant énormes : 1 an de travail d'un petit salarié équivaut à 1 mois de travail d'un des 50'000 plus hauts salariés de Suisse ». La tendance est similaire dans le reste de l'Europe et elle est encore plus nette aux États-Unis. Cela est aussi favorisé par l'indexation des hauts revenus sur les actions, sous forme de stock options et de rémunérations en actions, qui a fait décoller ceux-ci avec les marchés financiers. Lorsque l'on vit pareilles accélérations, il devient alors particulièrement important de mieux documenter ces phénomènes.

Autre aspect qu'il s'agit de comprendre si l'on veut améliorer l'objectivité de ce type d'information : souvent, il est avancé que, de toute façon, la hausse boursière profite à toute la population à travers les caisses de pension. Un lieu commun rabâché à la façon d'une certitude. Or ce n'est pas le cas. J'avais analysé, dans un article de juillet 2020 paru dans le magazine *Bilan*, le cas de la Suisse, et pourquoi les avoirs du 2e pilier ne profitent pas du boom boursier, ou très peu. La raison, en bref, est la priorité donnée aux réserves pour longévité et celles pour fluctuation de cours. En effet, même dans des années où la Bourse réalise des rendements à deux chiffres, les rémunérations versées par les caisses de pension aux assurés actifs restent souvent maigres.

En 2019 par exemple, l'indice des actions suisses (SMI) a gagné 25 % sur l'année, mais les caisses de pension ont versé entre 2 et 3 % de rendement sur les avoirs de retraite, voire se sont souvent limitées au minimum légal, fixé à 1 %.

On relève rarement la faiblesse des rendements distribués comparée à ce que les caisses de pension génèrent en bourse. Il convient bien sûr de rappeler que les caisses n'investissent pas qu'en actions, car ce serait trop risqué. Elles placent aussi environ la moitié de leurs avoirs en obligations, pour la sécurité, mais gagnent très peu de rendement sur les emprunts souverains depuis quelques années, en raison des taux négatifs. Cela dit, l'ensemble des placements leur a rapporté bien davantage que ce qu'elles ont versé aux assurés actifs. Mais la contrainte des réserves est très réelle. Elles ont la priorité, et tout expert en 2e pilier la confirme. Difficile de nier qu'avec une population de rentiers dont la durée de vie s'allonge, il faut constamment veiller à alimenter les réserves pour pouvoir continuer à verser les rentes. Les Suisses vivent en moyenne 5 ans de plus qu'il y a 30 ans. Cela augmente la durée de perception des rentes, qui sont garanties. C'est pourquoi l'argument courant, relayé sans vérification, qui consiste à dire que la hausse boursière profite à plein à notre 2e pilier est trompeur : non, un avoir du 2e pilier n'est pas rémunéré au même titre qu'un portefeuille d'investissement, qui touche la totalité du rendement.

Chapitre II

Statistiques manipulées : qu'en dit la recherche ?

« Le problème est que ceux qui se revendiquent du pragmatisme absolu sont souvent les plus "idéologiques" de tous. »
Thomas Piketty, *Capital et idéologie*

Une brève revue de la littérature académique permet d'établir des preuves empiriques de manipulations des statistiques dans les pays développés, pour des raisons politiques. Des études traitent aussi de la mathématisation des indices, qui laisse faussement penser que ces derniers sont « apolitiques » et qu'ils relèvent uniquement d'un débat d'experts. En réalité, aucune statistique n'échappe entièrement aux interférences politiques, quelle que soit la caution académique qui lui offre un socle de légitimité. « Les gouvernements veulent présenter à leur population et au reste du monde des chiffres haussiers sur la performance de l'économie, telle qu'une forte croissance, une inflation faible, un petit déficit », constatent deux chercheurs néerlandais qui ont démontré, dans une étude publiée le 25 mai 2020, que la manipulation des chiffres officiels par les gouvernements est fréquente. Ce papier de recherche, signé par Lukas Linsi, chercheur à l'Université de Groningen, aux Pays-Bas, et Roberto Aragao, chercheur à l'Université d'Amsterdam, montre que contrairement aux idées reçues, la manipulation prend rarement la forme d'une falsification pure et simple[1].

1. L. Linsi, R. Aragao, "Many shades of wrong, what governments do when they manipulate statistics", *Review of International Political Economy*, 2020.

Quiconque cherche des manipulations grossières trouvera donc peu de cas. Là n'est pas le lieu où réside la désinformation, expliquent les chercheurs. Celle-ci réside dans les demi-vérités, les hypothèses trop optimistes, les changements de méthodes statistiques, ou l'intervention très en amont d'une chaîne de données. Ainsi, la manipulation des statistiques, au XXIe siècle, est sophistiquée et difficile à détecter.

Ils partent d'un constat : un nombre considérable d'analyses récentes apportent des preuves statistiques indiquant que les gouvernements manipulent les indicateurs macroéconomiques officiels. Leur papier étudie les manières spécifiques par lesquelles les statistiques officielles sont manipulées. Ils observent le cas du déficit public de la Grèce, celui de l'inflation en Argentine, ou le scandale du « pédalage » fiscal au Brésil. Des formes de manipulation ont été aussi observées dans les statistiques des pays membres de l'Union européenne, que nous commentons plus loin. « La ligne entre les données exactes et les données manipulées est bien plus floue que ne le reconnaissent les narratifs habituels sur les chiffres manipulés », notent-ils. « Des métriques comme les taux d'inflation, le déficit public et la dette sont des constructions politiques et sociales, qui peuvent être contestées, et qui intègrent en leur sein de nombreux biais. Les indices principaux *(headline figures)* ne sont pas simplement des miroirs d'une réalité économique, ils ne se contentent pas de refléter, mais façonnent aussi les résultats qu'ils semblent seulement mesurer. »

Aragao et Linsi identifient quatre formes de manipulation des chiffres par les gouvernements. La première est la manipulation directe, qui est assez rare.

La seconde est l'estimation, délibérément optimiste, et donc politiquement avantageuse, d'un chiffre dont on ne dispose pas précisément.

Encore plus fréquente est l'adoption de changements méthodologiques opportunistes, qui mènent à des chiffres plus accommodants. L'exemple typique que nous proposons dans ce livre est celui des changements de méthode dans le calcul de l'inflation américaine, auxquels un prochain chapitre est consacré.

Enfin, le quatrième type de manipulation est « la gestion des indicateurs » *(indicator management)* : le recours à la manipulation, très en amont des flux de données, qui mène à un résultat plus favorable, considéré comme tout à fait correct au niveau du calcul. C'est une forme de comptabilité créative, d'après les chercheurs néerlandais. Plus sophistiquée, cette forme de manipulation est typique des formes de désinformation du XXIe siècle. La comptabilité créative ne viole pas la loi, elle opère dans la lettre de la loi et des standards comptables, mais elle en viole clairement l'esprit.

Les révisions de chiffres, consécutives aux publications, sont aussi une pratique courante. Par exemple, on publie une statistique de la dette nationale puis, quelques mois plus tard, on publie le chiffre « révisé », qui est plus précis... et presque toujours moins favorable. Or c'est le premier chiffre qui aura reçu toute l'attention médiatique. Le chiffre révisé passera souvent inaperçu. En observant les schémas de révision des chiffres, les chercheurs ont noté que les publications initiales, celles qui sont les plus vues, sont systématiquement plus favorables que la version révisée, par exemple dans le cas des statistiques de la dette ou de la croissance du PIB.

Linsi et Aragao documentent les interférences politiques avec les statistiques économiques. Trois catalyseurs sont cités comme favorisant le recours à la « gestion des données », ou *data management* : l'imposition externe d'objectifs difficiles à atteindre (comme les critères de Maastricht), les problèmes financiers (comme dans le cas de la Grèce), ou encore l'imminence d'élections.

Les statistiques économiques ne sont pas « naturelles », expliquent Linsi et Aragao. Les définitions et méthodes de mesure qui débouchent sur des taux de chômage et d'inflation et d'autres métriques sont le produit de négociations politiques et de débats. Cela rend ces mesures intrinsèquement ambiguës. Dans pratiquement chaque cas, notent-ils, il y a différentes manières de quantifier ces concepts. Ce qui finit par être mesuré, ou par ne pas être mesuré, dépend de choix délibérés entre différentes approches de calcul, qui peuvent introduire une série de biais dans les chiffres qui en résultent. Par exemple, suivant quelle méthode on emploie, la valeur des investissements directs au Danemark dans des entreprises non cotées peut varier entre 22 % et 156 % du PIB, et ceci pour des méthodes d'estimation qui sont toutes acceptées par le Fonds monétaire international (FMI)[2].

Ayant observé différents cas de manipulations statistiques, Lukas Linsi en relève les paradoxes dans une récente vidéo[3] : « Nous vivons dans une ère de technologie et de big data. Dès lors, les statistiques économiques que vous voyez dans les journaux et sur les réseaux sociaux devraient être sans cesse en train de s'améliorer, de devenir plus précises, n'est-ce pas ? Eh bien, ce n'est pas le cas. La recherche que j'ai menée avec mes collègues mène au constat que les chiffres économiques sont en fait remarquablement imprécis. Et ils ne s'améliorent pas : ils empirent. Nos standards statistiques datent des années 40 et 50 et sont faits pour un monde d'économies nationales plutôt que globalisées, un monde manufacturier plutôt que de services, un monde d'usines plutôt que de télétravail globalement connecté. Les standards statistiques n'ont pas évolué et sont de plus en plus inadéquats pour capturer l'activité économique au XXIe siècle. »

Mais il n'y a pas que le caractère obsolète et inadapté qui pose problème. Il y a aussi les biais politiques et idéologiques derrière les concepts statistiques, sur lesquels nous citions Thomas Piketty en introduction de cet ouvrage. « Reconnaître l'ambiguïté qui caractérise les statistiques macroéconomiques

2. J. Damgaard, T. Elkjaer, "Foreign direct investment and the external wealth of nations: How important is valuation?", *Review of Income and Wealth*, 2014.
3. YouTube: "New Young Academy Groningen, Research Minute", Lukas Linsi, Faculty of Arts, International Relations.

est essentiel pour comprendre leur "anatomie politique" », estiment Linsi et Aragao.

Prenons le cas des classements effectués par les organisations internationales. Ces classements sont en général repris par les commentateurs tels des faits objectifs, sans distance critique. Or il est fréquent que les organisations diffusent des biais politiques à travers les standards statistiques qu'elles publient et qui deviennent des outils de pression et d'influence. Un papier de recherche examine ces classements internationaux émis par des entités comme l'OCDE ou la Banque mondiale, et y relève des biais significatifs. Les rapports internationaux qui classent les pays en vertu de leur performance dans différents domaines sont en effet une source majeure d'influence exercée sur les politiques des pays concernés. « Pour renforcer leur statut d'experts, les organisations internationales produisent des benchmarks globaux (indices de référence) de manière croissante, qui comparent les performances nationales », constatent des chercheurs de l'Université de Warwick[4], qui contestent la légitimité de ces comparaisons internationales. Par exemple, « l'indice de la facilité à faire des affaires » de la Banque mondiale, ou « l'indice de restrictivité de l'investissement direct étranger » de l'OCDE. Les chercheurs leur reprochent de simplifier à l'extrême les performances relatives des pays, et de « présenter comme des faits empiriques des valeurs parfois contestées, tirées d'un paradigme transnational spécifique. » En effet, il apparaît que le concept de *benchmark* (ou indice) ne mérite pas sa réputation en tant qu'agrégat d'observations neutres du progrès d'un pays dans un domaine donné. Les deux indices cités plus haut, par exemple, souffrent de problèmes de construction et de validité des contenus, car ils manquent de base scientifique quant à leur manière d'opérationnaliser des concepts hautement

4. A. Broome, A. Homolar, M. Kranke, "Bad science: International organizations and the indirect power of global benchmarking", *European Journal of International relations*, 2017.

politiques en catégories censées être objectives et neutres. Les chercheurs qualifient de « mauvaise science » cette pratique des organisations qui s'érigent en professeurs de normes ou en juges du respect des normes, en utilisant l'effet de légitimité des classements pour orienter les États vers un certain concept de « meilleures pratiques » idéologiquement orienté, et pour imposer, sur une base scientifiquement contestable, des changements de priorités politiques. Le pays qui cherche à poursuivre des alternatives au paradigme de l'organisation – par exemple, s'il privilégie d'autres priorités que la facilité à faire des affaires – perd des points dans l'indice.

Ainsi, la manipulation des chiffres officiels, au XXIe siècle, ne passe pas seulement par le fait de falsifier grossièrement le résultat comme on ferait des ratures avec un gros stylo. Elle s'opère à travers des stratégies bien plus subtiles. Les chiffres sont modifiés à travers le changement de la méthode sous-jacente, à travers le changement des définitions qui déterminent les processus de récolte des données, ou à travers la manipulation des données brutes en amont pour influencer indirectement le résultat final. Solution ? Une plus grande transparence des comptes et des méthodes statistiques est ce qu'il y a de mieux pour réduire les possibilités de manipulation des statistiques dans un sens politiquement avantageux. L'exemple des budgets des pays membres de l'UE est éclairant à cet égard.

Le cas de la sous-estimation des déficits de l'UE

Plusieurs études académiques fournissent des preuves empiriques au sujet de manipulations comptables au sein des pays de l'Union européenne, surtout depuis l'introduction du Pacte de croissance et de stabilité en 1998. Une abondante littérature académique a démontré que les pays de l'UE ont régulièrement eu recours à des astuces fiscales et à des formes de comptabilité créative pour améliorer l'apparence de leurs statistiques de finances publiques (comme le déficit budgétaire et la dette nationale). La corrélation est plus élevée à l'approche d'élections et en cas de chiffres médiocres de la balance des paiements. En effet, ce n'est pas seulement la Grèce qui a manipulé ses chiffres pour entrer dans les clous du Pacte de croissance et de stabilité. « La Grèce n'est qu'un exemple extrême de schémas systématiques qui existent dans tous les autres pays de l'UE ». C'est ce qui ressort d'un papier de recherche académique de la London School of Economics[5], qui documente ces stratagèmes comptables dans l'UE entre 1990 et 2007, avec la tentation plus forte d'arranger les déficits après l'entrée en vigueur du Pacte de croissance et de stabilité. Les données empiriques ont montré que l'imposition d'objectifs chiffrés par l'UE a accru la motivation de manipuler les statistiques et donc vidé de son sens, d'une certaine manière, le but de ces objectifs. Cela confirme la Loi de Goodhart, qui veut que « lorsqu'une mesure devient un objectif, elle cesse d'être une bonne mesure ». Pour rappel, le Pacte de stabilité place, depuis 1998, une limite à 3 % pour le déficit budgétaire, et à 60 % pour le ratio dette/PIB.

Le papier détaille les astuces comptables utilisées par les États pour afficher un déficit budgétaire moins élevé. Pour identifier les manipulations comptables, les chercheurs ont examiné les composantes de « l'ajustement stock-flux », procédé qui permet de vérifier s'il n'y a pas d'écart inexpliqué entre les changements dans le stock de la dette et ceux du déficit budgétaire. Si la dette publique dépasse les déficits accumulés, cela constitue un indice de manipulation comptable des déficits. Par exemple, le Portugal a classé en 2002 des subventions accordées à des entreprises publiques déficitaires comme étant des « achats d'actifs », ce qui a permis de sortir ces dépenses des déficits. Une astuce fréquente pour réduire ces derniers. Un autre subterfuge est l'accumulation des dettes auprès des fournisseurs (sommes non réglées pour des biens et services délivrés) et le sous-enregistrement des livraisons. Procédant au

5. J. Alt, D. Dreyer Lassen, J. Wehner, "It isn't just about Greece: Domestic politics, transparency and fiscal gimmickry in Europe", *British Journal of Political Science*, 2014.

même type d'analyse, le FMI avait lui aussi observé qu'entre 1980 et 2010, 29 pays développés sur 34 ont enjolivé leurs déficits budgétaires en employant différentes astuces.

La sous-estimation des déficits a été systématique pour la Grèce, mais aussi la Finlande, le Danemark, le Luxembourg, l'Allemagne et l'Autriche, a montré une autre étude réalisée sur la période 1980 à 2003 par des chercheurs de l'Université de Bonn et publiée en 2006 dans le *Journal of Banking & Finance*[6].

Au sein de l'UE, ces pratiques n'ont pas pu être endiguées même par les règles supranationales de *reporting* communes et par un système élaboré de suivi des comptes, incluant une agence statistique commune (Eurostat). Ces embellissements servent également à tromper le marché obligataire, afin que les investisseurs ne demandent pas des taux d'intérêt plus élevés sur les emprunts souverains. La pression exercée par le marché obligataire s'est d'ailleurs accrue après la crise financière de 2008, et ce n'est qu'à la faveur des achats massifs de dette souveraine par la Banque centrale européenne que les obligations, y compris celles des pays périphériques comme la Grèce et le Portugal, ont artificiellement vu baisser leurs taux. Cela a abouti à donner une image trompeuse de la solidité budgétaire des pays membres.

De même, les chiffres préliminaires que publient les pays membres sur les déficits annuels sont biaisés et sous-estiment systématiquement les chiffres révisés[7]. Là aussi, cet écart systématique entre déficits préliminaires et déficits révisés à la hausse concerne tous les pays de l'UE et pas seulement des pays comme la Grèce, même si cette dernière constitue un cas extrême. Les révisions forcées et induites par les clarifications

6. J. von Hagen, G. Wolff, "What do deficits tell us about debt? Empirical evidence on creative accounting with fiscal rules in the EU", *Journal of Banking & Finance*, 2006.

7. C. Gandrud, M. Hallerberg, "Interpreting fiscal accounting rules in the European Union", *Journal of European Public Policy*, 2017.

méthodologiques et les décisions d'Eurostat révèlent que les chiffres préliminaires (systématiquement inférieurs aux chiffres révisés) peuvent s'apparenter à du *window dressing*, ou embellissement de façade, pratiqué par la plupart des pays membres. La tendance à publier des déficits initialement sous-estimés ressort aussi d'une étude menée sur la période 1995-2008 par des analystes de la Banque d'Espagne et de la Banque centrale européenne, et parue en 2011 dans le *Journal of Money, Credit and Banking*[8].

Ainsi, la littérature académique a démontré que les déficits en Europe ont régulièrement fourni, ces dernières années, une information limitée, voire tronquée, sur la situation réelle des pays membres. Les études convergent sur le fait qu'en matière de manipulation des statistiques des déficits, la pratique est généralisée ; la Grèce n'est pas une exception, seulement un cas plus extrême que les autres. Les chiffres sont donc souvent trompeurs sur l'état réel des budgets. Quand des déficits et de la dette s'accumulent de manière non transparente au fil du temps, le risque est de voir une crise survenir tôt ou tard, accentuée par la spéculation sur le marché de la dette souveraine, comme ce fut le cas pour la Grèce lors de la crise de 2010-2012. S'ensuivent alors des coupes drastiques dans les budgets, et des plans d'austérité promulgués dans l'urgence, que finit par payer la population.

8. F. de Castro, J. J. Pérez, M. Rodríguez-Vives, "Fiscal Data Revisions in Europe", *Journal of Money, Credit and Banking*, 2011.

Chapitre III

Le taux de chômage et ses lacunes

Demi-vérité bien connue à propos du marché de l'emploi : présenter de faibles taux de chômage, mais qui excluent une partie de la réalité économique (chômeurs de longue durée, chômeurs découragés, situations de sous-emploi). Dès lors, les taux de chômage qui sont mis en avant dans les démocraties sont souvent des mesures étroites, qui ne livrent qu'un morceau de réalité.

Par ailleurs, vanter un recul du chômage sans s'intéresser à l'évolution de la qualité des emplois ne favorise pas un compte rendu objectif du paysage de l'emploi. En France, en Suisse, en Allemagne ou aux États-Unis, ces dernières années ont vu une modification de la qualité de l'emploi, en direction d'une flexibilisation accrue : travail détaché, sous-emploi, cumul de jobs et temps partiel, contrats temporaires, intérimaires, sous-traitance. Le travail à temps partiel (taux d'occupation inférieur à 90 %) a nettement progressé ces vingt dernières années. En Suisse par exemple, il s'applique aujourd'hui à plus d'un tiers des personnes actives occupées, d'après l'Office fédéral de la statistique (OFS). Une partie de cette progression est liée à des situations de sous-emploi.

Proportion de personnes actives occupées à temps partiel

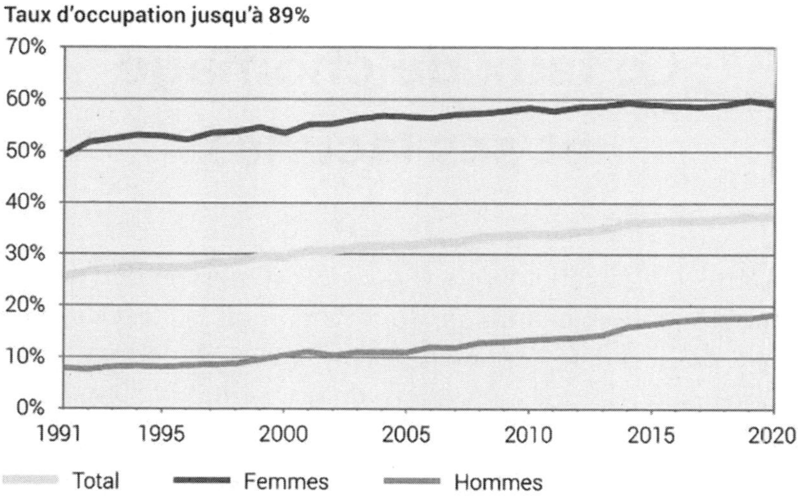

Source: OFS – Enquête suisse sur la population active (ESPA) © OFS 2021

Les nouvelles formes de précarisation du travail, qu'on appelle « ubérisation » en référence à l'économie du partage, ont également progressé dans tous les pays développés. Tout cela peut exister derrière un faible taux de chômage. Il y a aussi le chômage en hausse des seniors qui composent une grande partie des chômeurs de longue durée. L'exclusion des chômeurs découragés, en particulier, permet au taux de chômage d'apparaître plus bas qu'il ne l'est vraiment. Ceci est problématique pour la qualité de l'information livrée par le taux de chômage. Le problème existe aussi bien en France, en Suisse qu'aux États-Unis, sous différentes formes.

Comme on le voit, il semble difficile de se contenter de communiqués qui ne donnent qu'une mesure étroite et incomplète du marché de l'emploi, le taux de chômage, quand tant d'autres informations complémentaires sont nécessaires. C'est pourtant bien ce qui se produit tous les jours.

France : le « halo » du chômage

La France offre une illustration de ce qui peut s'apparenter au chômage, mais qui n'en est pas vraiment, et qui échappe par conséquent à la mesure du chômage. On comptait 2,4 millions de chômeurs dans l'Hexagone en 2020 selon l'Insee, soit 8 % de la population active. Mais si on regarde l'ensemble du tableau, il y aurait en réalité 7,6 millions de personnes en situation de « mal-emploi », d'après l'Observatoire français des inégalités. Cela représenterait alors 25 % du total des actifs. Ce chiffre additionne les chômeurs, les travailleurs précaires (intérimaires, CDD), qui peuvent inclure du temps partiel subi, c'est-à-dire du sous-emploi, et qui sont au nombre de 3,3 millions, et 1,9 million de chômeurs découragés, ou « inactifs », qui ne sont plus comptés comme chômeurs car ils ont cessé la recherche active. Et ce total n'inclut pas encore les personnes dites « en activité partielle », dont une partie n'a pas travaillé depuis de longs mois, qui étaient plus de 2 millions fin 2020, ni les non-salariés qui vivotent à leur compte dans la précarité, mais sans contrat durable.

Ce « halo du chômage », comme l'appelle l'Insee, existe dans tous les pays développés et nécessite des métriques plus à même de le quantifier.

Le taux de chômage, une métrique dépassée ?

En nette augmentation depuis la crise, le sous-emploi et l'inactivité occupent les statisticiens. Conscient du problème croissant du sous-emploi, accentué par la pandémie, le Bureau international du travail (BIT) veut inclure les sous-employés (qui souhaiteraient travailler à 100 % sans y parvenir) dans les statistiques officielles du travail. Il s'agit en effet de mieux répertorier les diverses formes de chômage déguisé qui se développent dans le monde du travail contemporain. Ekkehard Ernst, un économiste du BIT rencontré dans le cadre de ce livre, fait part du problème du sous-emploi, du mal-emploi et des jobs intérimaires : dans l'UE, surtout depuis la crise du Covid, un grand nombre de travailleurs sont comptés comme étant actifs dans les statistiques nationales, alors qu'ils travaillent peu d'heures, voire pas du tout. « Parfois, l'assurance-chômage paie l'entreprise à les payer à ne rien faire », souligne-t-il.

Cette démonstration permet de voir qu'un taux de chômage bas peut exclure diverses catégories de désœuvrés. Avoir de beaux chiffres du chômage peut paraître réjouissant, mais pas si ces chiffres sont le résultat d'un compromis socialement peu satisfaisant, avec des jobs de faible qualité, des travailleurs précaires et des personnes fragilisées face à l'emploi. Pour Ekkehard Ernst, « le taux de chômage est un concept du début du XXe siècle, créé pour les besoins de gestion de l'époque. Aujourd'hui, ce taux ne veut plus dire grand-chose et fournit une vue partielle. Il faut y ajouter plusieurs indices pour avoir une vue complète du marché du travail ». Les différents cas de figure dans lesquels se trouvent les travailleurs qui perdent leur travail sont :

- la situation de chômage (individus cherchant activement du travail) ;
- la situation d'inactivité (individus retirés des statistiques du chômage car ils ne cherchent plus d'emploi) ;
- la situation de sous-emploi : toujours employés, mais travaillant moins d'heures. Ceci inclut aussi bien un nombre d'heures réduit, qu'un nombre d'heures tombé à zéro, tandis que l'on reste quand même employé, relève le BIT.

Ces situations « ni vraiment employé, ni vraiment chômeur », qui ont davantage augmenté avec la crise du Covid que lors des crises précédentes, pourraient aussi mettre plus de temps à se résorber, voire devenir structurelles. Durant la pandémie, on a vu plus de réductions d'heures travaillées, y compris à zéro (emploi maintenu), mais surtout davantage de cas d'inactivité hors chômage que de cas de chômage. Quand ces contingents en sous-emploi ou en inactivité sont en hausse, alors qu'ils ne sont pas comptés dans les taux de chômage, il en résulte que cette statistique sera en décalage avec la réalité. Une mesure élargie du chômage devrait englober les inactifs, surtout si le phénomène est en hausse. L'autre aspect non décompté, ce sont les heures réduites (jusqu'à zéro). Ce phénomène, qui va jusqu'au sous-emploi aigu, peut être une forme de chômage déguisé. Les statistiques du chômage devraient également en rendre compte.

Bien sûr, 2020 est une année exceptionnelle ; mais comme souligné par le rapport du BIT, dans les crises précédentes, les pertes d'emploi prenaient la forme d'une mise au chômage, et étaient comptabilisées dans les statistiques du chômage. On pouvait donc mieux suivre leur évolution. Dans le cas de la pandémie du Covid, tout dépendra à quelle vitesse et dans quelle mesure les personnes en inactivité réintégreront le marché du travail en 2022 et 2023. En effet, des craintes de récession se font sentir en Europe et aux États-Unis, où des plans de réduction des déficits sont mis en place, de même qu'une réduction des politiques accommodantes des banques centrales. Une récession pourrait prolonger le statut des inactifs au-delà de la fin de la pandémie et des restrictions sanitaires. En effet, sur les 255 millions d'équivalents plein-temps supprimés dans le monde en 2020, la moitié s'est traduite par des pertes d'emploi, et l'autre moitié par des réductions d'heures travaillées. Dans la moitié qui porte sur des pertes d'emploi, 70 % des cas (soit 81 millions de personnes) ont pris la forme d'inactivité, et seulement 30 % ont pris la forme du chômage. C'est ainsi qu'avec cet épisode de pandémie, un nombre sans précédent de personnes sont sorties des statistiques du chômage. Le Bureau international du travail (BIT) estime que cette hausse du nombre d'inactifs mettra du temps à se résorber. Cela veut dire que, pendant toute cette période, les taux de chômage officiels ne refléteront pas le phénomène. Raison de plus, dès lors, pour adapter les définitions du chômage à ces évolutions.

Que les conditions de 2020-2021 aient un effet prolongé ou non sur le marché du travail, il est de toute façon important d'adapter les indicateurs pour mieux tenir compte des phénomènes de sous-emploi et d'inactivité, qui précédaient largement la pandémie.

Il est positif que le problème de recension du sous-emploi et de l'inactivité, dont le BIT est conscient depuis des années, ait bénéficié d'une attention accrue avec la survenue du Covid. L'organisation développe des calculs basés sur le nombre d'heures travaillées, qui seront plus utiles et fiables pour évaluer les pertes d'emploi, et pour analyser comment ces heures de travail perdues se répartissent entre le chômage et l'inactivité.

États-Unis, les inactifs oubliés

Le taux de chômage est la statistique par excellence que les politiciens récupèrent à des fins politiques. Prenons un cas typique que j'avais exposé dans le magazine *Bilan* en avril 2019 : le taux de chômage était alors à 3,6 % aux États-Unis. On pouvait lire partout que le chômage américain était « au plus bas depuis un demi-siècle » et qu'il traduisait les « créations d'emplois très soutenues et les solides embauches dans de nombreux secteurs ». Cette information a été reprise en boucle par les médias et commentateurs, relayant les formules grandiloquentes de l'administration Trump, sans creuser plus loin.

Sauf que si on intégrait toutes les personnes inactives exclues de la statistique (en utilisant la méthode de calcul du gouvernement américain d'avant 1994), on était à 20 % de chômage. En effet, la mesure étroite du chômage, qui est toujours mise en avant aux États-Unis comme en Suisse ou en Europe, est une information lacunaire. Dans cet exemple, les 3,6 % correspondent à la mesure étroite U-3, qui n'inclut que les chômeurs qui ont cherché activement un emploi au cours des quatre dernières semaines. Tout ce qui va au-delà est exclu. De même, sont exclues de U-3 les personnes en situation de sous-emploi, à savoir les travailleurs à temps partiel qui sont demandeurs d'un emploi à plein temps. Ce taux, amplement diffusé, ne raconte qu'une petite partie de l'histoire. Il faut aller voir la mesure élargie, U-6, pour y trouver les chômeurs qui n'ont plus cherché de travail depuis une année, et les personnes en situation de sous-emploi, c'est-à-dire qui font du temps partiel, mais aimeraient travailler plus. Avec U-6, on était déjà à 7,5 % de chômage, et non à 3,6 %. La mesure officielle U-6 est donc déjà plus crédible. Publiée par le gouvernement, cette mesure n'est toutefois pas mise en avant dans la communication, et peu d'articles de médias y font référence, ou alors en fin d'article. De plus, il se trouve que U-6, également, n'est pas complète. On n'y trouve pas les chômeurs découragés depuis plus de 12 mois. Et ils sont nombreux. Mais depuis 1994, sans raison évidente, ces personnes sont exclues de la statistique américaine du chômage. Pourtant, elles n'ont pas cessé d'exister. Le site shadowstats.com[1], géré par John Williams, un économiste expert en statistiques officielles, les réintègre dans un taux de chômage qu'il calcule lui-même en les ajoutant à U-6, pour avoir une image complète du chômage total. Si on avait consulté son site au moment des 3,6 % publiés par l'administration Trump, on aurait trouvé que la mesure recalculée donnait 20 % de chômage. L'industrie de l'information ne répercute toutefois pas ou peu ce type d'objections, ce qui fait que le taux de chômage de 3,6 % est celui que retient le public, quand la réalité du désœuvrement américain serait plus proche de 20 %.

Sous la présidence de Barack Obama, il y avait aussi un écart entre chiffres officiels et réalité. Après la crise de 2009, le taux de chômage U-3 avait atteint 10 %. En mai 2016, son administration a annoncé en fanfare que le chômage avait pu être ramené à 4,7 %. Sauf que typiquement, ce taux était la mesure étroite, qui n'avait pas tenu compte de la forte hausse des chômeurs découragés. La baisse n'était due qu'à l'abandon des recherches par un grand nombre de chômeurs. Il fallait donc aller voir d'autres mesures, à commencer par la plus large, U-6, qui donnait 10 % de chômage. Mais cela

1. Shadow Government Statistics, www.shadowstats.com, site fondé par John Williams pour recalculer des statistiques officielles américaines.

n'était pas complet non plus. S'il est vrai que certains chômeurs étaient passés de U-3 à U-6, tous les découragés depuis plus de 12 mois avaient disparu statistiquement. Réintégrant tout ce contingent, le calcul de shadowstats.com révélait un taux de chômage réel de 23 % en 2016, c'est-à-dire un niveau identique au taux de shadowstats pour 2009. La seule variable qui avait donc fait baisser la mesure U-3 du gouvernement, c'était le découragement massif de chômeurs, sortis des statistiques. L'absence d'une mesure incluant ces chômeurs découragés aboutit à des informations tronquées sur le chômage américain, qui renseignent mal sur la situation.

Quant au taux de chômage américain actuel, le graphique de shadowstats.com, en incluant les chômeurs disparus des statistiques, le calcule à 25 %. Le chiffre officiel (U-3) est de 5 %.

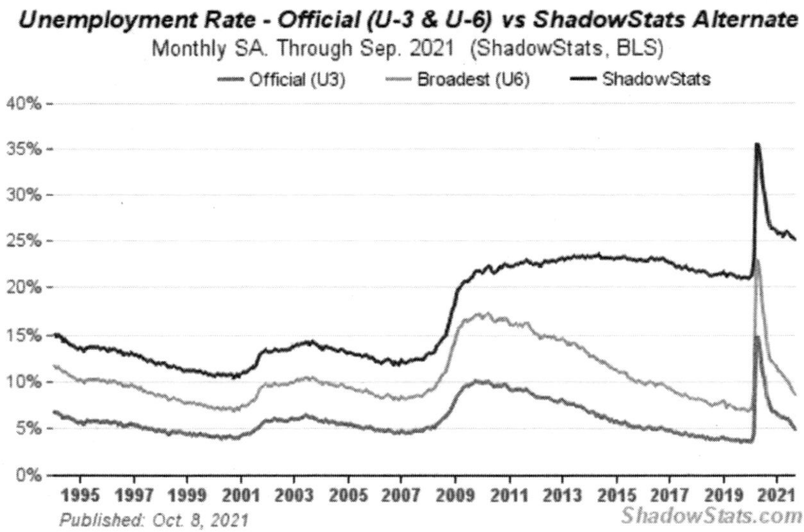

Le gouvernement n'a pas émis de critiques directes au sujet de ces chiffres de l'emploi retraités par shadowstats (nous verrons plus loin que l'indice d'inflation recalculé par shadowstats, quant à lui, fait plus débat).

Dans le même registre, une information complète sur le chômage doit se pencher, en parallèle, sur l'évolution du taux de participation au marché du travail : il s'agit du pourcentage de la population active, qui dispose d'un emploi ou qui recherche activement un emploi. Si ce taux a baissé, cela indique que des personnes en recherche d'emploi ont cessé de chercher et sont sorties de la statistique de la population active. Une baisse du taux de chômage calculée sur un taux de participation en baisse reflète donc essentiellement la réduction du nombre de chercheurs d'emploi. Ci-dessous, le taux de participation américain.

Le taux de participation américain a nettement baissé depuis 30 ans, et se maintient autour des 62 % en 2021. Une baisse du chômage a naturellement plus de sens si elle se produit sur fond de taux de participation élevé et stable. Une baisse du chômage sur fond d'un taux de participation lui-même en baisse s'apparente en fait à un score électoral élevé sur un faible nombre d'électeurs : on ne gagne du terrain qu'à la faveur d'une baisse du nombre de participants.

Autre calcul permettant d'affiner l'analyse : vérifier si le taux de chômage n'a pas baissé à la faveur du sous-emploi. C'est-à-dire grâce à l'augmentation des petits boulots que les individus acceptent de cumuler plutôt que de rester au chômage. Ce qui ne serait pas une très bonne nouvelle pour la qualité d'une reprise de l'emploi. Pour le vérifier, regardons l'évolution du nombre de postes à temps partiel aujourd'hui aux États-Unis. Ils sont passés de 20 à 26 millions entre 1990 et 2021, avec de fortes hausses lors des crises (par exemple entre 2008 et 2009). En face, nous avons aujourd'hui 7,4 millions de chômeurs. On a un taux de chômage officiel sous contrôle, qui se maintient depuis des années autour des 5 %, mais au prix d'un contingent toujours plus élevé de temps partiels, qui incluent du sous-emploi (temps partiel non choisi). Le chômage bas doit peut-être quelque chose à ce nombre élevé de temps partiels, les chômeurs préférant cumuler les petits boulots mal payés qu'être sans travail.

En Suisse, des données incomplètes

En Suisse, on annonce un quasi «plein-emploi» en cette fin d'année 2021, avec un taux de chômage tombé à 2,5 % en octobre. Or comme on l'a vu plus haut, une statistique de plein-emploi peut masquer bien des réalités. Le nombre de jobs temporaires et de contrats à durée déterminée (CDD) est en hausse constante en Suisse, avec une accélération observée depuis 2008, même si les emplois fixes constituent toujours la grande majorité. On observe aussi une hausse des contrats à durée déterminée chez les 15-24 ans, dont 25 % possèdent aujourd'hui des contrats de ce type (contre 15 % il y a 30 ans). Ensuite, il y a le chômage des seniors. Sur ce graphique tiré du site du SECO, les seniors de 50-64 ans sont représentés par les barres désignées par la flèche dans la statistique des chômeurs de longue durée.

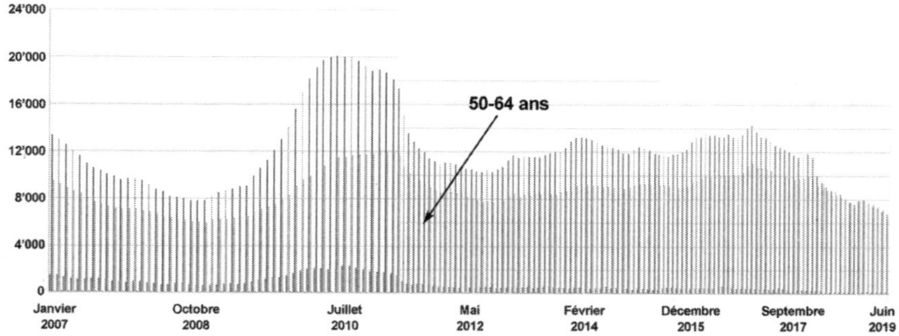

Quant à la proportion des personnes en sous-emploi, qui veulent augmenter leur temps partiel sans y parvenir, elle était au plus haut en Suisse fin 2020. Accumuler les petits boulots permet à de nombreux individus de sortir de la statistique du chômage, mais c'est souvent un pis-aller. Une autre réalité que masque un taux de chômage impeccablement bas.

Cette statistique ne figure pas dans le rapport mensuel du SECO, mais elle est fournie par l'Office fédéral de la statistique (OFS). En 2020, le taux de sous-emploi en Suisse était de 7,5 %, au plus haut depuis au moins 18 ans (les données de l'OFS ne remontent pas plus loin). On note que ce n'est pas un effet spécifiquement lié au Covid. Le nombre de personnes en sous-emploi a augmenté régulièrement au fil des ans, et sur 18 ans, le nombre de personnes en sous-emploi a augmenté trois fois plus vite que la taille de la population.

Personnes en sous-emploi et taux de sous-emploi, 2004-2020

De 2004 à 2009: moyennes au 2e trimestre / Dès 2010: moyennes annuelles

	2004	2005	2006	2007	2008	2009	2010	2011	2012
Taux de sous-emploi (en %)	5,8	6,1	6,2	6,2	6,3	6,7	6,1	6,1	6,4
Personnes en sous-emploi (en milliers)	238	254	261	265	278	297	268	276	292

	2013	2014	2015	2016	2017	2018	2019	2020
Taux de sous-emploi (en %)	6,4	6,6	7,2	7,1	7,3	7,3	7,3	7,5
Personnes en sous-emploi (en milliers)	297	311	344	345	357	356	357	372

Source: Enquête suisse sur la population active (ESPA)
© OFS

De même, le nombre de chômeurs de longue durée (demandeurs depuis plus d'un an) n'a jamais été aussi haut en 20 ans, conséquence de la pandémie. Comme on peut le constater, un taux de chômage de 2,5 % en octobre 2021 n'informe pas sur ces réalités. L'idée de « plein-emploi » peut donc véhiculer une image de prospérité trompeuse alors que les chômeurs « longue durée » n'ont jamais été aussi nombreux en Suisse depuis les années 1990.

G4: Part des chômeurs de longue durée au total des chômeurs

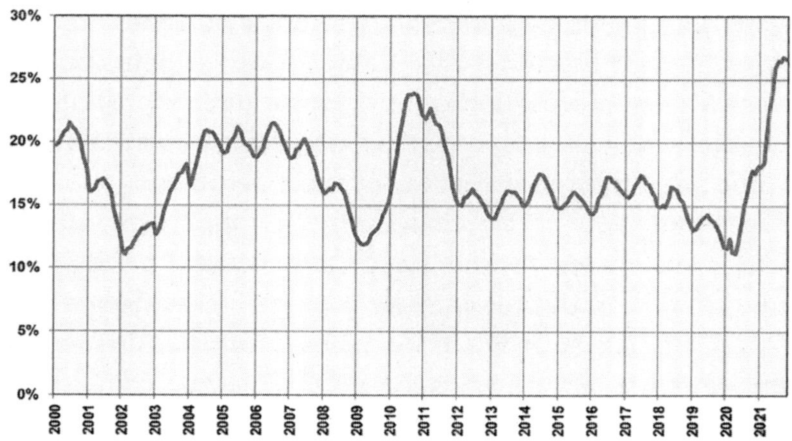

Octobre 2021 13

Source: SECO, « La situation sur le marché du travail »

Il faut également s'intéresser aux chômeurs découragés, qui sont exclus de la statistique. En effet, les statistiques du chômage en Suisse ne comptabilisent pas les personnes arrivées en fin de droits, qui ne sont plus inscrites auprès d'un office régional de placement (ORP) et quittent le système d'indemnisation de l'assurance-chômage. Une donnée pourtant importante. Ce n'est toutefois pas l'avis des responsables fédéraux à Berne. Il a été décidé que les personnes sorties des statistiques du chômage et pas (encore) entrées dans celles de l'aide sociale ne seront pas comptabilisées. Fin septembre 2021, une proposition visant à avoir plus de transparence sur ces données a été enterrée au Parlement suisse. « Les chômeurs en fin de droits ne devraient pas être comptabilisés dans la statistique du chômage établie par le SECO », titrait une dépêche ATS. « Le Conseil des États a enterré une motion du Conseil national qui visait une vue plus complète du marché du travail ». L'auteur de la proposition, un député UDC, estimait que les statistiques actuelles étaient incomplètes. La réponse de Guy Parmelin, président de la Confédération en 2021, a été que les informations du SECO et de l'OFS suffisaient parfaitement. Or ces informations donnent uniquement le nombre d'arrivées en fin de droits par mois, mais pas le nombre total des inactifs dans l'économie.

Certes, il est utile de disposer, chaque mois, du nombre de personnes qui voient leur droit aux indemnités prendre fin. Ces chiffres donnent la tendance du chômage de longue durée, mais cela ne suffit pas à savoir ce que deviennent ces individus par la suite. Examinons déjà ces chiffres. L'information est présentée sous forme d'un tableau de chiffres mensuels. Avec une telle présentation, difficile de dégager une tendance de long terme. À noter que la colonne de droite, en gris foncé, représente la moyenne mensuelle pour chaque année :

T14: Arrivées en fin de droits

	Janv.	Févr.	Mars	Avril	Mai	Juin	Juillet	Août	Sept.	Oct.	Nov.	Déc.	Ø
2000	1547	1365	1817	1482	1337	1494	1086	1681	1329	1097	1238	1656	**1427**
2001	1417	1182	1272	955	1206	1042	815	1271	1005	1111	1009	941	**1102**
2002	1485	1122	982	1243	1119	842	1123	1247	990	1417	1331	1610	**1209**
2003	1627	1384	1183	1656	1538	4395	2251	2188	2641	2732	2369	3331	**2275**
2004	3238	2688	3084	3117	2519	3191	3102	2963	3440	3416	2764	4111	**3136**
2005	2878	2939	3852	3123	2543	4583	2991	3275	2963	2499	3093	3309	**3171**
2006	2658	2964	2970	2187	2949	2547	2181	2985	2561	2426	2373	2030	**2569**
2007	3046	2286	2738	1905	2292	1971	2136	2303	1560	2093	1754	1592	**2140**
2008	2121	1719	1474	1894	1653	1192	1808	1715	1318	1736	1431	1851	**1659**
2009	1833	1488	1504	1828	1606	1428	2085	1666	2024	1914	1561	2451	**1782**
2010	2122	1603	2496	2166	1707	2390	2366	2573	2542	2106	3131	3143	**2362**
2011	2390	2487	15850	3063	3132	3406	2729	3180	2821	2306	2664	3026	**3921**
2012	2929	2540	2755	2402	2975	2946	2469	3021	2415	2573	2619	2592	**2686**
2013	3253	2714	2836	2551	3209	2925	3000	3037	2438	3021	2827	2868	**2890**
2014	3673	2771	2610	3219	3166	2946	3343	2677	3098	3045	2428	3501	**3040**
2015	3395	2851	3093	3070	2896	3716	3319	2811	3077	3088	2515	3871	**3142**
2016	3051	3029	3586	3162	3266	4042	3233	3509	3148	2654	3422	3709	**3318**
2017	3191	2973	3840	3212	3642	3721	2763	3847	3035	2478	3198	3447	**3279**
2018	3537	3019	3075	2513	3472	3261	3094	3144	2062	2991	2679	2310	**2930**
2019	3382	2516	2209	3125	2964	2157	3053	2665	2022	2573	2259	2798	**2644**
2020	2833	2266	-	-	-	2	-	482	1714	2233	2178	2109	**1151**
*** 2021**	*3174*	*2193*	*15*	*18*	*45*	*2221*	*2472*						

Source: SECO, « La situation sur le marché du travail »

Prenons le temps d'additionner les données pour avoir des chiffres annuels des arrivées en fin de droits, afin d'avoir une vue d'ensemble :

2000 : 17'129

2001 : 13'226

2002 : 14'511

2003 : 27'295

2004 : 37'633

2005 : 38'048

2006 : 30'831

2007 : 25'676
2008 : 19'912
2009 : 21'388
2010 : 28'345
2011 : 47'054[2]
2012 : 32'236
2013 : 34'679
2014 : 36'477
2015 : 37'702
2016 : 39'811
2017 : 39'347
2018 : 35'157
2019 : 31'723

Représentons ces chiffres sur un graphique pour observer la tendance.

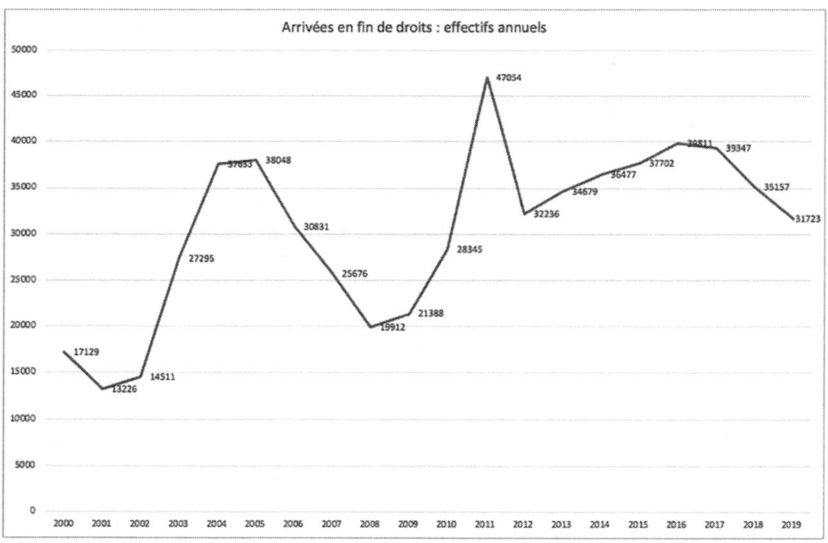

2. Entrée en vigueur de la nouvelle loi sur l'assurance-chômage (LACI).

Le nombre d'arrivées en fin de droits a-t-il augmenté depuis 20 ans ? Tendanciellement oui. La courbe de tendance est en hausse pour la période sous revue. Observons un histogramme des moyennes mensuelles indiquées pour chaque année dans la colonne de droite du tableau :

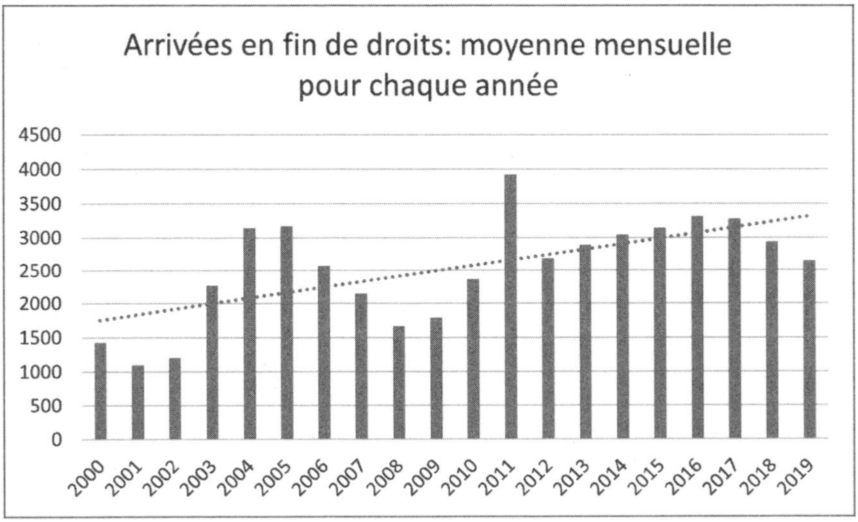

En moyenne mensuelle, le nombre de chômeurs en fin de droits a augmenté de 73 points de pourcentage entre 2000 et 2019, alors que la population résidente n'augmentait que de 19 points durant la même période. Où vont ces personnes une fois sorties de la statistique ?

Comme indiqué, on ne dispose pas d'un recensement pour les années qui suivent la fin de droits. Certaines personnes retrouvent du travail, d'autres vivent de leurs économies, d'autres encore de l'aide sociale. Les rapports du SECO fournissent les pourcentages de personnes qui ont retrouvé du travail, celles qui sont restées inscrites à l'ORP, et celles qui ne l'étaient plus, mais seulement pour les trois mois qui suivent la fin de droits de la période sous revue. Cela ne permet pas de suivre le contingent des personnes hors marché du travail.

Une étude publiée par l'OFS tous les 5 ans nous donne certaines indications sur le devenir des personnes en fin de droits : par exemple, en 2018, 64 % des personnes arrivées en fin de droits depuis 2014 étaient à nouveau actives occupées, 22 % étaient toujours en recherche d'emploi et 14 % étaient non actives. La moitié des personnes qui avaient trouvé un job à temps partiel après avoir été en fin de droits étaient en sous-emploi (souhaitaient travailler davantage). Mais on ignore leur nombre. Le reste de l'étude fournit uniquement des données démographiques sur les personnes concernées, sans les comptabiliser. On apprend par exemple que les 45-64 ans ont plus de probabilité d'arriver en fin de droits que les 15-29 ans, que les femmes sont légèrement surreprésentées, que les fins de droits touchent plus souvent des aides sociales par la suite car leurs revenus sont impactés, et que leur état de santé est moins bon. Mais aucune statistique n'offre une vue d'ensemble sur le nombre de personnes désinscrites du chômage et inactives.

Dans ces conditions, la définition du taux de chômage, qui se limite aux inscrits auprès des ORP, semble incomplète. Les personnes en Suisse arrivées en fin de droits sans trouver du travail disparaissent des radars si elles ne s'annoncent pas à un office régional de placement (ORP) et si elles ne sont pas à l'aide sociale. Il n'y a aucune raison que ces personnes désœuvrées soient omises de la statistique des sans-emploi.

Une statistique différente peut casser un mythe

Tout cela démontre les limites du taux de chômage suisse. À seulement 2,5 % en octobre 2021, il ne reflète pas l'image d'ensemble. En outre, ce n'est pas ce taux qui est utilisé dans les comparaisons entre la Suisse et les autres pays. Le taux de chômage suisse calculé par le BIT s'élevait à 5 % en septembre 2021, contre 2,6 % pour le taux calculé par le SECO, soit près du double. La différence est que le chiffre du BIT inclut les chômeurs non inscrits à un office régional de placement mais qui cherchent un emploi. Ce taux s'avère plus réaliste et informe mieux de la situation de l'emploi. Il se base sur une enquête de l'OFS auprès de plus de 30'000 personnes. Mais ce taux plus complet du BIT offre une image moins flatteuse du chômage en Suisse que celui du SECO : comme on le voit, un changement de la méthode statistique, et le mythe s'érode. Or c'est bien le taux de 2,5 % (celui calculé par le SECO) qui est le plus diffusé en Suisse et laisse croire à une situation beaucoup plus performante. Ici, un graphique du site de la Confédération compare les deux courbes. Le taux en pointillé est celui du BIT, le plus complet mais le moins diffusé en Suisse.

Les deux taux présentent une évolution très similaire au cours du cycle conjoncturel mais le taux de chômage calculé par l'OFS se situe en moyenne un peu plus d'un point de pourcentage au-dessus du taux de chômage calculé par le SECO.

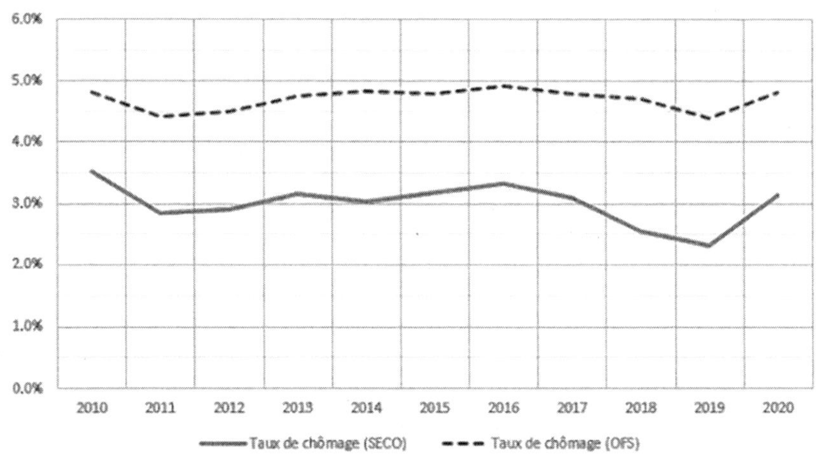

Source: SECO

À l'aune des chiffres du BIT, le taux de chômage suisse s'avère moins exceptionnel en comparaison européenne (si on le compare avec la moitié inférieure du graphique) :

Taux de chômage au sens du BIT (15 à 74 ans), en Suisse et dans les états de l'UE et de l'AELE

Moyenne annuelle 2019 et 2020, en %

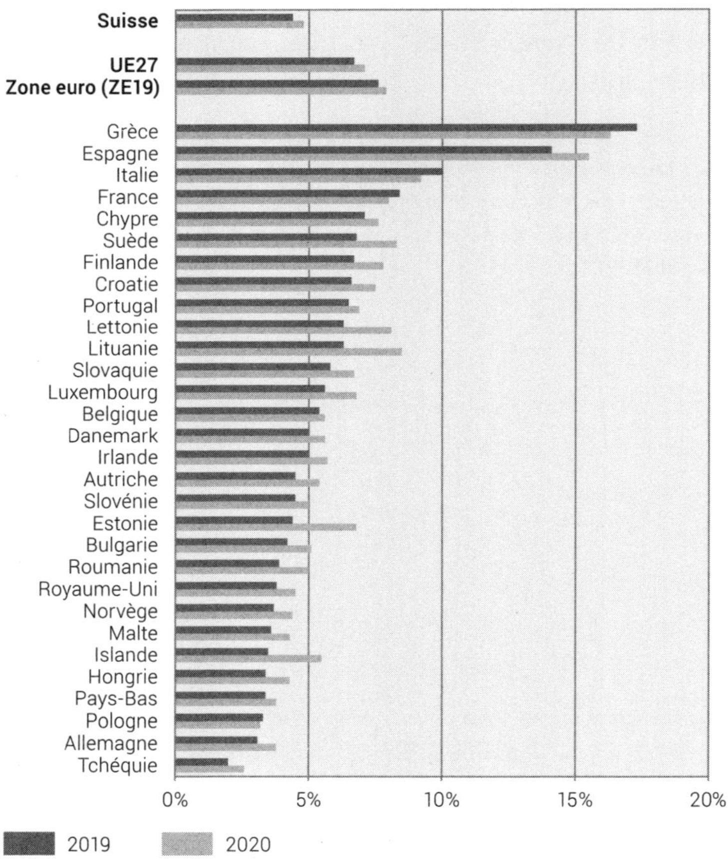

Royaume-Uni: 16 ans et plus

Source: OFS – Enquête suisse sur la population active (ESPA), Eurostat (état au 3.5.2021)

© OFS 2021

Les statistiques cantonales également n'utilisent que la mesure étroite, dont l'insuffisance est là aussi révélée par le chiffre du BIT. Si on prend le canton de Genève, le chiffre officiel calculait 9200 chômeurs fin 2019, alors que le BIT en comptait 30'000 pour le canton. Cela indique que plus de 20'000 habitants échappaient à la statistique officielle. À nouveau, on voit que selon la méthode employée, le taux de chômage à Genève passe du simple au triple. Là aussi, Genève ne tient compte que des personnes inscrites au chômage, alors que le BIT prend en compte tous les sans-emploi, inscrits ou non, les seniors découragés, les jeunes en quête d'emploi, les femmes sorties du monde du travail mais disponibles pour travailler. Et même le calcul du BIT n'englobe pas toute la réalité telle que décrite plus haut sous le terme de «halo» du chômage, qui concerne tous les pays développés.

Avoir plus d'informations sur ces populations est important pour comprendre quels sont les véritables ingrédients de notre économie, à la fois du point de vue économique et social. Par exemple, pour les faîtières d'entreprises, les organismes de placement, de réinsertion et de formation, il serait fort utile de connaître le profil de ces non-actifs, et ainsi déterminer s'il y a adéquation entre leurs compétences et les postes offerts sur le marché, dans le but d'apporter les ajustements qui s'imposent pour les remettre dans le circuit du travail et favoriser les reconversions. Comme l'a évoqué dans la presse un représentant syndical, il est en effet malsain que de nombreuses personnes, oubliées des statistiques, naviguent entre inactivité, précarité, aide sociale et travail au noir.

Chapitre IV

Inflation, l'indice qui ne mesure pas le coût de la vie

L'inflation en France : du politique aux mathématiques

Un des indices qui mérite le plus d'être discuté, et qui fait le plus débat au niveau de sa méthodologie, est celui qui mesure l'inflation, à savoir l'évolution moyenne des prix des biens et des services consommés par les ménages privés durant une période donnée. Dans les pays développés, nous avons vécu dans un régime de très faible inflation depuis des années. Cela a-t-il trait au faible renchérissement, ou aussi à la méthode de calcul ? Les explications macroéconomiques ne manquent pas pour justifier cette faible inflation : baisse du coût du travail dû à la globalisation, production de masse de biens de consommation comme les textiles et les équipements technologiques, dont le prix a globalement baissé. Il reste que d'autres postes de charges, comme les assurances maladie, les coûts de la santé ou le logement, qui eux se sont fortement alourdis, n'ont pas été reflétés correctement dans les indices d'inflation occidentaux.

C'est pour ces raisons qu'il y a déjà deux décennies, l'indice des prix à la consommation (IPC) a fait l'objet de débats non pas uniquement scientifiques, mais également philosophiques en France. Dès les années 2000, un écart important s'est manifesté entre l'évolution du pouvoir d'achat mesurée par les chiffres officiels, et la perception qu'en ont les ménages, « davantage en France que dans les autres pays de la zone euro », estime un rapport ministériel de 2008[1]. « Lorsque l'Insee annonce en

1. Rapport ministériel 2008 et commentaires de Jacques Delpla: www.cae-eco.fr/Mesurer-le-pouvoir-d-achat

octobre 2006 une progression de 2,3 % du pouvoir d'achat du revenu des ménages pour l'année, un peu plus des deux tiers des Français pensent, au contraire, que leur pouvoir d'achat est en baisse. Ce calcul du pouvoir d'achat par l'Insee est accusé de sous-estimer l'inflation réelle et de ne pas refléter l'augmentation du coût de la vie. » Nous verrons que partout dans les pays développés, le calcul de l'inflation fait l'objet de débats, tant ce calcul est fondamental en raison de ses enjeux sociaux.

Surtout, c'est la mathématisation de statistiques comme l'inflation qui pose un problème de société. Les débats autour de la mesure de l'inflation sont devenus si techniques qu'ils ont quitté le champ du politique. La complexité accrue de cet indice (et d'autres statistiques) a érigé une « citadelle de technicité » qui le confine aux cercles d'experts et le sépare de la société civile à laquelle cet instrument de gouvernance se destine. C'est la thèse d'un papier de recherche académique de 2018 paru dans le *Cambridge Journal of Economics*[2]. Florence Jany-Catrice, professeure à l'Université de Lille, y revient sur les circonstances qui ont vu changer le concept d'inflation en France, comme cela s'est produit dans l'ensemble des pays développés. D'un indice facilitant l'ajustement des salaires, celui-ci a évolué vers un indice des prix, qui repose sur la méthode de substitution et intègre les changements de qualité (méthode hédoniste). Alors que l'indice d'inflation mesurait à l'origine le changement de prix d'un panier fixe de biens par rapport à lui-même au cours du temps, il a été redéfini pour refléter l'évolution des prix pour différents paniers de biens au cours du temps, qui offrent un niveau constant d'utilité et de satisfaction, et qui intègrent les changements qualitatifs des produits. La même idée qu'aux États-Unis, où se sont imposées la méthode de substitution et la méthode hédoniste, que nous détaillerons plus loin. En France, ces méthodes, qui tendent à minimiser l'inflation, ont d'ailleurs

2. F. Jany-Catrice, "Conflicts in the calculation and use of the price index: The case of France", *Cambridge Journal of Economics*, 2017.

été combattues par les syndicats. Au point qu'il était question de faire coexister un indice du coût de la vie aux côtés de l'indice des prix. Mais en 2007, une offensive du monde financier auprès du gouvernement a mis fin au débat. L'économiste Jacques Delpla, membre de la commission Attali et conseiller obligataire à la banque BNP Paribas, a agité l'épouvantail des finances publiques auprès de Christine Lagarde, alors ministre de l'Économie, des Finances et de l'Emploi, soulignant le risque de miner la confiance des investisseurs dans l'économie française : « Les critiques infondées envers l'Insee sont dangereuses pour les finances publiques, a-t-il déclaré. Si l'Insee publiait plusieurs indices de prix, montrant une plus forte inflation, les demandes de revalorisation des prestations sociales et des minima sociaux aggraveraient un peu plus les déficits publics. Enfin, il est important de rappeler ici que le Trésor français, depuis 1998, émet autour de 10 % de sa dette sous forme d'obligations indexées sur l'inflation, soit 150 milliards d'euros de dette publique indexée sur l'indice des prix. Jusqu'ici les investisseurs domestiques et internationaux ont cru en la fiabilité de l'IPC de l'Insee, ce qui au début n'était pas évident – mais des années de roadshows du Trésor ont convaincu. Si les critiques actuelles devaient continuer et mettre en question l'intégrité de l'IPC, si les investisseurs venaient à croire que l'IPC sous-estime sérieusement l'inflation en France, alors il y a un risque sérieux qu'ils vendent leurs obligations ou qu'ils demandent, pour rester investis, une indexation sur un indice montrant beaucoup plus d'inflation. Ce serait un coup terrible pour les finances publiques, pour la crédibilité financière de la France et pour le programme d'endettement en dette indexée sur les prix. Jusqu'ici le débat sur l'IPC n'a pas été considéré comme sérieux par les investisseurs. Mais si ce devait être le cas, comment le Trésor continuerait-il son programme de financement des obligations ? C'est pour cela que le gouvernement, et notamment le ministère des Finances, devrait faire en sorte de mettre un terme rapide à cette polémique sur l'IPC français et ne pas créer plusieurs indices globaux des prix, sinon il y a risque d'écorner dix ans de crédibilité du Trésor sur les marchés obligataires[3]. »

Comme on le voit, certains de ces arguments relèvent plus de menaces que de justifications théoriques rationnelles. Nous avons recopié ce long passage de son intervention, car il démontre les motivations politiques, et non méthodologiques, dans la non-remise en question de l'IPC. Jacques Delpla n'a ensuite pas manqué de disculper entièrement l'IPC de toute responsabilité dans la sous-estimation de l'inflation, indiquant qu'au contraire il la surestimait sans doute. Il termine par une intéressante pirouette idéologique, soulignant que la seule recette pour qu'augmente le pouvoir d'achat des ménages, ce n'est certainement pas de revoir l'inflation à la hausse, mais d'augmenter la productivité du travail (plus de concurrence) et de l'emploi (flexisécurité à la danoise, augmentation du temps de travail).

C'est ce que démontre le papier de Florence Jany-Catrice : qu'il existe des ressorts idéologiques sous-jacents aux évolutions qui ont caractérisé le calcul de l'inflation. « N'y avait-il pas alors un risque, s'interroge-t-elle, que ce qui se produisait dans le capitalisme financiarisé finisse par faire des statistiques officielles l'un de ses principaux agents ? »

L'indice d'inflation est l'exemple d'une statistique officielle qui s'est progressivement déconnectée des réalités quotidiennes des Français, estime la chercheuse. Du monde politique, qui mettait en lien les agences statistiques et les syndicats pour réfléchir et dégager un consensus social au sujet du calcul de l'inflation, l'indice a progressivement migré chez les scientifiques, faisant de l'inflation une affaire d'experts, et de l'enjeu social un enjeu scientifique. Une affaire de techniciens de plus en plus éloignée des acteurs traditionnellement impliqués dans sa définition et plus directement concernés par ses enjeux. Malgré leur sophistication, les outils qui mesurent l'inflation, conclut la chercheuse, ne capturent pas les singularités du monde réel. Derrière toute définition de l'inflation,

3. Rapport ministériel 2008 et commentaires de Jacques Delpla, voir p. 79.

il y a une représentation de la richesse et de sa distribution, c'est-à-dire de l'effet de l'IPC sur le pouvoir d'achat des salariés. L'étude de Florence Jany-Catrice démontre que la composition de l'indice (panier de biens) a, dès les origines, fait l'objet de luttes politiques concernant le coût de la vie et les hausses de salaires. Avec l'indexation des salaires à l'inflation dès 1952, les tensions autour de la contruction de l'indice d'inflation se sont accrues, jusqu'à ce que le destin de l'indice s'affranchisse graduellement des mécanismes de politique économique, pour tomber dans les bras des experts. La chercheuse souligne l'apparence faussement apolitique des statistiques, lorsqu'elles sont en mains des experts, statisticiens et économistes, et voit cette évolution comme une conséquence de l'affaiblissement des syndicats et de leur retrait de ces débats.

En Suisse, des demi-solutions

En Suisse, l'indice des prix à la consommation (IPC) s'est affiché à 0 % entre 2008 et 2018. Il n'y avait donc pas d'inflation officiellement. Or l'IPC est souvent pris pour ce qu'il n'est pas. Contrairement à ce que nous sommes nombreux à croire, un indice des prix n'est pas un indice du coût de la vie, ce qu'explique l'Office fédéral de la statistique sur son site :

Indice de prix ou indice du coût de la vie?
L'indice des prix à la consommation n'est pas un indice du coût de la vie mais un indice de prix.
Un indice de prix mesure l'évolution des prix d'un ensemble fixe de biens et services sur une période donnée alors qu'un indice du coût de la vie mesure l'évolution du coût minimal lié à la consommation d'un ensemble de biens et services d'utilité constante pour le consommateur. Cet ensemble de biens et services n'est pas fixe, mais varie en fonction de l'évolution des prix relatifs. Compte tenu de sa définition, la construction d'un indice du coût de la vie n'est pas simple et aucun pays ne s'y est encore lancé.

Mais dans l'esprit du plus grand nombre, un indice d'inflation est là pour nous renseigner sur le coût de la vie, c'est-à-dire sur la dépense nécessaire pour maintenir un niveau de vie constant. Les anciens indices d'inflation le permettaient, mais pas les indices actuels. L'IPC ne remplit donc pas cette fonction, que ce soit en Europe ou aux États-Unis, comme nous le verrons plus loin. Il a donc perdu une fonction sociale importante. Un indice du coût de la vie (comme ceux des années 80) permet à un ménage de situer son pouvoir d'achat dans le temps, et ce devrait même être la fonction première d'un taux d'inflation. Sachant que les salaires sont censés s'adapter à l'inflation, celle-ci doit indiquer le revenu supplémentaire qu'il faut gagner pour maintenir le même niveau de vie sur la durée. Or les méthodes de calcul de l'inflation dans le monde développé n'offrent pas ce point de repère contre lequel mesurer le coût de la vie au cours du temps. Voilà donc un premier malentendu sur ce que sont aujourd'hui les indices d'inflation du monde développé.

Pour illustrer ce fait, rappelons que l'IPC suisse exclut certaines dépenses qui ont fortement augmenté ces dernières années. Par exemple, les primes des assurances maladie, qui se trouvent être l'une des dépenses ayant le plus augmenté dans le budget des ménages ces dernières années. Une raison très rationnelle explique cette absence : les primes d'assurance maladie n'entrent pas dans la catégorie des dépenses de consommation mais dans celle des transferts, explique l'Office fédéral de la statistique : « En cas de dommages, ces versements sont restitués aux ménages en guise de réparation. Ils servent donc uniquement à financer une certaine consommation à venir et ne font pas partie de la consommation privée à proprement parler. »[4] Pourtant, cette justification a ses limites. Assimilées à des transferts, les primes d'assurance maladie sont traitées au même titre que les cotisations sociales et les impôts. Or ni les cotisations sociales, ni les

4. « L'indice suisse des prix à la consommation (IPC) », Office fédéral de la statistique (OFS), Neuchâtel, 2021.

impôts n'augmentent de façon indépendante du revenu : chacun cotise et paie des impôts en fonction de son revenu. Ce n'est pas le cas des primes d'assurance maladie, qui sont les mêmes pour tout le monde (pour l'assurance de base). Le problème est qu'elles ont constamment augmenté en Suisse, alors même que l'inflation (IPC) baissait. On peut l'observer depuis 1996, c'est-à-dire depuis que des statistiques sont publiées. Par exemple, sur la période de 2008-2018 où l'IPC affichait une inflation nulle, les primes pour l'assurance de base se sont renchéries de 70 %. Sur ces 20 dernières années, elles ont augmenté de 125 %. Or cet argent (quelle que soit la catégorie où l'OFS classe le paiement des primes) sort bien du revenu disponible chaque mois. Il pèse de plus en plus lourd sur le porte-monnaie des ménages, et le niveau de vie en est affecté. Étant un transfert obligatoire, il ne résulte pas forcément en un remboursement, puisque cela dépend bien sûr des primes. La prime ne peut donc pas être considérée comme un décaissement temporaire qui sera à coup sûr remboursé. La plupart du temps, c'est une dépense nette. Son taux d'augmentation, 125 % sur 20 ans, a été plus élevé que n'importe quel autre élément du budget. Pendant ce temps, les gros titres des journaux indiquent que « l'inflation est à 0 % ». Cet exemple révèle que l'inflation, telle qu'elle est calculée, n'est pas l'indice qui va nous aider à estimer l'impact de nos dépenses effectives sur notre revenu disponible.

Une lacune non résolue

L'exclusion de ces primes de l'indice d'inflation suisse a fait régulièrement l'objet de débats au Parlement fédéral. Il y a en effet des conséquences concrètes à cela. En ne reflétant pas le coût de la vie réel des ménages, l'IPC, pris tout seul, donne le signal trompeur selon lequel les prix sont bas, et qu'il n'est donc pas nécessaire d'adapter les salaires à un renchérissement. Le risque est que les employeurs, se basant sur l'IPC seul, ne compensent pas adéquatement les ménages pour les sommes chaque année plus élevées qu'ils déboursent pour leur assurance maladie obligatoire. Et qui, suivant la franchise, ne leur sont pas nécessairement remboursées, contrairement à la justification communément évoquée. Entre 2007 et 2017, tandis que les primes ont augmenté de 40 %, l'indice d'inflation intégrait même dans ses calculs un recul des coûts de la santé de 3,7 %, ce qui le plaçait en décalage encore plus net par rapport à la réalité vécue par les ménages, puisque l'assurance maladie fait partie de leur coût global de la santé.

Précisons que cela fait déjà 20 ans que les autorités sont tout à fait conscientes de ce problème et qu'elles ont cherché à y remédier, toutefois sans y arriver de manière satisfaisante, et nous développons les raisons plus loin. L'OFS écrit dans sa brochure sur l'IPC en 2021 : « Il ne fait aucun doute que l'augmentation croissante des primes d'assurance-maladie observée depuis quelque temps grève toujours davantage le budget des ménages privés. Ce fait doit être pris en considération non pas en modifiant l'IPC, mais plutôt en produisant des informations complémentaires, utiles lors de l'application de la politique économique, des négociations salariales ou de l'adaptation des rentes. » Ainsi, depuis 20 ans, l'OFS publie un autre indice, l'IPAM, soit l'indice des primes d'assurance-maladie. Il mesure l'évolution des primes, mais aussi son impact sur le revenu disponible moyen, pour chaque année. En outre, l'OFS fournit même une calculatrice individuelle pour que chacun·e estime l'impact des primes sur son propre revenu.

Sur le tableau le plus récent, on voit que l'évolution des primes en Suisse n'a pas eu d'incidence sur le revenu disponible moyen en 2019 et en 2020, mais qu'elle a eu une incidence, quoique limitée, les quatre années précédentes :

Influence de l'évolution des primes sur la croissance de revenu disponible (estimation incl. subventions)

	2015	2016	2017	2018	2019	2020
Influence en %	-0.2	-0.2	-0.3	-0.3	0.0	0.0

Office fédéral de la statistique, IPAM

Si on remonte jusqu'en 2000, on note que la hausse des primes a eu une incidence sur le revenu disponible chaque année, sauf en 2007, 2008 et 2014, et qu'elle a donc constitué une véritable taxe, surtout pour les bas revenus. Cette influence sur le revenu disponible paraît malgré tout limitée en comparaison à la forte hausse des primes.

	Indice 1999 = 100 points **Total**	Influence de l'évolution des primes sur la croissance de revenu disponible (subventions incl.) point de %
1999	**100,0**	...
2000	**104,6**	-0,3
2001	**110,3**	-0,4
2002	**119,0**	-0,5
2003	**127,4**	-0,5
2004	**134,0**	-0,4
2005	**136,7**	-0,2
2006	**141,7**	-0,3
2007	**143,1**	0,0
2008	**142,5**	0,0
2009	**144,6**	-0,1
2010	**156,3**	-0,6
2011	**165,3**	-0,4
2012	**168,5**	-0,2
2013	**170,4**	-0,1
2014	**169,0**	0,1
2015	**173,3**	-0,2
2016	**178,5**	-0,2
2017	**185,3**	-0,3
2018	**192,8**	-0,3
2019	**194,4**	0,0
2020	**194,8**	0,0
2021	**195,3**	0,0

Source: Office fédéral de la statistique, IPAM
© OFS 2020

Cet indice des primes d'assurance maladie, et le calcul de l'impact sur le revenu, ne sont pas entièrement satisfaisants. D'une part, l'impact sur le revenu disponible moyen n'est pas une information assez précise pour être utile. En effet, l'indice des assurances maladie se base sur une prime moyenne pour toute la Suisse, alors qu'il existe des contrastes importants entre les régions. Suivant le prestataire et la région, les primes vont du simple au double pour une même franchise. Une statistique par région serait plus informative. Par ailleurs, et c'est le point principal, une moyenne suisse ne reflète pas l'impact très différent qu'a une hausse de primes suivant le niveau de revenu. L'impact des hausses devrait être calculé séparément pour les ménages aisés, pour ceux à revenus moyens, et pour les plus modestes, puisque les hausses de primes n'affectent pas ces différentes catégories de la même manière. L'impact est presque nul sur les hauts revenus, alors qu'il est très important sur les bas revenus. Il conviendrait donc de différencier les incidences selon la catégorie de revenu. Une mesure qui montre l'impact sur les bas revenus informerait sur l'effet des décisions des caisses maladie sur le déclenchement de l'aide sociale, que nous examinerons plus loin. L'OFS le reconnaît sur son site : « Les variations de primes ont des incidences différentes sur le budget des ménages. En effet, ce qui touche à peine un ménage à revenu élevé peut grever de manière substantielle le budget d'un ménage à revenu modeste. » Dans le magazine *Bilan*, un calcul avait été effectué par un député socialiste pour 2008-2016 : le coût de la vie, si l'on incluait les primes d'assurance maladie, aurait augmenté de 8,5 % pour les plus modestes, de 6,3 % pour la classe moyenne inférieure, tandis que la hausse des primes n'aurait pas eu d'incidence sur les revenus supérieurs. En l'absence de ce type d'informations, on ne peut que regretter la pertinence limitée des calculs publiés par l'OFS.

D'autre part, la calculatrice de l'IPAM, qui permet à chacun de calculer individuellement l'effet des primes sur son revenu disponible, a aussi ses limites. Elle permet uniquement de mesurer l'effet sur le revenu d'une augmentation des primes, d'une année à l'autre. Mais si par exemple, d'une année à l'autre, les primes sont restées au même niveau (après avoir beaucoup augmenté les années précédentes), tandis que le salaire de l'individu a baissé, la calculatrice considère que l'effet est nul, puisque la prime est restée la même. Or le revenu a diminué, et donc la prime pèse davantage sur ce revenu ; la calculatrice n'en tient pas compte. Par ailleurs, si on veut calculer l'effet de la variation entre la prime d'il y a dix ans et celle d'aujourd'hui, par rapport au salaire d'il y a dix ans et celui d'aujourd'hui, impossible. Le calcul est limité à la seule variation d'une année à la suivante, de la prime uniquement et non du salaire.

Enfin, notons que l'indice des primes d'assurance maladie, en lui-même, est plus difficile à trouver sur le site de la Confédération que l'indice d'inflation, qui est un indice phare. Il est présenté sous forme de tableau de chiffes. Si on trace une courbe de l'évolution des primes de l'assurance de base depuis 1999, la tendance est déjà plus visible. On note que la hausse est de 125 % sur 22 ans :

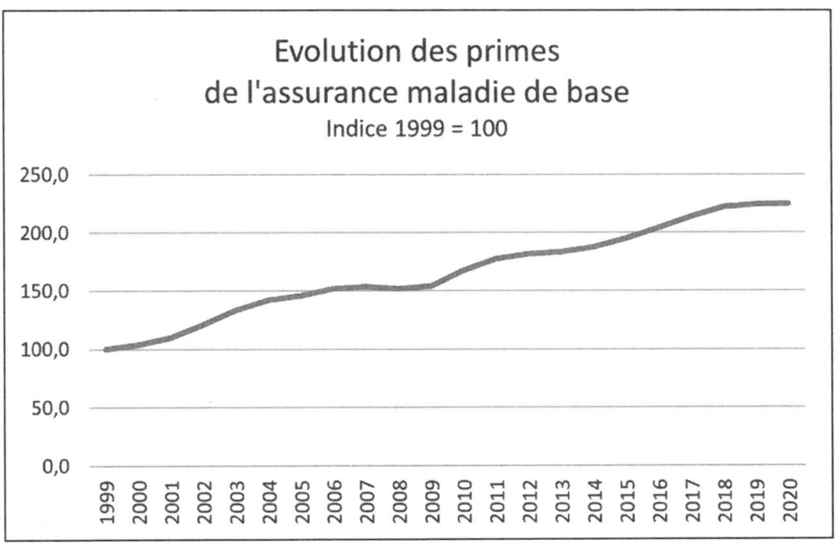

Surtout, l'indice reste peu visible dans les médias. Une recherche dans les archives des journaux de Suisse romande montre qu'il est évoqué moins de 20 fois depuis 2001. Il a donc un faible impact sur les décideurs politiques et économiques. Nettement moins relayé que l'IPC, qui fait les gros titres et reçoit un vaste écho, l'IPAM n'a pas beaucoup pesé dans les négociations salariales, qu'il était censé faciliter : entre 2007 et 2017, les primes d'assurance maladie ont augmenté quatre fois plus que les salaires bruts incluant les allocations de renchérissement. Cela signifie que l'indice de la hausse des primes n'a pas servi d'argument, ou l'évaluation de son impact n'a pas suffi, pour que les employeurs répercutent une partie de cette hausse des primes sur les salaires. Même quand cet indice fournit un signal inflationniste, tandis que l'IPC est faible, le message d'une faible inflation prédomine, quand bien même l'IPC véhicule une image incomplète du coût de la vie.

Au fond, le principal reproche qu'on peut faire à l'indice d'inflation est le même qu'on a fait à l'indice des primes d'assurance maladie: ce n'est qu'une moyenne, reflet du «panier du ménage moyen». Or l'inflation affecte davantage le budget des ménages à faibles revenus que celui des ménages à hauts revenus. C'est pourquoi, il y a une quinzaine d'années, un professeur de statistique économique de l'Université de Fribourg, Hans Wolfgang Brachinger, avait calculé un «indice de l'inflation perçue» (IIP). Cet indice tenait compte de la fréquence de certains achats, plutôt que de la moyenne des dépenses. Si l'on achète plus fréquemment de la nourriture que des écrans plats, et que le prix de la première augmente, tandis que le prix des seconds baisse, l'effet total serait alors un renchérissement. Dans cet indice, le poids donné à chaque catégorie du panier-type tenait ainsi compte de la fréquence d'achat. Son indice d'inflation perçue était deux fois plus important que le taux de l'IPC. Le calcul de cet indice, qui n'a pas été retenu par l'OFS, a cessé après le décès de M. Brachinger, en 2011. Cet IIP (indice d'inflation perçue) du professeur Brachinger, basé sur une méthode scientifique visant à accorder davantage de poids aux produits plus fréquemment achetés, constituait un complément utile à l'IPC. Il y existe souvent des décalages, plus ou moins grands, entre l'inflation ressentie par le consommateur, et l'indice IPC publié dans les journaux, et l'on sait que le consommateur forge ses attentes inflationnistes en fonction de son expérience vécue. C'est pourquoi les banques centrales publient des sondages auprès des ménages sur leurs attentes inflationnistes. Ces dernières années, les ménages ont souvent exprimé le sentiment d'une inflation plus élevée que les indices ne le laissent penser. Interrogés à ce sujet, des économistes de banques répondent que l'inflation ressentie par le consommateur lambda est typiquement un facteur subjectif, non statistique, qui ne peut faire foi. Ce n'est pas tout à fait juste. Tout comme il faudrait analyser l'impact des primes d'assurance maladie pour les différentes catégories sociales, l'impact de l'inflation aussi devrait être affiné selon le niveau de revenus. Un IPC, qui tend à surestimer l'inflation pour les plus aisés et à la sous-estimer pour les plus modestes, ne dit pas grand-chose de pertinent pour les différentes catégories. Cela plaide pour d'autres méthodologies permettant de saisir les phénomènes de renchérissement.

On peut donc regretter l'absence de diversité de méthodes de calcul de l'inflation. Chaque méthode a en effet ses adeptes et ses détracteurs. Si l'une fait consensus, il faut souligner que celui-ci reflète bien davantage le rapport de force politico-social du moment qu'une vérité scientifique. Ceci est particulièrement vrai pour les sciences économiques. Par exemple, comme nous l'avons déjà évoqué dans le cas de la France, c'est l'affaiblissement des syndicats et leur retrait des débats sur l'indice d'inflation, de même que la montée en puissance des statisticiens et des experts financiers et bancaires, qui a influencé les méthodes statistiques retenues ultérieurement pour calculer l'indice, ainsi que ses présupposés sous-jacents.

Le but d'un indice du renchérissement doit être d'informer au mieux la population sur son pouvoir d'achat. Or force est de constater qu'il n'existe pas de statistique spécifiquement dédiée à ce but, mais qu'il faut consulter une batterie d'indicateurs pour s'informer. À l'origine, l'indice des prix à la consommation de l'OFS aurait été conçu pour aider la Banque nationale suisse à conduire sa politique monétaire, et non pour la population, expliquait le professeur Brachinger dans *Le Temps* du 28 juin 2008. Le destin de l'IPC l'a mené à être médiatisé, et à être faussement compris comme un indice du coût de la vie, ce qui a pu donner lieu à des écarts de perception notables. En favorisant la création d'indices complémentaires, en leur donnant plus de visibilité, cette statistique réductrice ne serait pas l'unique moyen pour les consommateurs et les citoyens de se renseigner sur leur pouvoir d'achat. Il est à déplorer que de telles démarches fassent défaut, et qu'on ait une telle pauvreté d'information s'agissant de statistiques aussi importantes. À cet égard, comme nous le verrons tout au long de ce livre, la quantité de statistiques en elle-même ne garantit pas leur qualité informative ni leur pertinence. Cette information lacunaire ne favorise pas une confiance élevée dans les institutions. Elle affecte les votations et les décisions d'épargne, d'investissement et de consommation des Suisses et Suissesses.

D'une manière générale, face aux décalages entre statistiques étatiques et réalité vécue, la population vote avec son porte-monnaie. Dans le cas d'espèce, les ménages suisses réagissent au coût réel de la vie en ne dépensant pas, ou peu. Les dépenses des Suisses ont baissé ces dix dernières années, à l'exception des plus aisés. Cela atteste du fait que les ménages à revenus modestes, en particulier, ressentent une érosion du revenu disponible, quand bien même elle n'est pas reconnue par les chiffres. Au travail, leurs salaires restent gelés d'année en année. En Suisse, les rémunérations réelles ont progressé de 0,8 % en moyenne annuelle entre 2009 et 2018, puis ont reculé en 2019, en raison de l'inflation (IPC). En 2017, l'augmentation des salaires nominaux en Suisse (+0,4 %) avait été la plus faible depuis 1943 (à l'exception de 1999 et 2015). Le magazine *Bilan* avait montré qu'entre 2007 et 2017, les primes d'assurance maladie avaient augmenté quatre fois plus que les salaires, et les loyers deux fois plus :

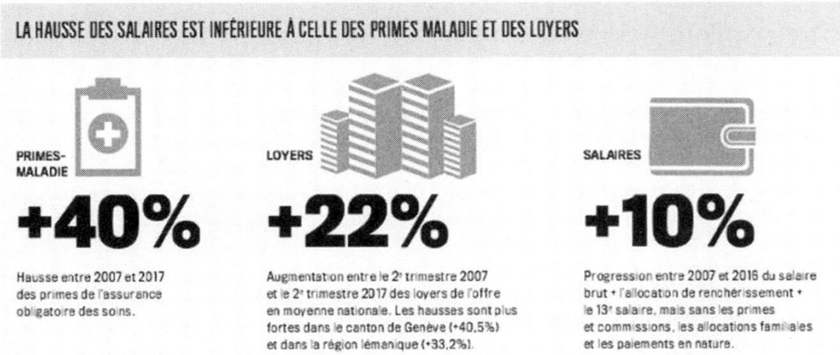

Source : magazine *Bilan*, 14 février 2018

On peut répliquer que la stagnation des salaires n'est rien d'autre que le reflet d'une stagnation plus vaste de la croissance. Il n'en est rien. Entre 2009 et 2018, les dividendes, c'est-à-dire les profits redistribués aux actionnaires par les sociétés cotées au SMI (l'indice phare de la Bourse suisse) ont grimpé de plus de 50 %, et la tendance a été similaire partout dans le monde.

Ne pas tenir compte de l'augmentation du coût de la vie dans l'évolution des salaires entraîne une spirale néfaste pour l'économie. Les ménages répondent aux signaux réels de l'économie, qui leur indiquent que le coût de la vie est plus élevé, et ils consomment moins, dépensent moins. L'économie stagne, mais on peine à l'expliquer : comment se fait-il que les ménages dépensent moins, alors qu'on nous assure que l'inflation est très faible ? Une faible inflation n'aurait-elle pas dû signifier un gain de pouvoir d'achat pour les ménages ? Pourquoi se comportent-ils comme s'ils avaient moins de revenu disponible ? À moins que l'inflation ne soit pas aussi faible qu'affiché...

D'où l'importance d'une information plus conforme à la réalité, qui renforce la confiance et l'optimisme des ménages.

Les subsides, l'autre versant de l'inflation

Pour se convaincre de la sous-estimation de l'effet des primes d'assurance maladie, un complément d'information, rarement mentionné, mais qui montre l'autre versant du renchérissement des primes : l'évolution fulgurante des subsides à l'assurance maladie. Si les subsides ont explosé, n'est-ce pas le signe irréfutable qu'un nombre croissant de ménages n'arrivent plus à payer les primes ? En 2020, il y avait 2,4 millions de bénéficiaires de subsides à l'assurance maladie en Suisse, soit 27 % de la population. C'est 43 % de plus qu'en 1996. Bien sûr, il faut tenir compte de l'augmentation de la population. Or elle a augmenté de 22 % sur cette période, soit deux fois moins que le nombre de bénéficiaires de subsides. Par ailleurs, les montants par assuré mis aux poursuites ont constamment augmenté sur 15 ans.

En nombre de ménages, les bénéficiaires de subsides à l'assurance maladie représentent 1,5 million de ménages, soit 37 % des ménages en Suisse. C'est deux fois plus de ménages subventionnés qu'en 1996. Dans 62 % des cas, il s'agit de ménages avec 1 adulte seul. Et 37 % des bénéficiaires sont des personnes de moins de 25 ans, avec un effectif d'hommes à peine supérieur à celui des femmes. Plus de la moitié d'entre les ménages bénéficiaires touchent des montants élevés de subsides, entre 4800 frs et plus de 12'000 frs par an pour payer leur prime. Depuis 1996, le montant du subside moyen versé par assuré a triplé. Toutes ces informations sont disponibles en toute transparence sur le site de l'OFS, ce qu'il faut saluer.

Au total, les bénéficiaires de subsides aux primes ont touché 5,5 milliards de francs en 2020. C'est une hausse de 272 % par rapport à 1996, date où commencent ces statistiques, ou près de 4 fois plus. Ces montants d'aide étatique qui ont explosé en 25 ans sont alloués à ces bénéficiaires car leurs revenus ne suffisent pas à honorer le paiement de leurs primes chaque mois. Ainsi, pour 37 % des ménages en Suisse, l'assurance maladie obligatoire est impossible à couvrir avec leurs revenus, ceci dans un pays où l'inflation est censée avoir été faible à nulle ces dernières années, et où le chômage – à 2,5 % en octobre 2021 – est si bas que l'on parle de plein-emploi.

Ces indicateurs laissent songeur. Si les entreprises avaient adapté les salaires au coût de la vie, verrait-on une telle explosion des subsides étatiques aux assurances maladie? Résumons : les employeurs n'ont pas augmenté suffisamment les salaires, préférant augmenter les dividendes. À leur place, l'État a payé plus de subsides, avec nos impôts. En fin de compte, au lieu que les employeurs contribuent (via les salaires) aux primes versées aux assureurs, c'est l'État et nos impôts qui portent le plus lourd fardeau. Il y a donc un transfert du coût des primes des employeurs vers les contribuables.

En conclusion, l'IPC seul ne rend pas suffisamment compte de la situation des ménages en Suisse, en particulier les plus modestes, qui face à la hausse des primes d'assurance maladie, recourent aux subsides en nombres croissants.

Il n'y a pas que l'assurance maladie qui est exclue de l'inflation : elle exclut d'autres éléments qui montent, voire qui flambent. Comme les actifs financiers et immobiliers.

Enfin, il y a l'impact d'une inflation sous-estimée sur le 2e pilier : les caisses de pension versent un taux minimal de 1 %, et le raisonnement standard a longtemps été que ce taux était suffisant, puisqu'il était supérieur à l'inflation, restée longtemps à 1 % ou moins. Or si l'inflation ne reflète pas le coût de la vie, et que le taux minimal est indexé sur l'inflation, cela veut dire qu'il n'est pas non plus ajusté au coût de la vie. Cela a des conséquences pour les assurés actifs qui, non contents de ne récolter qu'une faible part des rendements des caisses, ont droit à des taux minimaux trop bas par rapport au coût de la vie, ce qui préfigure un capital ou une rente dévaluée dans le futur.

L'inflation a aussi un impact sur les rentes des retraités, qui ne sont pas suffisamment adaptées. En Suisse romande, un retraité sur cinq risque de tomber sous le seuil du minimum vital. Tandis que leur AVS et 2e pilier cumulés ne représentent que 60 % du dernier salaire, les dépenses ne baissent pas autant que les revenus. Les primes d'assurance maladie, en particulier, pèsent deux fois plus lourd pour les rentiers AVS : la part de la prime est passée de 10 % à 20 % de la rente touchée. Or l'inflation n'a pas exprimé le coût de la vie ces dernières années, et les rentes des retraités n'ont pas été indexées, ou très peu. L'IPC n'est donc pas non plus une référence adéquate pour les rentes qui doivent être adaptées aux dépenses et donc au coût de la vie réel, que n'exprime pas l'indice d'inflation.

Dans cette section, nous avons vu qu'il est indispensable de recouper une information comme l'inflation (IPC) avec d'autres indicateurs pouvant renseigner sur le coût de la vie et le pouvoir d'achat. Faute de quoi, si l'on se contentait de l'IPC, l'image de l'économie serait très incomplète. Nous étions arrivés au même constat en ce qui concerne le taux de chômage.

L'IPC suisse n'est pas le seul indice d'inflation qui exclut beaucoup d'éléments qui s'apprécient fortement. Les indices d'inflation des pays développés en général ont modifié leur méthodologie au cours des trente dernières années. Tous se basent sur des paniers qui changent d'une année à l'autre, qui intègrent des « changements d'habitudes de consommation des ménages », des effets de substitution et des effets de qualité, et les pondérations de leurs composantes peuvent être modifiées chaque année. Ces indices d'inflation n'offrent plus de repères simples pour comparer le coût de la vie d'une année à l'autre, mais leurs formules complexes supposent que le consommateur jongle entre différents biens et services afin d'atteindre une satisfaction constante d'une année à l'autre. Ces méthodes ont surtout abouti à générer des taux d'inflation sensiblement plus bas qu'avec les méthodes précédentes, ce qui a de nombreuses conséquences sur le reste de l'économie. Pour analyser cette question de plus près, observons ce problème aux États-Unis, pays de référence des changements de méthode, puis en France, où l'élite financière a défendu les méthodologies américaines auprès du gouvernement. Nous survolerons les circonstances dans lesquelles ces changements se sont opérés, et comment on a pu aboutir, en fin de compte, à un indice d'inflation qui ne donne pas vraiment... l'inflation.

États-Unis, l'inflation euphémisée par les chiffres

Avec l'exemple américain, nous allons explorer plus avant comment le calcul de l'inflation a évolué au fil du temps. Tandis qu'il mesurait la variation de prix d'un panier de biens fixe, d'une année à l'autre, l'indice a évolué. Depuis deux décennies, il révise désormais le panier du ménage chaque année, de même que les pondérations, et intègre les « changements des habitudes de consommation des ménages ». Aux États-Unis comme en Europe, le calcul est devenu plus complexe. Il intègre des concepts tels que la substitution et l'effet qualité. Bref, les indices d'inflation, tels qu'ils sont aujourd'hui calculés dans les pays développés, ont tous évolué à des degrés divers pour passer d'un panier de biens fixe mesuré d'une année à l'autre, jusque dans les années 80-90, à un panier changeant qui encourt des adaptations constantes. L'idée reçue selon laquelle l'inflation est un étalon fixe du prix des biens participe au décalage entre le renchérissement ressenti et l'inflation officielle publiée. Le cas américain et la question de la méthode de calcul nous aideront à comprendre d'où vient ce décalage.

L'inflation officielle aux États-Unis peut étonner à plus d'un titre. Entre 2008 et 2020, elle n'a pratiquement jamais dépassé 2 %, ce qui est historiquement très bas. Et pourtant, durant cette période, la création monétaire n'a jamais été aussi énorme dans toute l'histoire. Alors que l'abus de création monétaire (ou de planche à billets, en langage imagé) a toujours eu un effet inflationniste sur la valeur de la monnaie – phénomène connu depuis l'Antiquité – l'IPC américain de ces dernières années n'a jamais reflété cette immense création monétaire. En parallèle, le discours de la banque centrale a été de nier les implications inflationnistes de sa politique. Pourtant, la masse monétaire (quantité de monnaie en circulation) a explosé aux États-Unis (en Europe également), et cet indicateur a toujours déterminé les attentes inflationnistes. Le phénomène est le mieux saisi par M2 et M3. Ce sont les deux catégories de masse monétaire qui augmentent quand la banque centrale utilise la planche à billets. M2 est la mesure plus étroite (marchés des actifs liquides) et M3 la plus large (marché des liquidités institutionnelles). Si toutes deux augmentent, c'est un indicateur avancé d'inflation. En février 2021, la Fed, probablement gênée par l'explosion de la masse monétaire, qui trahit une perspective clairement inflationniste, a soudain cessé de publier M2 sur base hebdomadaire, pour passer à un rythme mensuel. Signe du climat de crainte et du soupçon répandu que la Fed sous-estime l'inflation, de nombreuses critiques ont fusé de la part de commentateurs financiers, accusant la Fed d'avoir « supprimé M2 » pour dissimuler les effets de sa création monétaire. En réalité, la mesure existe toujours, mais est livrée uniquement sur base mensuelle. Il y a bien là une perte de transparence (car les données hebdomadaires sont plus détaillées) à un moment où il faudrait plus, et non pas moins, d'indicateurs sur l'inflation, mais M2, sous une forme plus lissée, continue d'être publiée :

Croissance de M2 en milliers de milliards de dollars.

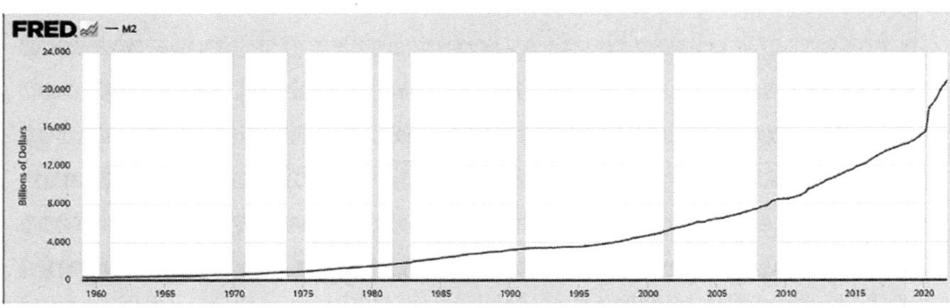

Source: Réserve fédérale

Comme on le voit, M2 est en très forte hausse, déjà depuis qu'ont commencé les injections en 2009, mais on note l'accélération de 2020, qui illustre le passage à une dimension encore inédite d'injections massives de la banque centrale. Mais ce sont les commentaires de Jerome Powell, le gouverneur de la banque centrale, qui ne sont pas passés inaperçus : « M2 n'a pas d'implications réellement importantes. C'est quelque chose qu'il faut désapprendre », a-t-il déclaré lors d'une audition au Congrès. Pour Steve Hanke, professeur d'économie appliquée à l'Université Johns Hopkins,

« la plus grande banque centrale du monde, lancée dans sa création monétaire, cherche à faire passer l'idée que la masse monétaire ne compte pas, qu'elle ne génère pas d'inflation. »

La mesure plus large, M3, n'a plus été publiée par la Fed depuis 2008. La banque centrale avait estimé qu'elle n'apportait pas plus d'informations que M2. Ainsi, sur la période où la masse monétaire a le plus augmenté dans l'histoire, avec les implications que l'on sait sur les prix, les statistiques tendent à manquer ou à se faire plus rares.

Cependant, l'OCDE calcule M3, qui a également explosé à la hausse. Comme M2, M3 avait annoncé l'inflation dès 2020. Ci-dessous, le graphique de la masse monétaire M3 pour les pays de l'OCDE (courbe noire), pour les États-Unis, pour la zone euro et pour la Suisse à titre indicatif. Le graphique montre la croissance en base 100=2015 :

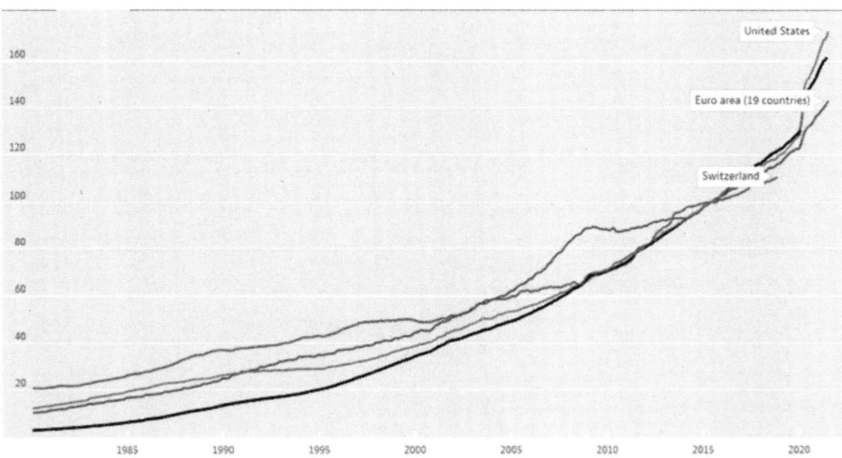

On observe une hausse plus nette de M3 pour les régions qui ont appliqué les politiques monétaires les plus agressives (États-Unis et zone euro) et créatrices d'inflation.

Ci-dessous, on peut examiner l'évolution spectaculaire des deux grandes mesures de la masse monétaire, M2 et M3. Comme indiqué plus haut, M3, mesure des plus utiles pour prédire l'inflation, n'est plus publiée par les États-Unis depuis 2008. Heureusement, le site shadowstats.com, auquel nous avons déjà fait référence, recalcule M3 comme indiqué ci-dessous. Sur le graphique du haut, le pourcentage de croissance d'année en année de la masse monétaire M3, et son évolution, calculée par shadowstats, en milliers de millards de dollars. Sur le graphique du bas, l'augmentation de M2, tout aussi phénoménale, en milliers de millards. L'effet des politiques monétaires inflationnistes, s'il est peu visible sur l'IPC, est manifeste à travers la hausse de l'offre de monnaie :

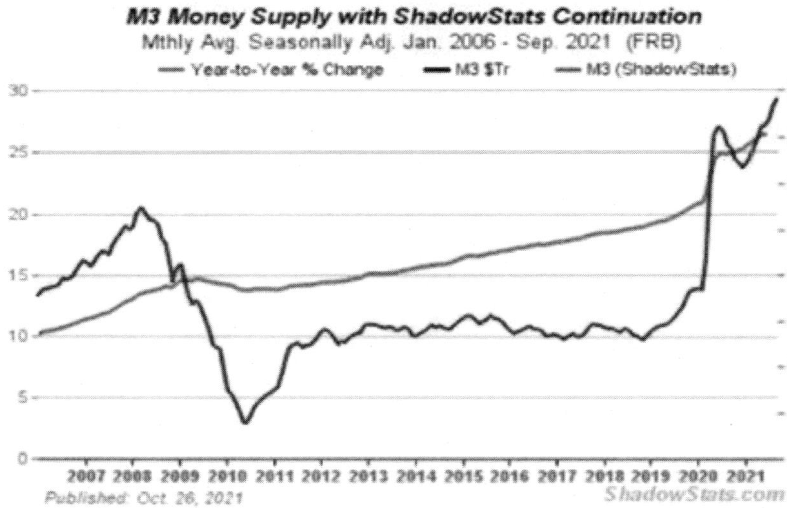

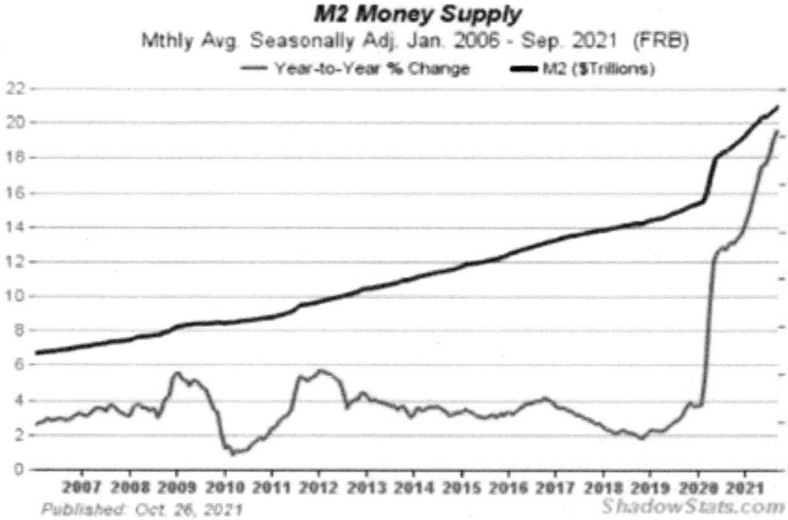

Malgré cela, l'IPC américain est resté indifférent aux milliers de milliards créés par la Fed, en tout cas jusqu'à mi-2021. Plusieurs théories ont tenté de fournir une explication rationnelle à cette incongruité. On a avancé que la création monétaire n'affectait pas l'économie réelle car elle restait confinée au système financier. En effet, les banques préféraient placer leurs réserves excédentaires auprès de la Fed, plutôt que de faire crédit à l'économie réelle et alimenter les flux de commerce.

En d'autres termes, l'argent créé par la banque centrale n'aurait pas circulé dans l'économie réelle durant toutes ces années, et n'aurait pas affecté les prix des biens et services, parce qu'il n'y a pas eu de hausse du crédit bancaire.

On peut questionner cette théorie. En effet, il existe d'autres interconnexions entre bourse et économie réelle que celles passant par les banques. D'une part, les liquidités massives injectées dans la Bourse américaine, qui s'est appréciée de 570 % entre 2009 et 2021, ont gonflé les portefeuilles d'investissement. Durant toutes ces années, une partie de ce gain a été convertie en argent liquide, qui a forcément alimenté la consommation. Ces gains inespérés (car largement artificiels) ont aussi contribué à propulser le marché immobilier à la hausse. Il n'y a donc pas de raison qu'ils n'aient pas circulé dans le reste de l'économie réelle. Fatalement, ils devaient se traduire par une demande de biens de consommation supérieure à l'offre (qui elle a baissé en 2020-2021), en raison de l'excès d'argent disponible. D'autre part, nous évoquerons plus loin l'essor phénoménal de la finance non bancaire *(shadow banking)* : à savoir la dette qui ne passe pas par les banques justement, et qui a explosé. De multiples fonds d'investissement, courtiers et intermédiaires non bancaires prêtent de l'argent aux entreprises sans passer par les banques. Cette masse de crédit non bancaire, en très forte progression, ne passe pas par le circuit des banques. Il est incomplet de prendre uniquement en compte l'argent prêté par les banques. Les prêts non bancaires atteignent des montants phénoménaux, comparables à ceux des banques, et participent à augmenter la masse monétaire, et donc l'inflation en dollars.

Malgré ces facteurs, l'inflation ne s'est matérialisée que dans l'explosion des prix de l'immobilier et des actifs financiers, et rien n'a transparu dans l'IPC durant des années, jusqu'à sa flambée de 2021.

Jusque-là, l'IPC n'avait pas reflété d'inflation dans l'économie réelle, ni la dévaluation du dollar (l'inflation monétaire), qui est pourtant mesurable. Depuis quinze ans, le dollar s'est dévalué au fil de cette création monétaire. Et ce, même si les taux de change ne le reflètent pas. En effet, le dollar, l'euro, la livre sterling et le yen se dévaluent tous de concert, car leurs banques centrales ont procédé au même type de débasement (perte de valeur) monétaire. Cela explique que la perte de valeur du dollar n'est pas visible contre ces monnaies. En revanche, si on mesure le dollar face à l'or, dont la valeur est plus stable, le métal jaune nous fournit une information importante. La dévaluation se confirme : pour acheter une once d'or aujourd'hui, il faut 50 fois plus de dollars qu'en 1970 ; et il faut 3 fois plus de dollars qu'il n'en fallait en 2006.

En 2021, il faut 3 fois plus de dollars pour acheter une once d'or qu'en 2006, et 50 fois plus de dollars qu'en 1970.

Prix de l'once d'or en dollars américains

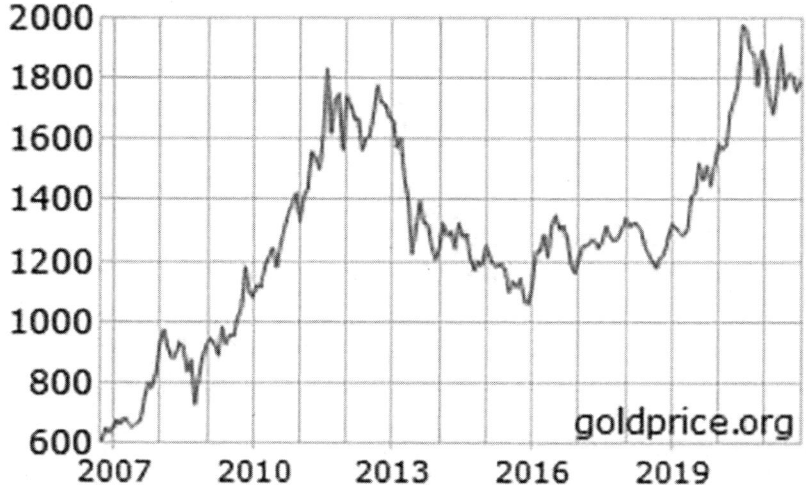

Pas de doute, le dollar s'est dévalué, et l'or le prouve. Important : les cours de l'or sont manipulés sur le marché, et ils ne donnent pas, par conséquent, leur pleine mesure. Un chapitre y est consacré plus loin dans ce livre. Mais malgré les manipulations du cours du métal jaune, l'or s'est quand même apprécié face au billet vert. On peut donc supposer que, si on mesurait le dollar face à l'appréciation d'une once non manipulée, la dévaluation du billet vert serait encore plus importante que ne le montrent ces graphiques.

Si donc le dollar perd de la valeur face à l'or, il faut plus de dollars pour acheter d'autres matières premières et d'autres denrées. Ce sont là les conditions de l'inflation, visibles sur les prix de l'or en dollars, les prix de l'immobilier en dollars, et les prix des matières premières et des actifs financiers en dollars. Ce n'est que mi-2021 que cette inflation s'est matérialisée dans l'indice des prix à la consommation, à savoir le taux d'inflation officiel, qui frôlait les 7 % en novembre, son plus haut niveau depuis 39 ans, après des années de faiblesse.

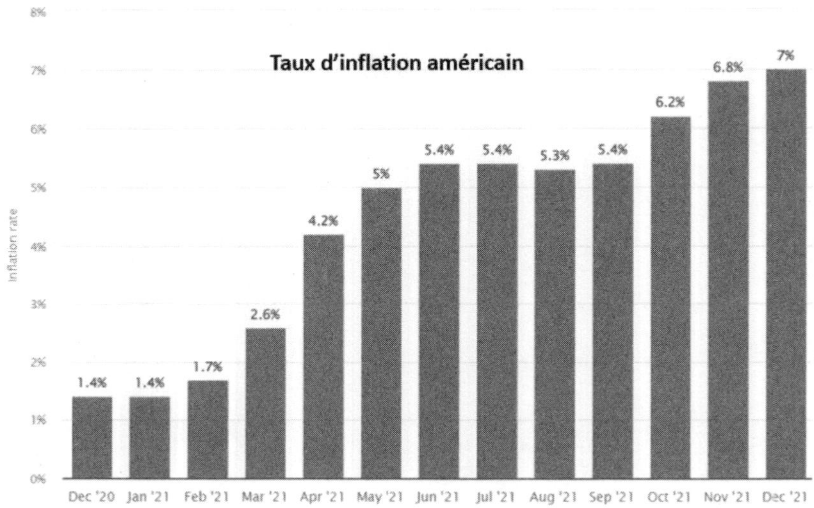

Source: Statista

Les causes de l'inflation de fin 2021 ont été attribuées non pas à la politique monétaire ultra-accommodante, mais aux effets de l'offre et de la demande sur le marché mondial des matières premières. En réalité, l'inflation d'origine monétaire (dévaluation du dollar) était là bien avant cette hausse des prix post-pandémie. Elle était seulement mal mesurée. Cela fait longtemps que, régulièrement, les sondages des consommateurs américains, dont les salaires ont stagné sur la décennie sous prétexte de faible inflation, indiquent une inflation perçue qui dépasse celle donnée par les chiffres officiels.

Le problème est le degré de manipulation politique du chiffre de l'inflation, un chiffre sur lequel reposent énormément d'enjeux. Indice de référence pour les adaptations de salaires, pour la rémunération des fonds du 2e pilier, pour l'ajustement des rentes des retraités et de la sécurité sociale, c'est un chiffre qui peut faire et défaire les gouvernements. Cela conditionne aussi les taux d'intérêt, et donc la charge de la dette nationale. Un État, surtout lorsqu'il est très endetté comme les États-Unis, a fondamentalement intérêt à avoir une inflation la plus basse possible.

Se pose donc la question : et si les statistiques d'inflation américaines sous-estimaient le renchérissement, ou qu'elles ne livraient pas l'information qu'on leur prête ?

Comme nous l'avons vu plus haut, la première réponse est que cet indice exclut des composantes majeures : les actifs immobiliers et financiers, à savoir ce qui monte le plus sous l'effet des politiques monétaires. Cette exclusion est d'ailleurs contestée par certains économistes proéminents. Les prix de l'immobilier aux États-Unis, au mois de septembre 2021, étaient 41 % plus élevés que leur record de 2006. Mi-2021, leur hausse annuelle était la plus forte jamais vue depuis 1987. Difficile d'imaginer qu'une telle inflation ne soit pas intégrée dans un quelconque indice d'inflation. C'est une critique récurrente à l'égard de l'IPC, qui n'a jamais été réglée. On répond qu'il ne tient compte – comme en Europe et en Suisse – que des dépenses de consommation. Or l'inflation boursière et immobilière ne cesse de faire mentir l'indice des prix à la consommation, ou du moins trahit sa faible portée.

En effet, l'aspect le plus problématique de l'IPC concerne sa composition et comment elle a évolué. À savoir, le panier de biens de consommation sur lequel il se base, et sa méthode de calcul. Aux États-Unis, le calcul de ce panier a été modifié plusieurs fois au cours des décennies. Ces changements de méthode ont mené à une sous-estimation chronique de l'inflation. Ces mêmes modèles de calcul ont d'ailleurs été adoptés par tous les pays développés.

Il est difficile d'aborder ce sujet sans parler de John Williams, l'économiste américain qui a fondé le site shadowstats.com, et dont la contribution à la critique de l'actuel IPC est essentielle, même si contestée par les autorités. En 2004, il a fondé le site Shadow Governement Statistics (www.shadowstats.com), pour recalculer l'inflation, le chômage et la masse monétaire. Il l'a fait en utilisant les anciennes méthodes du gouvernement américain lui-même, qui lui paraissent nettement plus fiables que celles d'aujourd'hui. Expliquant avec un œil critique les changements de méthodes adoptés par le gouvernement, il a montré qu'avec chaque modification, on a fait en sorte que la nouvelle estimation donne une inflation plus basse qu'avec la méthode précédente.

Ses constats : le gouvernement américain a modifié, d'abord dans les années 1980, puis dans les années 1990, la méthode de calcul de l'inflation. À chaque fois, le changement a permis d'afficher une inflation plus basse qu'auparavant. Le public a donc été trompé par ces statistiques trop atténuées. Pour lui, le sens même de l'IPC s'est perdu en chemin : l'indice ne mesure pas le coût de la vie, nécessaire pour maintenir un niveau de vie constant. En gros, l'utilité de l'IPC comme information permettant aux ménages de défendre leur pouvoir d'achat a cessé d'exister. Et les théories sous-jacentes se sont propagées en Europe également.

« L'IPC a été reconfiguré depuis le début des années 1980, explique John Williams dans un rapport disponible sur son site, en vue de sous-estimer l'inflation par rapport à l'expérience commune. » Un écart grandissant entre l'indice et la réalité perçue par le public s'est creusé, selon lui, suite à ces changements. Ces derniers « ont reposé sur des constructions théoriques élaborées par les milieux académiques, qui ont peu de pertinence pour le monde réel et pour l'usage que le grand public faisait de l'IPC », pour ses décisions d'achat, d'épargne, sa planification, ses conditions de contrats, ses investissements, bref ses décisions de vie. En somme, jusqu'aux années 80, l'IPC offrait une information utile au citoyen. Ce n'est plus le cas. Selon l'économiste américain, la statistique de l'inflation :

– a cessé de mesurer le coût du maintien d'un niveau de vie constant dès les années 90.
– a cessé dès les années 80 de mesurer les hausses de prix dès qu'un produit affichait une meilleure qualité, que le consommateur paie pourtant de sa poche. À la place, un modèle mathématique « hédoniste » a été préféré.

Méthode hédoniste

Ce modèle, qu'utilisent tous les indices d'inflation aujourd'hui, fait beaucoup débat. Il a ses adeptes et ses détracteurs. John Williams fait partie des seconds. Le modèle postule que les gains de qualité annulent les hausses de prix. L'IPC exclut donc ces hausses de prix, sans se soucier si les consommateurs, qui paient ces hausses de leur poche, ont souhaité ou non ces améliorations, ou s'ils les reconnaissent comme un gain de qualité. Les gains de qualité sont décrétés sur la base d'une modélisation statistique, sans fondement empirique, estime John Williams. Par exemple, acheter un ordinateur au même prix, mais avec des caractéristiques améliorées, équivaut selon ce modèle à une baisse de prix. De même, la hausse du prix des ordinateurs améliorés sera ignorée par l'IPC en raison de l'effet qualité. L'indice considère aussi comme une baisse de prix la meilleure sécurité des voitures (ABS, airbags, résistance de la carrosserie aux chocs...). Or le problème est que le consommateur n'expérimente pas forcément ces progrès techniques comme des gains de qualité et ne les a pas nécessairement souhaités, tandis qu'il est souvent obligé de les payer, faute d'alternatives sur le marché. Le nouvel ordinateur inclut par exemple de nombreuses fonctionnalités nouvelles que le consommateur n'utilisera pas, mais qu'il est obligé d'acheter avec le produit.

À l'inverse, l'IPC n'a pas fait autant d'ajustements hédonistes dans l'autre sens, souligne Williams : par exemple, la perte de qualité des voyages, avec l'avènement des mesures de sécurité renforcées dans les aéroports, n'a pas été reflétée comme une hausse du prix du voyage. L'IPC n'a pas non plus reflété un coût plus élevé des voyages en raison de la recrudescence des retards de vols lié aux économies réalisées sur la maintenance des avions.

Ayant cessé de calculer le coût de la vie et le coût des gains de qualité, l'IPC perd son utilité pour le consommateur, selon John Williams.

Un courant de recherche estime que, sous couvert de théorie académique, les politiciens ont fait le forcing dans les pays développés pour imposer une inflation officielle significativement sous-estimée, ce qui offre l'avantage de réduire les ajustements annuels au coût de la vie qu'il leur faut apporter à la sécurité sociale, notamment. En outre, la croissance du PIB réel paraît plus élevée si on déduit du PIB nominal une faible inflation. Des chiffres de l'inflation dépend donc le calcul de croissance du PIB réel.

Effet de substitution

L'autre modèle disputé, qui a aussi permis de corseter l'inflation, a été l'adoption du principe de l'effet de substitution. Par exemple si le prix du bifteck se renchérit, on suppose que le consommateur va se rabattre sur une autre sorte de bifteck moins cher. L'idée n'est pas que le consommateur va remplacer un steak par un hamburger, ou une glace par une pomme, mais qu'il va procéder à un arbitrage entre produits de même catégorie. Le principe de substitution suppose aussi des compromis plus complexes : supposons qu'un consommateur achète chaque semaine 2 barres au chocolat et 2 barres aux cacahuètes, pour un total de 4 dollars. Cela ramène le prix d'1 barre à 1 dollar. Supposons que le prix des barres au chocolat augmente à 4 dollars pièce, tandis que celui aux cacahuètes demeure inchangé à 1 dollar pièce. L'hypothèse est que le consommateur fera un compromis entre le prix et ses goûts. Il ne va pas continuer à acheter les mêmes 4 barres, ce qui augmenterait son coût de 4 à 10 dollars ; il ne va pas non plus se rabattre uniquement sur les barres aux cacahuètes et rester à 4 dollars, puisque cela le priverait de celles au chocolat. L'hypothèse mathématique est qu'il acceptera de payer 8 dollars pour 5 barres, 1 au chocolat et 4 aux cacahuètes, la perte d'une barre au chocolat étant compensée par l'achat d'une barre de plus qu'auparavant. Ces hypothèses mathématiques, légitimées par le consensus actuel, sont cependant loin de faire l'unanimité. Comme déjà expliqué, chaque modèle retenu aboutit à un IPC sensiblement différent.

On doit l'idée de la méthode de substitution à Alan Greenspan. En 1995, l'homme qui a présidé la Fed de 1987 à 2006 a déclaré devant le Congrès que l'IPC « surestimait » l'inflation. Contestant la méthode du panier de biens fixe, qui mesurait le prix d'un steak par rapport à lui-même année après année, il a vanté la méthode du panier de substitution, qui veut qu'on se reporte sur un panier similaire si celui qu'on consomme régulièrement devient trop cher. La méthode de substitution tient aussi compte du report des consommateurs vers les réseaux de distribution les moins chers, ou vers Internet. L'idée d'Alan Greenspan selon laquelle l'indice d'inflation était surestimé a gagné de l'intérêt au Congrès car elle était politiquement porteuse ; en 1995, le Sénat a mandaté la commission Boskin pour rédiger un rapport sur cette question. Le rapport Boskin, livré en 1996, a fourni la base théorique et la justification scientifique à la doctrine selon laquelle l'inflation était surestimée. Le rapport avait calculé qu'entre 1985 et 1995, l'inflation américaine avait été surestimée de 1,3 % chaque année, faute d'avoir tenu compte des effets de substitution et des améliorations de qualité. Cette vue a été largement critiquée, mais l'opportunité d'avoir une inflation officielle plus basse offrait nombre d'avantages politiques. C'est aujourd'hui la méthode standard.

Avec cette méthode, dès qu'une denrée se renchérit dans l'IPC américain, l'algorithme repondère le panier en réduisant le poids de ce qui se renchérit et en donnant plus de poids aux alternatives moins chères. Cela repose sur une formule de moyenne géométrique, mais ne résulte pas d'une enquête de terrain sur le comportement réel des consommateurs. C'est là la critique principale contre cette méthode. On émet l'hypothèse du moins coûtant et cela favorise une issue où le consommateur évitera systématiquement le renchérissement quand c'est possible. Les médias financiers ont relayé l'idée que la nouvelle méthode était « plus exacte ». Pour les critiques, « biaisée à la baisse » ou « plus arrangeante politiquement » serait plus correct. L'exactitude a été défendue comme l'objectif principal de la démarche, présentée comme apolitique et rationnelle par ses défenseurs, mais l'entier des discussions s'est centré non pas sur une meilleure précision du chiffre, à la baisse comme à la hausse, mais sur la nécessité « ne plus surestimer » l'inflation, et donc d'avoir une inflation officielle plus basse. Signe de la politisation de cette statistique, des citations d'archives[5] montrent l'opportunité perçue d'une faible inflation pour réduire les dépenses de sécurité sociale, et pour faire entrer davantage de contribuables dans les tranches fiscales supérieures. Le député républicain Newt Gingrich a déclaré peu après l'intervention d'Alan Greenspan, qu'une « poignée de statisticiens calculaient mal l'IPC, et qu'ils avaient 30 jours pour corriger ce calcul, faute de quoi ils seraient évincés ». Il a également promis à une commissaire du bureau des statistiques « plus d'argent pour le bureau des statistiques, si vous trouvez une manière d'arranger cela ». Il a également déclaré que « réparer l'IPC, avec ce que ça implique de baisse des dépenses pour la sécurité sociale, allait améliorer la marge de manœuvre pour les négociateurs du budget ».

Quelles qu'aient été les motivations, les nouveaux modèles sont critiqués surtout parce qu'ils n'informent pas de manière adéquate sur l'inflation. La méthode qui modifie sans cesse les paniers laisse le consommateur sans repères sur le renchérissement exact qu'il a subi, et annihile la fonction de l'IPC en tant que mesure du coût de la vie, ou boussole d'un niveau de vie constant. En conclusion, la méthode de substitution aurait dû permettre de mieux mesurer le coût de la vie, mais ce n'est pas le cas, parce qu'elle suppose des optimisations constantes opérées par le consommateur qui lui évitent avantageusement le renchérissement. L'intention originale de l'indice d'inflation était de permettre au ménage de mesurer précisément s'il

5. R. D. Hershey, Jr. "Panel Sees a Corrected Price Index as Deficit-Cutter," *New York Times*, 15, 1995; S. Zuckerman, "Government's economic data misleading, he says," *San Francisco Chronicle*, May 25, 2008; K. G. Abraham, "Statistics in the Spotlight: Improving the Consumer Price Index: Statement", site officiel du Bureau of Labor Statistics du gouvernement américain, août 1996.

parvenait à maintenir un niveau de vie constant. Que signifie maintenir un niveau de vie constant ? Justement pas ce que propose la méthode de substitution. Cela signifie de pouvoir consommer les mêmes biens de même quantité, d'une année à l'autre, sans devoir choisir entre la qualité et le prix. De pouvoir acheter la même quantité d'essence, par exemple, sans devoir baisser la qualité de la nourriture. Avec le panier fixe, contenant les mêmes denrées, aux mêmes pondérations, on savait ce qu'on perdait d'une période à l'autre. Le pourcentage de variation de ce panier fixe, d'une année à l'autre, était le pourcentage de l'ajustement de salaire qui serait nécessaire pour maintenir un niveau de vie constant. Même si un tel indice montre au consommateur que son niveau de vie a diminué, et qu'il ne peut pas le maintenir, il lui est utile de savoir quelle croissance de revenu serait nécessaire pour compenser le déclin de son niveau de vie. Cette ancienne méthode de calcul, plus utile socialement, était utilisée depuis le début du siècle. Avant 1945, cet indice s'appelait même « l'indice du coût de la vie ». Dans les années 40, le citoyen américain était donc mieux informé sur son niveau de vie qu'aujourd'hui.

Autre caractéristique majeure, que l'on retrouve dans tous les pays développés : depuis 1983, l'IPC américain exclut le prix du logement. En effet, l'indice ne tient pas compte du marché immobilier, mais le remplace par un indice des « loyers équivalents des logements occupés par leurs propriétaires » qui, ces dernières années, n'a nullement reflété la flambée du marché de la propriété. Admettons qu'acheter la même maison coûte beaucoup plus cher en 2020 qu'en 2000. Si l'indice incluait le prix des maisons, il intégrerait un fort renchérissement dans ce domaine. Mais les statisticiens y substituent cet équivalent-loyer pour le propriétaire. Ils sondent les propriétaires pour savoir à combien ils loueraient leur propre maison ou une maison de qualité similaire, et pondèrent ce chiffre. Or ces équivalents-loyers n'ont de loin pas augmenté autant que le marché de l'achat immobilier. Au mois de novembre 2021, l'indice des prix immobilier (Case Shiller Home Price Index) a augmenté de plus de 20 % en glissement annuel, et les loyers au niveau national sont en hausse de 17 %. Mais l'IPC a largement ignoré cette flambée, en intégrant un « équivalent-loyer » qui est en hausse de seulement 3,5 % en glissement annuel. Comme on le voit, cette composante ne reflète pas la hausse du prix des logements. Et pourtant, elle pèse 25 % de l'indice total, contribuant à l'infléchir. Si on avait remplacé cet équivalent-loyer par les réelles hausses de loyer, l'IPC serait plus haut de 3 points de pourcentage. Conséquence de cette méthode, l'inflation immobilière n'apparaît pas dans l'inflation officielle, qui reste en dessous du coût de la vie des ménages. En sous-estimant fortement la bulle des actifs immobiliers, l'IPC est rendu peu significatif sur l'un des postes les plus importants pour les ménages.

Tout cela explique que, si l'on calculait l'inflation actuelle en ayant recours aux méthodes utilisées par le gouvernement américain durant les années 1980 et 1990, l'inflation serait supérieure aux 7 % actuels. D'après John Williams, elle serait au moins deux fois supérieure à ce qu'elle est officiellement aujourd'hui. D'après lui, si l'on utilisait la méthode des années 90, l'inflation serait à 10 %. Et en utilisant la méthode des années 80, on est plus de deux fois plus haut, à 15 %. Voici les graphiques du site www.shadowstats.com. Le premier donne en noir le taux d'inflation selon la méthode des années 1990, et en gris la mesure actuelle, très nettement inférieure. Le second donne en noir le taux d'après la méthode des années 1980. On voit l'écart encore plus important avec la méthode actuelle, indiquée par la courbe grise :

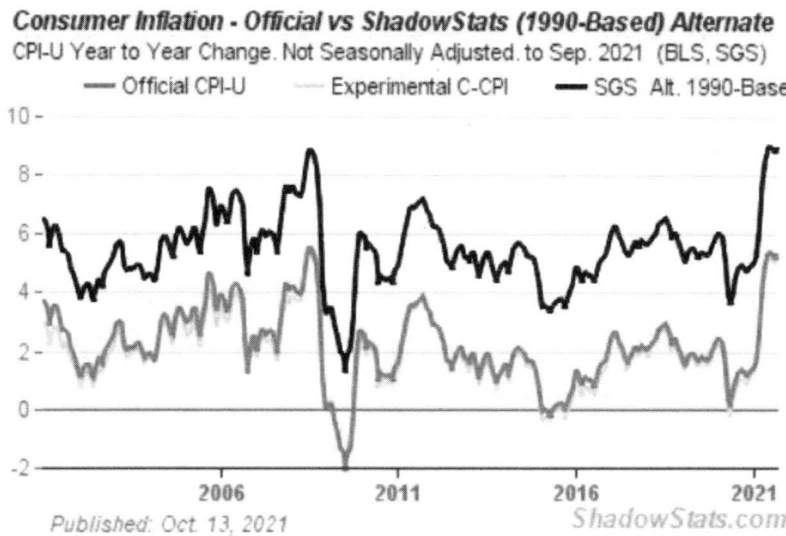

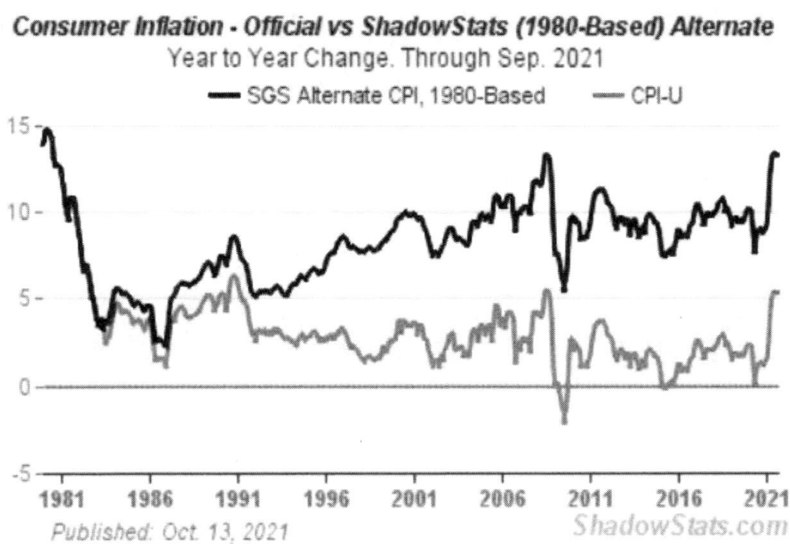

Des courbes en noir qui livrent une image méconnaissable de l'économie américaine, et pourtant, ce ne sont que les méthodes officielles d'il y a quelques années. Un chiffre, et toute la perception d'une économie se transforme. Une inflation américaine de 15 % d'après un modèle statistique du gouvernement de 1980. Et nous voilà transportés dans une économie où les conséquences de la politique monétaire semblent être sorties de l'invisibilité où les laissait l'indice minimisé de l'inflation.

Il convient de souligner que ces estimations de John Williams sont contestées par les statisticiens du gouvernement américain, à savoir le Bureau of Labor Statistics (BLS). Le BLS a rédigé un long article dans la *Monthly Labor Review* en 2008 où il dément l'écart donné par les estimations alternatives comme shadowstats. Si l'agence gouvernementale admet que les changements de méthode ont abouti à des chiffres d'inflation globalement inférieurs aux anciennes méthodes, elle souligne que la différence est beaucoup plus modeste que celle donnée par shadowstats. Là, on entre dans des querelles mathématiques qu'il ne nous appartient pas de résoudre. L'important est de retenir de ce chapitre que la doctrine selon laquelle l'inflation était « surestimée » a pu s'appuyer sur ces méthodes de substitution et d'hédonisme pour fournir des chiffres systématiquement plus bas.

Cependant, la réponse du BLS nie entièrement toute pression politique allant dans le sens de changements de méthode, affirmant que ces derniers faisaient sens d'un point de vue purement scientifique. Invoquant principalement le « consensus scientifique », la « compatibilité avec les standards internationaux » et les « guides statistiques », ainsi que la robustesse et la rigueur des calculs reposant sur les méthodes économétriques hédonistes, le bureau des statistiques officielles se pare de légitimité, même s'il ne parvient pas à invalider les critiques. Le BLS admet que l'indice actuel est une moyenne, et qu'il ne reflète pas les situations des individus qui achètent plus fréquemment certains articles qui se renchérissent plus que la moyenne.

Par ailleurs, il ne répond pas au fait que la méthode hédoniste, en accordant systématiquement plus de valeur au neuf qu'au vieux, aura intrinsèquement un biais baissier sur l'IPC.

Il s'agit en effet d'une autre critique sur la méthode hédoniste, restée sans réponse convaincante : l'indice intègre une baisse de prix pour des gains de qualité que le consommateur n'a pas forcément souhaités. S'il doit passer d'une TV noir et blanc à une TV couleur plus chère, l'indice n'intègre pas l'entier de la hausse de prix, en raison de la meilleure qualité. Ou un nouveau modèle d'ordinateur plus cher, car plus rapide, n'est pas compté comme une inflation car il est plus performant, alors que le consommateur aurait peut-être préféré l'ancien. Le Bureau se contente de répondre qu'il est « extrême » de ne pas apprécier la nouveauté, et que la majorité des gens apprécieront le nouveau modèle. En outre, la perte de produits anciens qui ne sont plus fabriqués ne peut pas être comptée. Il n'est pas non plus clair si l'agence applique avec le même zèle des hausses de prix dans le sens inverse, quand la qualité se dégrade. Par exemple, l'expérience du voyage est plus fastidieuse et peut signifier un renchérissement caché du billet d'avion. L'IPC pourrait comptabiliser une certaine inflation pour les contrôles accrus dans les aéroports. Pour les décollages retardés. Au niveau de l'économie en général, l'inflation se cache dans les files d'attente plus longues pour obtenir des biens et services, dans l'attente plus longue pour des bus et des trains et pour l'usage des services publics en général. Dans les embouteillages accrus sur les routes des grandes villes, dans les temps d'attente accrus aux urgences des hôpitaux, dans la baisse du nombre de lits d'hôpital dans les pays développés et dans le nombre réduit d'infirmiers/ières par service. Dans le nombre réduit d'éducateurs/trices par nombre d'enfants dans les crèches. Mais aussi dans les temps d'attente toujours plus longs au téléphone pour joindre un service clients en ligne. Dans le temps toujours accru passé à assembler soi-même des objets commandés en ligne et livrés en « kit ». Dans l'augmentation du bruit dans les villes, dans la fréquence plus élevée de travaux et dans toutes les prestations qu'on est simplement beaucoup plus nombreux à solliciter.

En d'autres termes, à la lecture des arguments en faveur de la méthode hédoniste, il ressort que la prise en compte des améliorations de qualité est, quant à elle, très diligente. Une attention méticuleuse est accordée au fait de ne pas surestimer l'indice d'inflation et d'apporter tous les correctifs nécessaires lors de l'introduction de nouveautés technologiques telles que les différents modèles de smartphones et d'ordinateurs, les améliorations dans les traitements médicaux et chirurgicaux, ou lors de changements d'habitudes de consommation des ménages, par exemple lorsqu'ils optent pour des supermarchés moins chers. Mais le contraire semble moins vrai. Les études qui parlent de ces hausses de qualité et les convertissent en pouvoir d'achat amélioré parlent beaucoup moins des évolutions inverses qu'il faudrait prendre en compte comme étant une perte de pouvoir d'achat, et qui sont les baisses de qualité. Les indices d'inflation posent donc la question de savoir si l'information qu'ils donnent n'est pas tronquée pour refléter principalement les améliorations, et beaucoup moins les détériorations dans l'expérience quotidienne des consommateurs et contribuables.

Florence Jany-Catrice, professeure à l'Université de Lille, livre une série de critiques à l'encontre de la méthode hédoniste. Elle démontre la difficulté d'objectiver « la qualité », l'information utilisée par les statisticiens étant souvent limitée aux contenus livrés par les producteurs eux-mêmes. Lorsqu'ils évaluent le prix de nouvelles options sur une voiture par exemple, les statisticiens se réfèrent au catalogue du fabricant et au prix indiqué pour chaque option. Elle pointe « le positivisme » de la méthode, tournée vers le neuf, qui intègre moins bien le prix des évolutions négatives. La durabilité des biens et, plus généralement, les considérations environnementales sont absentes des calculs. Par exemple, les gains de productivité extraordinaires enregistrés sur les produits agricoles entre 1950 et 1980 se sont faits au prix d'une perte de valeur gustative et nutritionnelle, et même au détriment de la santé (utilisation de pesticides), et cela n'est pas le type d'éléments pris en compte comme une perte de qualité. Dans le domaine manufacturier, la question de l'obsolescence programmée n'est pas abordée. Pour la chercheuse, la raison en est que les statisticiens utilisant des méthodes hédonistes se basent sur les propos des producteurs, qui semblent réticents à évoquer un futur déclin de qualité de leurs produits. En 2003, Jerry Hausman, professeur d'économie au MIT, avait estimé dans un article du *Journal of Economic*

Perspectives consacré à l'IPC que « malheureusement, l'approche hédoniste est incorrecte en général. Cette approche utilisée par le BLS est une pure approche de prix, qui ne capture pas les préférences du consommateur qui, avec les données sur les quantités et les prix, constituent la base de la courbe de la demande et de la fonction des dépenses y relative. L'approche hédoniste ne peut être utilisée pour calculer un véritable indice du coût de la vie »[6]. Il conclut : « Globalement, les ajustements de prix utilisant la méthode hédoniste n'ont pas de relation avec ce qu'est censé mesurer un indice du coût de la vie. » C'est pourquoi des chercheurs veulent réhabiliter la notion de coût de la vie. Du concept, débattu, de « qualité », il est question de revenir à celui d'« utilité pour le consommateur », ce dernier et ses préférences demeurant le pilier de la demande.

En général, les arguments du Bureau des statistiques américain se veulent avant tout mathématiques. Les chercheurs, de leur côté, mettent en lumière le fait qu'une méthode est toujours un choix, basé sur des hypothèses délibérément retenues. Les méthodes officielles des années 80 et 90, très différentes de celles actuelles, étaient à l'époque jugées préférables. Les consensus changent au fil du temps et sont régulièrement remis en question.

S'agissant de la non-inclusion des prix de l'immobilier dans l'indice, le BLS rappelle qu'elle est interrompue depuis 1983 au motif qu'il s'agit d'investissement, et non de consommation. Or on peut contester l'idée qu'un indice, s'il mesure le coût de la vie, doive se limiter à la consommation. C'est une des critiques souvent évoquées. Après tout, le niveau de vie se construit avec le portefeuille d'investissements et la propriété du logement. Ces deux éléments ont explosé à la hausse ces dernières années, tout en demeurant inexistantes dans l'indice du renchérissement. Un aspect particulièrement important est que la hausse des actifs a

6. J. Hausman, "Sources of Bias and Solutions to Bias in the Consumer Price Index", *Journal of Economic Perspectives*, 2003.

été très largement induite par une forte création monétaire. Dès lors, la dévaluation monétaire accroît l'effet inflationniste pour les individus qui ne sont pas exposés à la Bourse ou à un actif qui monte en compensation de la dévaluation. Si les personnes non exposées aux actifs inflatés ont de l'argent sous le matelas, cet argent se déprécie, c'est-à-dire qu'il perd du pouvoir d'achat. Pour les investisseurs exposés aux actifs en hausse, cette dévaluation est compensée par la hausse des actifs. Pour les autres, la dévaluation (l'inflation) n'a pas été compensée.

Il y aurait donc matière à remettre en question l'indice d'inflation sous cet angle. On pourrait croire que le consommateur lambda qui ne possède ni actions ni immobilier peut sembler peu concerné par cette hausse des actifs que l'indice exclut. Mais cette vision des choses est inexacte. En réalité, l'individu A, qui ne détient pas d'actifs, subit l'inflation d'actifs générée par l'individu B, qui détient des actifs inflatés. Ce dernier, qui s'enrichit grâce à une forte appréciation de ses actifs, voit son pouvoir d'achat augmenter, une fois les gains réalisés. Il peut aussi emprunter de l'argent sur ses actifs boursiers et immobiliers, et acquérir des biens et services avec cet emprunt, sur lequel il ne paie pas d'impôt sur le gain en capital ni sur le revenu. Son pouvoir d'achat, qui profite de l'envolée boursière, se distance très rapidement de celui de l'individu A, qui n'a pas d'actifs boursiers. Si les deux personnes vivent dans la même économie, la demande de l'individu B, qui va acheter plus de biens et services, fera monter les prix, aux dépens de l'individu A, qui n'a pas connu un tel gain de pouvoir d'achat, et n'aura pas accès à ces biens. Le différentiel de pouvoir d'achat entre détenteurs d'actifs et simples salariés est de facto de l'inflation : elle est subie par les individus A, et compensée par la Bourse ou l'immobilier pour les individus B.

Le « boost » apporté au PIB

À l'inverse, réprimer le chiffre de l'inflation donne une image plus performante, mais cela entraîne toute une chaîne de désinformation sur les autres chiffres macroéconomiques. Plus l'IPC est sous-estimé, plus le PIB réel apparaîtra haut. La croissance du PIB paraît plus élevée en termes réels, si l'inflation déduite est faible. Admettons que la croissance nominale du PIB est de 3,5 %. Si on en déduit une inflation de 1 % pour avoir le PIB réel, ce dernier sera de 2,5 %. Mais si on en déduit une inflation plus élevée de 3 %, la croissance du PIB réel ne sera plus que de 0,5 %. Le taux d'inflation a donc un impact très important sur le taux de croissance réel du PIB qu'affiche un pays. Pour rectifier ce biais, shadowstats.com recalcule (en noir ci-dessous) pour les États-Unis la variation du PIB telle qu'elle serait si l'on soustrayait l'inflation (plus forte) calculée d'après la méthode des années 80. Ainsi, il élimine le biais de surestimation du PIB qui existe depuis la moitié des années 80, résultant d'une sous-estimation de l'inflation. La base de données qu'on trouve sur le site shadowstats est éloquente : depuis les années 80, les taux de croissance du PIB ajustés de l'inflation sont deux fois plus élevés avec la nouvelle méthode de calcul de l'inflation qu'avec l'ancienne. Si on rétablit l'ancienne, la croissance du PIB de 1,37 % en glissement annuel au 3e trimestre 2021 devient un recul de -2,2 %. Ci-dessous, le graphique de shadowstats mesure l'écart entre le PIB officiel et celui basé sur l'inflation retraitée depuis les années 80 :

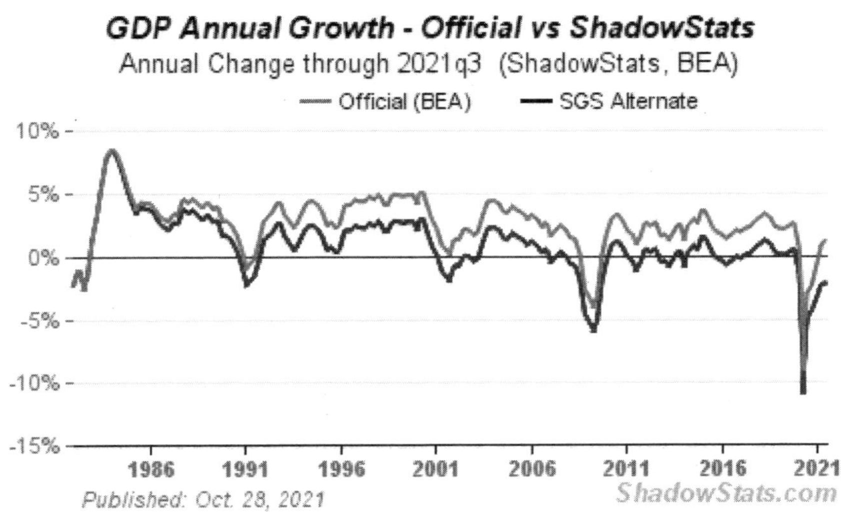

Par le même biais, les gains boursiers nets d'inflation apparaissent supérieurs à leur réalité si l'inflation déduite est sous-estimée. Les chiffres embellis de l'inflation gonflent aussi les statistiques des ventes de détail et les bénéfices réels des entreprises. À nouveau, l'inflation recalculée par shadowstats étant contestée dans son ampleur par le BLS, ce recalcul du PIB ne fera pas non plus l'unanimité. L'ampleur n'est donc pas le point essentiel, mais la tendance l'est : les PIB seraient plus bas avec les anciennes méthodes de calcul.

L'élément à retenir est qu'il faut éviter la croyance aveugle dans des statistiques officielles. Quand ces dernières subissent des modifications, souvent complexes, il arrive qu'elles n'expriment plus la même information qu'auparavant. S'ils ne recoupent pas ces indicateurs avec d'autres, le consommateur, l'investisseur, l'épargnant, le retraité n'auront que des bouts d'informations incomplets et ne seront pas correctement renseignés sur la valeur de leur pouvoir d'achat, de leurs placements et de leur épargne.

Chapitre V

Seul étalon de valeur, l'or est manipulé

L'or a ceci d'essentiel qu'il offre une information unique. Il est le dernier moyen fiable de mesurer la dévaluation des monnaies face à quelque chose de stable, qui maintient sa valeur. La valeur de l'or est plus stable que celle des monnaies parce qu'il n'existe pas de « planche à billets » pour démultiplier l'or : il existe en quantités limitées, et n'est pas produit à l'infini comme les monnaies modernes. Depuis l'Antiquité, une once d'or achète la même quantité de biens de première nécessité. Même si l'étalon-or a été suspendu en 1971, l'or agit toujours comme cet étalon de valeur, c'est-à-dire un point de repère pour le gain ou la perte de valeur des autres actifs. On peut observer la dévaluation des principales monnaies en les mesurant contre l'or. En traçant la courbe de l'or en dollars, livres sterling, francs suisses, euros ou yen, on voit si chacune de ces monnaies a perdu ou gagné contre l'or. Et elles ont toutes fortement chuté au fil des décennies.

Cours de l'or contre le dollar depuis 1975 : il faut 10 fois plus de dollars pour acheter la même once d'or

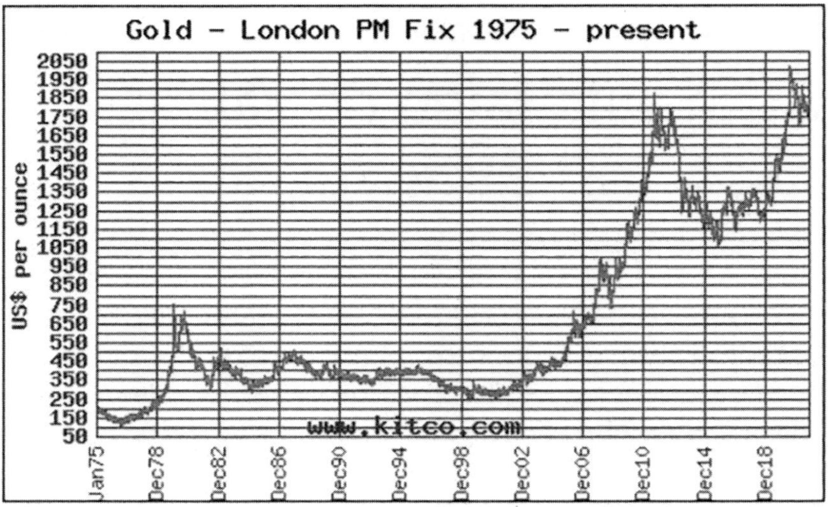

Source : kitco.com

À l'inverse, lorsqu'on regarde les taux de change des monnaies entre elles, cela n'offre pas la même valeur informative. Le taux de change entre le dollar et l'euro, ou entre le yen et le dollar, n'offre que des valeurs relatives. Toutes ces monnaies se dévaluent en même temps, en raison des politiques de création monétaire massive des banques centrales. Regarder le taux de change entre ces monnaies qui font la course à la baisse n'offre donc pas d'information sur la santé du système monétaire, car aucune d'entre elles n'est assez forte et stable pour refléter, par son maintien sur la durée, l'ampleur de la chute de l'autre. On reste donc dans le brouillard et on perd les repères. Si, en revanche, on observe un graphique du cours de l'once d'or en dollar, cela permet de voir de quelle ampleur le dollar s'est dévalué face à ce métal précieux à la valeur immuable.

Malheureusement, la désinformation s'est glissée dans les cours de l'or : ces derniers ont été manipulés durant des années, et le sont peut-être encore aujourd'hui, dans des proportions difficiles à évaluer. L'or est coté en bourse, ce qui permet à tout un chacun, un boursicoteur, un trader, un gérant de hedge fund, mais aussi une banque, et une banque centrale, de le négocier en quantités diverses sur les marchés financiers. Cela signifie que l'or est vulnérable à la manipulation de ses cours, comme tout ce qui est coté. Par exemple, une grande banque peut influer sur son prix en vendant massivement des dérivés sur l'or, ou en pratiquant le *spoofing*, qui consiste à placer de faux ordres d'achat et de vente, puis à retirer ces ordres avant qu'ils ne soient exécutés, diffusant un faux signal vendeur ou acheteur, avec l'intention de manipuler le prix.

C'est exactement ce qui s'est produit à différentes reprises. Un premier scandale avait révélé que durant toute une décennie, de 2004 à 2014, cinq banques internationales ont manipulé les cours de l'or : Société Générale, Deutsche Bank, Barclays, Bank of Nova Scotia et HSBC. La manipulation semble avoir essentiellement tiré les prix à la baisse, aux dépens des investisseurs. Ces banques formaient le comité qui fixait le prix international de l'or. La fixation du cours de l'or (en anglais *fixing*) s'effectue en effet deux fois par jour entre grandes banques, lors d'une téléconférence. Le fixing a lieu quand la partie bancaire qui préside la séance annonce un prix d'ouverture aux autres membres. Ces derniers relaient ce prix à leurs clients. Sur la base des ordres d'achat ou de vente passés par le marché, les grandes banques annoncent quelles quantités elles seraient elles-mêmes prêtes à acheter ou à vendre à ce prix, puis ajustent le prix jusqu'à trouver le point auquel l'offre correspond à la demande. Ces fixings déterminent les prix globaux de l'or et influencent tout le marché de l'or. Tous les acteurs utilisent ce prix comme référence. Quand ces prix sont manipulés, c'est l'ensemble du marché qui reçoit un faux signal et la trajectoire de la courbe de l'or s'en trouve largement faussée. Tout comme les devises et les taux d'intérêt Libor ont été manipulés à grande échelle lors de précédents scandales bancaires, faussant les taux de change et les taux d'intérêt à travers l'ensemble des activités qui y sont liées, les prix mondiaux de l'or l'ont ainsi été à grande échelle.

Un autre scandale a en effet suivi, celui de la manipulation de l'or par JP Morgan, chez laquelle plusieurs traders ont aussi influencé les cours de l'or de 2008 à 2016. Lors de ces scandales, il est ressorti que les banques avaient pratiqué le spoofing pour contrôler les cours du métal jaune.

Avant que ces cas avérés de manipulation de l'or n'éclatent au grand jour, une économiste avait donné l'alerte initiale au sujet des processus de fixing du cours entre banques. En 2013, elle avait rédigé un article de recherche indiquant qu'elle constatait des mouvements de prix anormaux sur le marché du fixing de l'or. Rosa Abrantes-Metz, de la Stern School of Business de l'Université de New York, avait étudié les mouvements de prix quotidiens de l'or et notait qu'à partir de 2004, quand les dérivés sur l'or sont apparus, des mouvements inhabituels étaient constatés. Après le fixing, les cours de l'or s'orientaient très souvent à la baisse dans l'après-midi, démontrant de possibles manipulations, collusions, conflits d'intérêts et fraudes sur le marché du fixing des métaux précieux. Elle attribuait cet état de fait à des structures de fixation de prix défectueuses, peu ou pas surveillées par les autorités, qui donnaient lieu à des abus. Son expertise l'a menée à conclure qu'il ne s'agissait pas de cas isolés, mais d'une stratégie systématique et concertée, car les prix baissaient trop fréquemment et systématiquement pour être le résultat de marchés efficients et non manipulés. Les scandales du fixing de l'or, qui ont éclaté en 2014, lui ont donné raison. Rosa Abrantes-Metz opère une distinction entre les baisses de prix qui suivent le fixing et le spoofing. Elle explique que ce sont deux types de manipulation différents. Celle qui se produisait après le fixing était plus systématique, et semblait répondre à un schéma. Quant aux manipulations liées au spoofing, elles étaient plus sporadiques. Comme expliqué plus haut, le spoofing se produit quand de gros acteurs du marché placent des offres de vente sur l'or, nombreuses, qui signalent faussement au marché qu'il y a beaucoup de vendeurs. Cela fait baisser le prix de l'or. Puis, une fois que le cours a été tiré vers le bas, les offres sont retirées à la dernière minute au lieu d'être exécutées. Sur la question de la répression systématique des cours de l'or, la discussion ne s'arrête pas là. D'autres acteurs ont plus explicitement posé la question de savoir si les banques centrales n'étaient pas derrière ces interventions.

En effet, plus inquiétante, mais jamais confirmée, est la potentielle implication des institutions dans ce type de manipulations, dans le but d'affaiblir les cours de l'or. La Banque centrale américaine (Fed) et la Banque des règlements internationaux (BRI) sont considérées par certains observateurs comme étant possiblement impliquées dans ces manipulations. Sur le site de *Forbes*, un article de 2019 évoque le sujet[1]. Il cite les travaux de GATA, ou Gold Anti-Trust Action Committee, une organisation américaine fondée en 1999, qui lutte contre les tentatives du gouvernement américain, en particulier le département du Trésor, de manipuler le prix de l'or. GATA a témoigné dans différents articles de presse de ses soupçons de manipulation officielle de l'or. Son représentant, Chris Powell, explique que les institutions influent sur les cours de l'or via la vente de contrats *futures* (dérivés sur l'or), mais aussi sur le marché londonien de gré à gré (OTC). Ces entités utilisent des *swaps* (contrats d'échange) sur l'or et des contrats de prêt entre banques centrales et banques commerciales. Bien qu'il soit très difficile de savoir qui est derrière les transactions visant à faire baisser les cours de l'or, elles sont très plausibles en théorie. Et même légales si elles viennent d'une entité souveraine, en vertu du Gold Reserve Act de 1934. Ceci car depuis l'après-guerre, les gouvernements ont traditionnellement toujours contrôlé les monnaies et l'or. Dans le cas de ce dernier, les États ont influencé son prix en vendant sur le marché de l'or provenant de leurs réserves, à des moments stratégiques. Puis les ventes d'or se sont faites de plus en plus régulières par les États-Unis, le Royaume-Uni et leurs alliés d'Europe de l'Ouest durant les années 1960, via une opération publique appelée *London Gold Pool*. L'objectif du London Gold Pool était de maintenir le prix

1. F. Holmes, "Yes, gold is being manipulated. But to what extent?", *Forbes*, 20 mai 2019.

de l'or à 35 dollars l'once, qui était le cours officiel de l'or fixé par la Conférence de Bretton Woods de 1944. Le Pool a été dissous en 1968. C'est par la suite qu'aurait commencé la pratique de contrôler le cours de l'or de façon plus confidentielle, en recourant aux prêts d'or, mais aussi à l'achat et vente de dérivés (*futures* et options), et au trading à haute fréquence, via des banques d'affaires.

En 2002, le sénateur texan Ron Paul a voulu (en vain) introduire une loi pour forcer le gouvernement américain à n'intervenir sur le marché de l'or que sur autorisation du Congrès. Il a expliqué que ce projet de loi trouve ses origines dans les craintes et soupçons concernant des interventions régulières sur le marché de l'or par le gouvernement, via le comité de la Fed et le département du Trésor pour affaiblir subrepticement les cours de l'or.

Quelles sont les motivations de ces interventions ? Selon Ron Paul et les représentants de GATA, l'or parle trop. Il expose en temps réel la dévaluation du dollar. L'affaiblir permet de déguiser les véritables effets des bulles monétaires, qui sont la chute du dollar, et l'inflation. « Si le gouvernement intervenait artificiellement pour baisser les cours de l'or, qui est le baromètre de la santé de notre système monétaire, cela dissimulerait les véritables effets d'une politique inflationniste, jusqu'au jour où les dégâts seraient trop graves pour rester hors du domaine public », a déclaré Ron Paul en 2002. Sans compter que les politiques qui déprécient volontairement l'or ont pour effet de déprécier les lingots détenus par des particuliers qui veulent justement se protéger de l'inflation due aux politiques monétaires mal avisées.

En 1998, Alan Greenspan, l'ancien gouverneur de la Fed, a fait explicitement référence au pouvoir du gouvernement de manipuler l'or, lors d'une audition du Sénat. « Dans le cas de l'or, les banques centrales se tiennent prêtes à prêter plus de quantités, dès que le prix augmente.[2] » En janvier 2012, un

2. Testimony of Chairman Alan Greenspan, The Federal Reserve Board, July 24, 1998.

autre banquier central, Paul Volcker, a déclaré au journaliste financier allemand Lars Schall que les banques centrales doivent baisser le cours de l'or pour stabiliser les taux de change à un « niveau critique ». Volcker avait auparavant écrit dans ses mémoires qu'en 1974, en tant que responsable du département du Trésor, il avait plaidé pour la répression des prix de l'or.

Les experts qui s'inquiètent de ces interventions expliquent que, quand un krach (ou flash crash) se produit soudain sur le cours de l'or, c'est en général qu'une entité a vendu un milliard de dollars ou plus de contrats *futures* sur l'or pour le déstabiliser. Cela ne peut être réalisé que par une très grosse entité, d'après GATA, et une entité qui a également un fort intérêt à faire chuter le cours de l'or (ce qui ne peut être qu'un intérêt gouvernemental). Aucun investisseur intéressé à gagner de l'argent ne déchargerait cette masse d'or d'un coup sur le marché, estiment les représentants de GATA. Si un investisseur normal vendait un gros bloc, il le ferait de façon graduelle. Ces flash crashs ont donc constitué un indice assez direct, aux yeux de GATA, d'une stratégie de répression des prix de l'or. Quand l'organisme s'est rendu compte que la loi américaine (le Gold Reserve Act) donnait au gouvernement le droit d'intervenir secrètement pour manipuler le marché de l'or, il a décidé d'informer le public et d'exposer ces agissements soupçonnés dans les médias.

Des archives publiques du Trésor et de la Réserve fédérale se réfèrent à la stratégie de répression des prix de l'or. On y trouve les mémoires de Jelle Zijlstra, ancien président de la Banque centrale néerlandaise et ex-président de la Banque des règlements internationaux (BRI), qui témoigne que les cours de l'or ont toujours été réprimés à l'initiative des États-Unis, par des actions internationales concertées. En outre, on trouve la transcription d'une réunion de 1975, où le secrétaire d'État Henry Kissinger et son sous-secrétaire Thomas Enders discutent du fait que la politique du gouvernement est de sortir l'or du système financier mondial et d'empêcher à tout prix les gouvernements européens de redonner à l'or les prérogatives d'une monnaie.

L'objectif de cette politique était de soutenir le dollar comme monnaie de réserve mondiale.

Bien avant le bitcoin, le premier ennemi des banques centrales a été l'or. Les instituts monétaires ont toujours refusé que l'or ait un cours légal, c'est-à-dire qu'il soit considéré comme une monnaie. Elles veillent à éviter que les citoyens le thésaurisent, ou qu'ils en viennent à le trouver plus attrayant que les monnaies dépréciées, et préfèrent le détenir à leur place. Cette stratégie a d'ailleurs été accompagnée d'une doctrine anti-or ouvertement propagée, et soutenue par l'ensemble des banques centrales. Dès les années 2000, la Fed a commencé à diffuser l'idée des bienfaits de l'argent hélicoptère : la création massive de monnaie pour empêcher la déflation. À cette époque, Ben Bernanke, qui a rejoint le comité de la Fed en 2002, a reçu le surnom de « Helicopter Ben » pour sa défense de l'usage illimité de la planche à billets. Il a aussi été un promoteur clé de la doctrine anti-or. Durant les années où il a dirigé la Fed, de 2006 à 2014, le monde a basculé dans le paradigme extrême du débauchage monétaire. La doctrine monétariste a occupé le devant de la scène, et toutes les banques centrales ont relayé à l'unisson l'idée que la planche à billets a sauvé le monde suite à la crise de 2008, que la dévaluation n'est pas un problème, et que l'or, quant à lui, n'est qu'une « relique barbare » (formule ancienne, de John Maynard Keynes à l'origine). Lors des conférences de presse, on entendait régulièrement un banquier central, suisse, américain ou européen, expliquer que l'or « ne produit rien, ne rapporte rien, ne verse aucun dividende ni intérêt ». Bien entendu, chaque banque centrale, et surtout la Fed, défendait ainsi le système monétaire basé sur le dollar, malgré la rapide dévaluation de ce dernier et des monnaies partenaires. On oubliait volontiers que l'or est le seul actif qui a toujours préservé sa valeur.

En 2002, le magazine *Insight* a enquêté sur le « cartel de l'or » (J.P. Morgan Chase, Deutsche Bank, Citigroup, Goldman Sachs, la Banque des règlements internationaux), le Trésor, la Fed. L'article a évoqué une plainte déposée fin 2000 par l'avocat et investisseur privé Reginald H. Howe, contre J.P. Morgan, Chase Manhattan, Citigroup, Goldman Sachs, Deutsche Bank, Lawrence Summers (ancien secrétaire au Trésor américain), William McDonough (alors président de la Réserve fédérale de New York), Alan Greenspan (alors président de la Fed), et contre la BRI. Il y affirmait que les cours de l'or ont été manipulés depuis 1994 avec 3 objectifs : 1) Empêcher que la hausse des prix de l'or puisse agir comme un signal d'inflation aux États-Unis. 2) Empêcher que la hausse des prix de l'or signalent une faiblesse de la valeur internationale du dollar, et 3) Empêcher des banques qui ont des positions de vente à découvert sur l'or de faire des pertes massives suite à sa hausse. En effet, le portefeuille de dérivés sur l'or de J.P. Morgan est passé de 30 milliards en 2000 à 29'000 milliards en 2002. Les positions étaient orientées à la vente, ce qui signifiait un risque systémique en cas de hausse des cours de l'or, et justifiait hypothétiquement une intervention pour réprimer les cours.

Les interventions contre l'or sur les marchés n'ont jamais été avouées par les autorités. Mais elles sont régulièrement commentées. Encore récemment en 2019, un député au Congrès américain, Alex Mooney, a envoyé des lettres à la Fed, au Trésor et à la U.S. Commodity Futures Trading Commission (CFTC) pour leur demander d'identifier sur quels marchés ces entités négociaient de l'or secrètement, et d'expliquer les buts de ce trading. L'actuel président de la Fed, Jerome Powell, a refusé de répondre, tout comme le Trésor. Mooney a directement interrogé la CFTC pour savoir si ces manipulations sur le marché des contrats à terme *(futures)* menées par le gouvernement et ses agents ou courtiers relevaient de sa juridiction, et si cette manipulation était légale. La CFTC a refusé de répondre.

Comme nous le disions en préambule, depuis que les grandes puissances se sont enlisées dans des politiques monétaires fortement dommageables à la valeur de leurs monnaies (dollar, euro, yen, livre sterling), la dévaluation de ces dernières s'est accélérée si on la mesure contre l'or, et celui-ci agit comme un révélateur malvenu. Heureusement, cette dévaluation inquiétante ne se voit pas sur les taux de change, puisque toutes les monnaies baissent de concert. Relativement l'une à l'autre, elles se dévaluent de manière compétitive, dans une course vers le bas, et aucune ne garde assez de hauteur pour révéler le plongeon des autres. Quand deux monnaies déclinent d'une même ampleur, leur taux de change reste constant, puisqu'il ne révèle qu'un faible différentiel de valeur entre elles. Seul l'or trahit cette dévaluation des monnaies, dans ses réelles proportions. Sur les graphiques de l'or dans les différentes monnaies, la chute se voit et elle est vertigineuse sur 30 ans, 50 ans. Qui n'a pas remarqué qu'il faut aujourd'hui 50 fois plus de dollars pour acheter la même once d'or qu'en 1970 ? Eh bien, si l'or n'avait pas été manipulé, ce constat serait peut-être encore plus impressionnant. Si l'on admet que cette manipulation est plausible, on conclura que même si l'or s'est beaucoup apprécié ces dernières décennies, cette hausse – ponctuée de corrections – ne reflète pas tout à fait son prix sur un marché libre. Ce que l'on peut affirmer est que sa valeur a subi des manipulations récurrentes, si ce n'est de la part des banques centrales, du moins de la part des grandes banques.

La question, désormais, c'est où seraient les cours de l'or, sans cette manipulation ? Quelle est la vraie valeur de l'or ? On peut seulement supposer que sans les milliards engagés pour manipuler l'or, sa valeur serait encore beaucoup plus élevée en dollars. À combien ? 6000 dollars ? 10'000 dollars ? Il serait malheureusement trop spéculatif de l'estimer, tant les supposées interventions étatiques sont secrètes et difficiles à quantifier. Mais ce qui a fait que le prix de l'or a bien résisté, ce sont les achats massifs d'or par les banques centrales des pays émergents. On peut voir sur le graphique ci-dessous, tiré du rapport « In Gold We Trust » d'Incrementum AG, la notable augmentation depuis 2008 des réserves d'or des banques centrales émergentes, en gris. À l'inverse, les pays développés, représentés en noir, ont boudé l'or sur fond de désaffection des banques centrales, sans grande surprise.

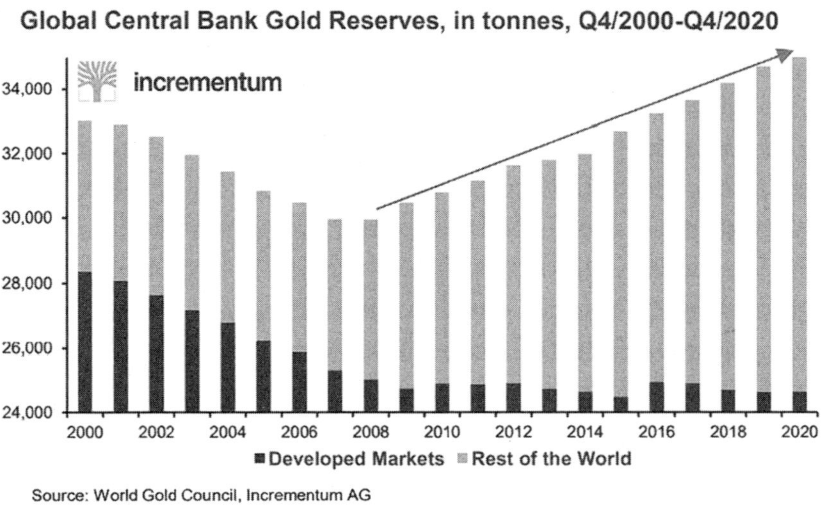

En conclusion, l'or, véritable baromètre de la santé du système financier mondial, ne fournit plus les informations sur l'inflation et sur le vrai coût de nos politiques monétaires extrêmes, s'il est manipulé à la baisse. Il importe donc que les gouvernements qui interviennent sur ce marché soient parfaitement transparents et responsables devant le peuple souverain, dont l'or a toujours été le garant et le dépositaire des valeurs. L'or parle. Et ce qu'il dit offre une information inestimable pour le citoyen sur l'état de la monnaie et des économies nationales, information qui pourrait se perdre.

Chapitre VI

Rapports annuels, l'assommoir de la complexité

Autre domaine où la valeur informative se perd en route : les rapports annuels des entreprises. Pourquoi ? En raison d'un véritable effet d'assommoir causé par l'énorme complexité de ces documents, devenus très peu accessibles pour quiconque n'est pas juriste, comptable ou analyste de risques. Et cela concerne les plus grandes entreprises, celles qui, justement, portent le plus de responsabilité face à la société.

La complexité n'a cessé de croître. Pour se rendre compte de l'évolution des rapports annuels, il suffit de comparer le rapport d'une même institution à travers les époques : comme ici les comptes d'une association genevoise de colonies de vacances, la Colonie Saint-Gervais. Comparons les comptes établis en 1907, 1930, 1986 et 2019.

1907

— 8 —

RECETTES

Dons et souscriptions . .	Fr. 922.05	
Produit de la collecte . .	» 675.65	Fr. 1597.70

DÉPENSES

Matériel	Fr. 308.25	
Loyer	» 144.—	
Lait, légumes, épicerie, pain, viande, etc. . .	» 583.95	
Exploitation	» 299.90	
Frais généraux	» 94.95	
Solde en caisse le 7 Novembre 1907	» 166.65	Fr. 1597.70

1930

Compte de Profits et Pertes

DÉPENSES		RECETTES	
Frais généraux :			
Personnel, assurance, impôts	Fr. 1,531 10	Cotisations, dons	Fr. 4,177 80
Imprimés, ports, etc.	» 407 35	Subventions diverses	» 3,993 —
Combustible	» 180 —	Intérêts divers	» 1,104 60
Entretien de l'immeuble	» 888 70		
Matériel	» 424 30		
Frais divers	» 797 —		
Hygiène	» 293 95		
Alimentation :			
Boucherie, charcuterie	Fr. 722 50		
Boulangerie	» 630 80		
Epicerie	» 1,125 15		
Laiterie	» 614 40		
Légumes	» 304 —		
Reporté à nouveau	» 356 15		
	Fr. 9,275 40		Fr. 9,275 40

Bilan au 31 Décembre 1930

ACTIF		PASSIF	
Caisse	Fr. 208 70	Capital	Fr. 20,482 85
Chèques postal	» 103 60	Réserve	» 1,800 —
Banque Populaire Genevoise	» 1,456 30	Profits et Pertes	» 356 15
Banque Populaire Suisse	» 2,048 40		
Société de Banque Suisse	» 2,821 —		
Fonds Publics	» 16,000 —		
Immeuble « La Rippe »	» 1 —		
	Fr. 22,639 —		Fr. 22,639 —

1986

Compte d'exploitation au 31.12.1986

PRODUITS			*CHARGES*		
Participation parents	Fr.	76 040,05	Alimentation	Fr.	38 635,90
Dons	Fr.	11 741.—	Entretien	Fr.	23 887,60
Subventions	Fr.	24 955,35	Salaires & déplacements	Fr.	46 128,05
Solde loyer 1985	Fr.	37 333,35	Frais généraux divers	Fr.	14 916,15
Loyer & locations 1986	Fr.	47 900.—	Frais médicaux	Fr.	689,75
Intérêts	Fr.	960,80	Assurances	Fr.	7 270,30
			Charges sociales & Autorisations	Fr.	4 225,80
			Loisirs	Fr.	5 655,05
			Intérêts Emprunt Etat 1985	Fr.	12 015,90
			Intérêts Emprunt Etat 1986	Fr.	10 064,25
			Amortissement s/travaux d'aménagement	Fr.	32 743.—
				Fr.	196 231,75
			Résultat de l'exercice	Fr.	2 698,80
	Fr.	198 930,55		Fr.	198 930,55

Les comptes ont été acceptés et décharge a été donnée au Comité selon la proposition des vérificateurs aux comptes, Messieurs Antoine et Liniger.

* * *

Bilan au 31.12.1986

ACTIF			*PASSIF*		
Chèques postaux	Fr.	12 840,80	Attente	Fr.	1 638,80
Banques	Fr.	37 230,55	Emprunt Etat de Genève	Fr.	192 666,65
Débiteurs	Fr.	6 025.—	Intérêts/Emprunt	Fr.	22 163.—
Impôts anticipés	Fr.	396,65	Capital	Fr.	3 102,65
Actifs transitoires	Fr.	—.—	Fonds Mat. & Rénov.	Fr.	8 161,35
Immeuble	Fr.	1.—	Provision matériel	Fr.	5 000.—
Aménagements extérieurs	Fr.	764 106,30	Fonds pédagogique	Fr.	975,05
Matériel + mobilier	Fr.	3 625.—	**Fonds «Marc Timenovitch»**	Fr.	4 829,15
			Fonds aménagements	Fr.	582 989,85
			Résultat de l'exercice	Fr.	2 698,80
	Fr.	824 225,30		Fr.	824 225,30

2019

COMPTE DE RESULTAT DE L'EXERCICE 2019					
	2018	**2019**		2018	**2019**
CHARGES			**PRODUITS**		
	CHF			CHF	
1. SEJOURS ENFANTS					
Alimentation	52 279	35 069	Contributions séjours parents	31 839	40 256
Frais du personnel/ Charges sociales	55 523	73 671	Participation Fondation Paul Poletti	5 945	7 070
Animation/Matériel	5 755	8 696	Participation "Trois-Chêne"	39 077	37 559
Déplacements/Minibus	9 289	9 571	Participation Onex	12 658	4 118
Frais divers/Nettoyage/etc...	3 653	2 213	Subventions Communes diverses	7 350	5 274
Imputation charges indirectes (Séjours)	20 915	10 249	Subvention Fédération Colonies Vacances	4 018	4 018
Frais rapport annuel	4 123	4 048	Subvention Glaj-GE	500	289
			Subvention Ville de Genève	3 444	-
			Subvention "Trois-Chêne"	15 000	15 000
			Subvention Conseil d'Etat	20 367	22 634
			Dons divers	10 250	8 295
			Publicité rapport annuel	2 260	3 900
	151 537	**143 517**		152 708	**148 414**
Perte/Gain séjours	1 172	4 897			
2. LOCATIONS					
Charges directes locations	30 590	38 209	Loyers Ecole Ecsellis	40 000	40 000
Imputation charges indirectes (Locations)	35 913	38 701	Loyers Ecole Montessori Deux Mille-Feuilles	29 600	29 600
			Acomptes de charges	28 129	29 933
	66 503	**76 910**		97 729	**99 533**
Gain locations	31 226	22 623			
3. AUTRES CHARGES ET PRODUITS					
Solde charges indirectes	24 826	40 509	Dons et revenus divers	25 100	93 000
Impôts	3 500	2 950			
	28 326	**43 459**		25 100	**93 000**
4. COMITE					
Frais du comité	3 091	4 266	Cotisations comité	1 350	1 250
			Dons comité	1 030	930
	3 091	**4 266**		2 380	**2 180**
Total Charges	249 456	**268 152**	**Total Produits**	277 918	**343 127**
Bénéfice net Exercice	28 461	**74 975**			

Ce modeste exemple sert à nous rappeler l'utilité première d'un rapport de gestion : faire état des recettes, et des dépenses. C'est l'information essentielle, que l'on doit trouver immédiatement. On voit que, même dans cet exemple d'association locale, la simplicité se perd à travers les époques. Mais que dans le cas présent, le gain de sophistication accompagne une saine croissance de l'activité, et reste clairement bénéfique à la compréhension de l'activité. À l'évidence, avoir des comptes plus fournis, une comptabilité détaillée, est hautement souhaitable et signe d'une gestion professionnelle, transparente, qui limite les fraudes et les erreurs. Tout cela est incontestable. Sauf quand la complexité devient un obstacle au but recherché.

Et c'est ce que l'on constate dans les rapports annuels d'entreprises cotées en bourse. Au cours des vingt dernières années, le rapport annuel a gagné en transparence et tout le monde s'en est félicité. Sous l'effet des exigences réglementaires et actionnariales, il a fallu aux entreprises divulguer davantage d'informations. En Suisse, il est devenu obligatoire au début du millénaire de publier les rémunérations des administrateurs et de la direction, ainsi que l'identité des actionnaires détenant plus de 5 % du capital.

Tout cela est très positif. Mais paradoxalement, ce qu'on observe en parallèle, c'est une considérable perte de clarté. Les rapports se font de plus en plus longs, complexes et techniques, et de moins en moins adaptés au lecteur non spécialisé. Malgré toutes les données qu'ils contiennent, c'est une source d'information économique qui devient de plus en plus hermétique. Ceci, car les éléments importants sont enterrés sous une avalanche de contenu juridico-légal, qui produit un effet d'assommoir sur le lecteur. Le phénomène est frappant pour les grandes entreprises cotées en bourse, incluses dans les grands indices. Tout investisseur ou acteur de l'économie habitué à consulter des rapports annuels aura subi ce gain de complexité.

Autre évolution, les rapports sont emballés dans des kilomètres de texte promotionnel, qui relève davantage de la communication que de l'information. Derrière la manière de présenter les chiffres, des choix relevant du marketing sont opérés. Certains éléments – les chiffres clés flatteurs – sont fortement mis en avant, d'autres – moins positifs – sont plus difficiles à trouver dans le rapport. Et comme nous le verrons, il arrive même que l'essentiel ne figure pas dans un rapport de 300 pages. Cela dit, soyons clairs : les rapports annuels du passé n'ont jamais été des exemples d'intégrité totale. De toute évidence, l'exercice comptable a toujours été vulnérable à des questions éthiques et n'a jamais été parfait. Mais nous examinons ici d'autres formes de désinformation qui brouillent, réagencent ou compliquent la compréhension et l'accès aux données les plus pertinentes.

En bref, la tendance en Europe dans le domaine des rapports annuels des entreprises a été :

1) d'aller du *reporting* au marketing. Délaisser les présentations austères, utilitaires et spartiates, au profit de publications au narratif élaboré, reposant sur un graphisme de pointe et une très haute qualité de photos et d'iconographies. Cette présentation inspirée du marketing et de la publicité prend une place importante dans les rapports annuels et fait partie des phénomènes qui noient les informations plus importantes ;
2) d'accroître fortement la technicité des rapports et leur contenu juridico-légal et comptable, ce qui a pour effet de les rallonger fortement, d'en rendre la lecture rébarbative, la terminologie très spécialisée, et d'ériger des barrières à la compréhension du rapport ;
3) d'augmenter la place accordée à du contenu lié à la gouvernance (durabilité, diversité, responsabilité sociale et environnementale), qui n'est pas toujours d'une grande qualité informationnelle et relève en partie d'une démarche de communication ;
4) de scinder des rapports en plusieurs documents séparés. Sur le site de Nestlé par exemple, on peut télécharger séparément les rapports sur la gouvernance, les états financiers, les rémunérations et la durabilité.

Ces tendances concernent, comme indiqué plus haut, les rapports annuels européens. Comme nous le verrons plus loin, en quelques années, ces tendances se sont traduites par une forte augmentation du nombre de pages. Le rapport annuel du groupe helvétique Zurich Financial Services, si l'on additionne toutes les composantes et annexes qui s'y sont ajoutées entre 2004 et 2020 (gouvernance, risques, durabilité, réserves) est passé de 150 à 367 pages en 15 ans. Plus loin, nous verrons comment la complexité accrue ne favorise pas un véritable gain de transparence.

Quant aux rapports annuels américains, ils existent en deux versions. La version pour les actionnaires, et la version pour le régulateur boursier (SEC). La version pour les actionnaires a suivi la même tendance qu'en Europe, comme le montrent les rapports de Google (Alphabet), avec une mise en avant des meilleures métriques, inspirée du marketing.

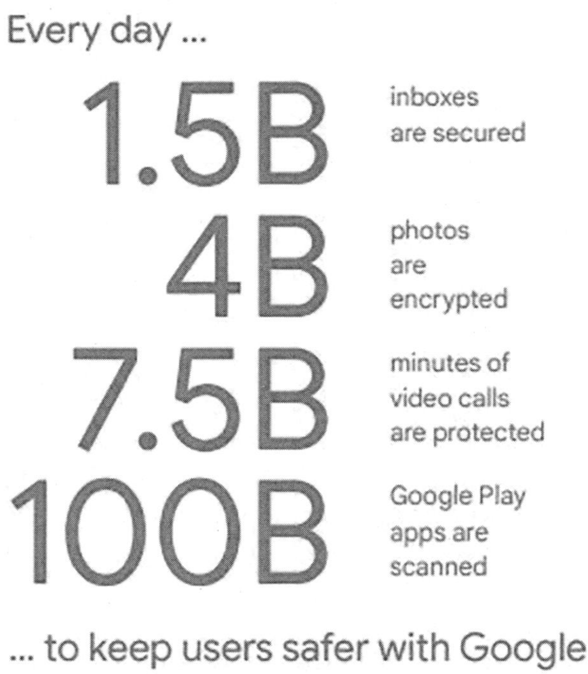

La version destinée au régulateur, appelée « 10-K » et obligatoire pour toutes les sociétés cotées, a un format imposé, et n'inclut aucune illustration à part des tableaux de chiffres, mais elle introduit en revanche une profusion de langage juridique ultra-technique dans les rapports annuels américains, qui ressemblent souvent à une très longue déclaration de non-responsabilité ou à un contrat rédigé par des avocats. Le rapport 10-K de Tesla fait 449 pages, écrites en très petits caractères, alourdies par la déclaration des risques opérationnels et financiers et par l'extrême détail des principes et méthodes comptables. Bref, un document quasiment illisible pour un investisseur lambda. Idem pour Axa, le géant français des assurances. Son rapport annuel 2020 fait 496 pages. Des rapports de 500 pages, pour une seule année, ne font donc plus exception. Le format digital aidant, on publie de véritables bottins téléphoniques virtuels.

Conséquence : la complexité agit comme une barrière à l'information que l'on souhaite puiser à la source. Dès lors, les relais des publications d'entreprises, que sont les analystes et les médias, se voient toujours plus incités à reprendre des informations de deuxième main, résumées par l'entreprise (communiqués de presse, entretiens), qui forcément sont un choix éditorial et un tri sélectif opéré par celle-ci. Mais faute de temps et d'énergie suffisants pour décortiquer et interpréter une telle masse d'informations techniques et peu accessibles, les commentateurs des rapports des entreprises peinent à s'y plonger. Au demeurant, il devient impossible de parcourir une version papier de ces rapports, car sans moteur de recherche, feuilleter 300 à 500 pages pour trouver un élément précis serait prohibitif.

L'avantage qu'avaient les rapports traditionnels était la simplicité, faute d'une certitude de fidélité. On ne s'y perdait pas. Comme on le voit, le problème n'est donc pas qu'on a éliminé des informations des rapports annuels ; c'est qu'on y a ajouté des quantités énormes d'autres informations, très spécialisées, qui noient l'essentiel. Cela crée une véritable barrière à l'entrée pour beaucoup d'investisseurs ou de citoyens intéressés par l'évolution de ces entreprises, par leur rôle dans leur économie, leur poids, leurs revenus, comment elles les génèrent, quels impôts elles paient exactement sur ces revenus, dans quelles juridictions, etc. Et l'analyse critique et indépendante manquera, puisque de nombreux commentateurs de ces résultats se contenteront de relayer tels quels les messages d'entreprise, faute de maîtriser le contenu hermétique du rapport.

Un outil de vente

Le rapport annuel d'aujourd'hui veut être vendeur. Il s'habille d'une sorte de robe de mariée aux belles parures, accueille le lecteur avec des photos couleur pleine page, trois ou quatre ratios avantageux placés en grand format, des pages positives sur la durabilité, l'environnement et la diversité, avec d'impeccables infographies. Il se met donc à ressembler à une brochure de marketing. Passés à la moulinette des directions marketing et communication, les chiffres de l'entreprise se parent d'arguments promotionnels et sociétaux. Avec l'essor du concept de développement durable sont venus s'ajouter de longs chapitres sur la responsabilité sociale et environnementale (RSE), qui prennent souvent place au début du rapport. Parfois, ces textes et photos font penser à de véritables reportages. Mais le plus souvent, ils ne racontent qu'une partie de l'histoire. On peut certes voir d'un bon œil l'évolution graphique des rapports annuels : superbe qualité des photos, dignes de brochures de produits de luxe, infographies virtuoses. Et aussi cette transparence à première vue très bien assumée. Sauf qu'elle est à maints égards trompeuse. Et qu'il faut s'interroger sur la perte d'objectivité induite par cette profusion de communication qui fait des rapports des outils de vente.

Le rapport 2020 de Google nous accueille ainsi : « Notre but est d'améliorer significativement la vie du plus grand nombre possible, ce qui requiert d'agir avec responsabilité dans tout ce que nous faisons. En 2020, cela a signifié que l'on mette l'accent sur la reprise économique, l'équité, l'inclusion et la durabilité. » Le rapport de Nestlé s'ouvre avec : « Nestlé. Libérer le pouvoir de l'alimentation pour améliorer la qualité de vie de chacun, aujourd'hui et pour les générations à venir. » Une tonalité désormais très habituelle pour les rapports annuels. Une annexe au rapport de Nestlé, entièrement dédiée à la durabilité, vante les actions de Nestlé dans « la réduction de la déforestation », « la protection contre le travail des enfants », « le respect et la promotion des droits humains », « l'amélioration de l'accès à l'eau». Ce type d'engagements, qu'affichent de nombreuses multinationales, ne sont pas venus spontanément. Ils représentent, la plupart du temps, une réponse à diverses polémiques et prises de position politiques auxquelles des groupes comme Nestlé ont été confrontés. Par exemple, en 2020, Nestlé s'est opposé à l'initiative suisse «pour des multinationales responsables», qui voulait imposer des règles strictes aux entreprises en matière de droits humains. Ce qui n'empêche pas Nestlé de se présenter comme exemplaire sur son engagement dans ce domaine. Autre sujet délicat, l'eau. En 2005, l'ancien président du groupe, Peter Brabeck, avait suscité une polémique de plusieurs années, qui a nui à l'image du groupe, en argumentant que l'eau devait avoir un prix. Depuis, Nestlé met en avant ses engagements en faveur de l'accès à l'eau, après avoir dû rectifier sa communication en précisant que l'eau est bien un droit humain aux yeux du groupe. Ces situations, qu'ont connues de nombreuses multinationales, comme BNP Paribas et les polémiques sur les énergies fossiles, ont mené ces groupes à se «blinder» en termes de communication sur leurs engagements sociétaux et environnementaux. Qui apparaissent dès lors souvent comme une réponse à un mauvais score sociétal antérieur et de gros titres indésirés dans les médias. Ces actions peuvent certes correspondre à de réelles valeurs et convictions de ces groupes. Mais difficile de nier qu'elles résultent avant tout d'une stratégie de communication visant la défense de leur image. La lecture seule du rapport ne permet nullement d'avoir connaissance de ce contexte.

Le rapport 2020 du géant français de l'assurance Axa inclut près de 200 pages consacrées, au début, à trois chapitres: gouvernance, développement durable et gestion des risques. Les comptes financiers n'occupent qu'un tiers du rapport. En 1997, ils occupaient la moitié du rapport, qui était deux fois plus court. Sur le développement durable, Axa explique en 2020 que ses gestionnaires d'actifs investissent selon les critères ESG (environnementaux, sociétaux et de gouvernance). L'assureur s'est par ailleurs désengagé à 100 % du secteur du charbon. Mais ce qui ne figure pas dans les 200 pages dédiées à ce sujet, c'est que le groupe reste engagé dans le secteur du pétrole et du gaz. En mai 2020 encore, l'assureur votait contre la résolution climat déposée à l'Assemblée générale de Total, « estimant que la compagnie pétrolière en faisait assez sur le climat », lui reproche l'ONG Reclaim Finance. Ces exemples nous montrent que le fait de dérouler des engagements sur des centaines de pages ne signifie pas que rien n'a été omis. Cette seule source ne saurait donc suffire. Malgré sa longueur.

Greenwashing révélé par des ONG

L'envers du décor, ce sont les ONG qui le révèlent. Deux exemples : la mode et l'agroalimentaire. Fin 2021, un rapport révélait que les émissions de gaz à effet de serre de géants européens de l'industrie de la viande et des produits laitiers, dont Danone et Nestlé, continuent à augmenter malgré la crise climatique. Le rapport déplore le *greenwashing* qu'il observe dans le secteur de l'agrobusiness. C'est l'ONG Institute for Agriculture and Trade Policy (IATP) qui a mené l'étude, passant en revue trente-cinq des plus grandes entreprises du secteur, basées dans l'UE, au Royaume-Uni et en Suisse. Examinant en particulier dix grandes entreprises qui affichent des objectifs climat plus ou moins précis, le rapport établit que pour sept d'entre elles, dont Danone et Lactalis, les émissions absolues ont augmenté sur deux ans. IATP épingle « la poignée d'entreprises qui ont des plans climat et qui se reposent sur des astuces comptables, sur le greenwashing (ou verdissement de façade) et sur les effets douteux des compensations pour se dispenser de réduire les émissions. Par exemple, le rapport dénonce l'utilisation par ces entreprises du concept d'intensité carbone, c'est-à-dire les émissions par litre de lait ou kilogramme de viande, qui peuvent diminuer sans pour autant réduire les émissions absolues car dans le même temps la production et le nombre de têtes de bétail augmentent.

La transparence fait aussi défaut. Sur les vingt entreprises analysées, seules quatre (dont Nestlé) déclarent les émissions totales de leur chaîne d'approvisionnement. Et seules trois, dont Nestlé encore, ont annoncé leur intention de réduire leurs émissions absolues en incluant leur chaîne d'approvisionnement. Reste à dépasser l'intention.

Un autre rapport sur le greenwashing paru fin 2021 également se penche cette fois sur l'industrie de la mode. Rédigé par Eco-Age (un consultant britannique en durabilité), et le Centre de business et droits humains de l'Université de Genève, il estime que les marques de mode ont créé des programmes de durabilité pour rassurer les gouvernements, les consommateurs et les investisseurs sur le fait qu'elles se souciaient de leur impact social et environnemental. « Aujourd'hui, toutes les grandes marques prétendent être engagées dans des efforts de durabilité, mais en réalité nombre d'entre elles peinent, voire échouent à cause d'une définition erronée de la durabilité, des méthodes non scientifiques et une mise en œuvre sélective. » L'écart entre les paroles et les actes concerne aussi d'autres secteurs. Dans la *Harvard Business Review* de mai/juin 2021, Kenneth P. Pucker observe que « le nombre d'entreprises qui publient des rapports sur la responsabilité sociale a été multiplié par 100 sur les deux dernières décennies ». Cependant, « ce mouvement de publications a survendu les véritables actions, car durant ces vingt années, les émissions carbone ont continué d'augmenter, et le changement climatique s'est accéléré ». Au niveau social, le score ne s'est pas non plus amélioré : aux États-Unis par exemple, l'écart s'est encore creusé entre la rémunération médiane des CEO et celle des salariés.

La barrière légale

De l'autre côté, le rapport annuel est aujourd'hui un document qui s'est aussi mué en un lourd inventaire légal, dont des passages entiers sont rédigés par des juristes et qui s'avère indigeste pour les non-spécialistes, auxquels il ne se destine plus. Pour les petits investisseurs ou un quelconque citoyen, difficile par conséquent de trouver des réponses simples en lisant ces rapports. Sorte de longue déclaration de conformité mâtinée de clauses de non-responsabilité, ces pages sont surtout destinées au monde réglementaire. Il s'agit de rassurer le régulateur sur le haut degré de conformité aux règles en vigueur, et de minimiser le risque de critiques ou d'audits. C'est à la suite des scandales comptables des années 2000 (Enron, Arthur Andersen) qui ont défrayé la chronique aux États-Unis, mais aussi des krachs financiers de 2000 et de 2008, que ces longs passages juridiques ont envahi les rapports annuels. Même au risque de laisser moins de place ou de visibilité à des informations plus essentielles, comme l'actionnariat détaillé d'une entreprise, qui peut se trouver dans une note de bas de page. Ou le taux d'imposition effectif, qu'il faut parfois chercher longtemps. Ou encore le bénéfice net. Même une information aussi basique se trouve parfois noyée dans le rapport, alors qu'on la trouvait auparavant en quelques secondes. Dans le rapport annuel 2020 de Goldman Sachs, on trouve la première mention du bénéfice net à la 54e page (sur 244). Dans celui de Google (Alphabet), à la page 55 (sur 134). Les informations clés peuvent se trouver dans les annexes, souvent très longues. Il faut parfois fouiller longtemps pour trouver les dettes hors bilans. Car comme indiqué plus haut, les rapports annuels contemporains noient surtout le lecteur moyen et non expert sous un flot d'informations marketing et légales.

Le paradoxe étant que, bien qu'il soit devenu très facile de mettre la main sur les rapports annuels grâce aux sites web des entreprises cotées, ces autres types de barrières viennent envelopper l'information pertinente dans un épais brouillard.

Quand tout figure… sauf l'essentiel

Dans certains cas, les omissions peuvent concerner l'essentiel. Cas emblématique, UBS. En 2008, la banque suisse a perdu pas moins de 50 milliards de dollars suite à la débâcle des subprimes. Pourtant, pas une fois, durant ces années précédant le krach, le mot « subprime » n'a figuré dans ses volumineux rapports annuels, parfaitement mis en page. Ces rapports aussi prestigieux qu'agréables à parcourir avaient carrément fait l'impasse sur l'essentiel, à savoir les crédits risqués qui étaient devenus, un temps, la principale source de croissance du groupe et qui étaient le plus gros poste d'actifs au bilan. Durant les années où la spéculation sur l'immobilier subprime américain (2001-2007) rapportait à la banque une part de profit démesurée, ses rapports annuels parlaient de tout autre chose. Outre l'absence notable du terme « subprime », on note que dans son bilan de 2006, il y avait seulement le poste « actifs du portefeuille de trading ». Mais les actifs en question ne faisaient l'objet d'aucune précision ou note en annexe. Les analystes financiers qui suivaient UBS durant ces six ou sept années « subprime » ont relayé cette information hautement lacunaire. Décryptant les très bons résultats du groupe sans les attribuer au marché immobilier américain, ils parlaient de l'activité de banque privée haut de gamme du groupe, sur des marchés en expansion, mais sans prise de risque ni de spéculation douteuse. Une fausse perception s'est répandue sur la croissance du groupe. Les investisseurs et les clients de la banque ont donc tout ignoré durant ces années concernant l'exposition hautement spéculative d'UBS, si bien que personne n'aurait pu alerter le régulateur, ou l'opinion publique, afin d'agir de manière préventive. Personne, en dehors du cercle restreint du management, qui était au courant. Une chaîne de désinformation qui aura fait courir un risque systémique à la Suisse et qui aurait pu affecter chaque citoyen du pays. Pour finir, c'est uniquement grâce à la Banque centrale américaine, qui a décidé de racheter tout le marché subprime et de le parquer sur son propre bilan, que la Suisse et son système financier s'en sont sortis, parvenant à écouler ces titres auprès de la Fed américaine, et s'épargnant les conséquences de cette présentation trompeuse du business d'UBS.

Encore aujourd'hui, l'information sur les risques, très abondamment reflétée dans les rapports annuels, ne semble pourtant pas suffire à prévenir les débâcles d'ampleur systémique. On peut même dire que les risques les plus significatifs échappent, dans leur forme concrète, aux rapports annuels. En atteste le cas d'Archegos, un fonds d'investissement. En 2020, Credit Suisse et d'autres banques ont prêté jusqu'à 80 milliards de dollars, sous forme d'instruments dérivés, à ce fonds nommé Archegos, afin qu'il spécule sur des titres technologiques. Les banques détenaient les titres en son nom. Les titres ont chuté, et le fonds a fait faillite en mars 2021. Goldman Sachs a pu liquider ses parts à temps, mais Credit Suisse y a perdu 5,5 milliards de dollars. Sauf que cette exposition, répartie entre plusieurs banques, ne pouvait être identifiée dans aucun rapport annuel ou trimestriel. Pourtant, chacun de ces rapports s'attache à décrire les expositions diverses des banques au risque de crédit et aux marchés des dérivés, avec un immense détail. Mais quiconque aurait cherché en 2020 l'exposition de crédit spécifique, liée à Archegos, dans les rapports annuels de Goldman Sachs ou de Credit Suisse n'aurait sûrement pas trouvé de mention explicite de ce gros client débiteur, ni identifié la position en question et le risque maximal encouru pour ce compte.

Au même moment pourtant, le fonds Archegos se trouvait en dépassement des limites de risque fixées par Credit Suisse, car il avait emprunté plus que sa marge, et les interlocuteurs chez Credit Suisse se refusaient à demander à ce client de premier ordre d'ajouter des fonds propres sur son compte de marge. « Le 1er septembre 2020, le taux d'avance moyen d'Archegos n'était que de 5,9 % de ses positions, ce qui signifie que la banque lui avançait plus de 49 % de ces dernières ! Pourtant, elle exigeait de ses autres clients un taux d'avance moyen de 15 %, soit près de trois fois plus », écrit le journaliste suisse Yves Genier, dans son récent ouvrage *Scandales chez*

Credit Suisse[1]. Cette relation risquée de Credit Suisse a impliqué plusieurs fois, entre 2017 et 2020, des positions sur dérivés *(swaps)* sévèrement sous-provisionnées, mais elles sont demeurées invisibles dans les rapports de la deuxième banque suisse. Ces derniers, entre 2017 et 2020, faisaient certes état des positions globales des prêts sur titres, détaillaient même la réglementation en vigueur en matière de prêts sur marge. Dans la section sur les risques de crédit, le Credit Suisse déclare dans le rapport 2020: « Notre exposition au risque de crédit augmentera si le collatéral que nous détenons ne peut être réalisé ou peut seulement être liquidé à des prix insuffisants pour couvrir le montant total de notre exposition. » C'est en effet bien ce risque qui s'est matérialisé en 2021. Mais ce qu'on voit, c'est que ces rapports annuels prévoient parfaitement les risques théoriques, tandis que ces prévisions semblent déconnectées des risques qui étaient au même moment réellement pris sur le terrain, en l'occurrence l'exposition à Archegos qui était mal gérée par le service Prime Services (financements octroyés aux hedge funds) dans les bureaux de Manhattan de Credit Suisse.

Ainsi, rien ne figurait dans les rapports de Credit Suisse au sujet d'Archegos, jusqu'à son rapport du 2e trimestre 2021 (avril-juin), une fois la perte essuyée, le scandale médiatisé, et le fonds liquidé. S'est ensuivie la publication d'un « Archegos Info Kit » en juillet 2021, où Credit Suisse détaille, après coup, les conclusions du rapport d'audit. Les rapports annuels parlent ainsi mieux du passé, une fois les pertes essuyées, que du présent, quand la prise de risque est en cours. Et même le passé, ils peuvent chercher à l'atténuer. Ainsi, le bénéfice avant impôt mis en avant dans le rapport trimestriel de Credit Suisse a été le bénéfice « ajusté, excluant des éléments significatifs et Archegos ». C'est lui qui vient en bout de tableau, et peut être

1. Y. Genier, *Scandales chez Credit Suisse, quand les banques perdent la tête*, Éditions Attiger, novembre 2021.

vu comme le résultat à prendre en compte. Cette pratique est extrêmement habituelle. Mais il convient de réfléchir à son sens.

	Credit Suisse Group Reported Results (CHF mn, unless otherwise specified)	2Q21
	Net revenues	**5,103**
	o/w Wealth Management-related	**3,609**
	o/w Investment Bank in USD mn	**1,761**
	Provision for credit losses	**(25)**
	Total operating expenses	**4,315**
Vrai résultat →	**Pre-tax income / (loss)**	**813**
	Net income / (loss) attributable to shareholders	**253**
	Return on tangible equity attributable to shareholders	**2.6%**
	CET1 ratio	**13.7%**
	Tier 1 leverage ratio[1]	**6.0%**
	Adjusted excluding significant items and Archegos* (CHF mn)	2Q21
	Net revenues	**5,226**
Résultat «ajusté» →	Pre-tax income	**1,313**

Que signifie ce bénéfice « ajusté pour exclure des éléments significatifs, dont Archegos » ? Si l'on y réfléchit, il ne signifie rien, car c'est un chiffre indicatif. Ce n'est pas ce qui s'est passé. Les éléments « significatifs », « exceptionnels », « extraordinaires » sont finalement assez récurrents.

Risque systémique : l'angle mort des rapports

Cela porte à réfléchir sur le sens de la « transparence » des rapports annuels, où des pages et des pages divulguent l'exposition aux dérivés, par exemple, mais qui malgré tout n'ont pas amélioré l'anticipation des risques, ni réduit la fréquence des krachs. Le rapport de Goldman Sachs, lui aussi, est truffé de détails sur les activités de dérivés de la banque. Certes, dans l'affaire Archegos, il est vrai qu'en pourcentage de son bilan, l'exposition de Goldman Sachs à ce fonds ne dépassait pas 2 %

au moment où elle s'est débarrassée des titres. Mais cela, on n'a pu l'établir qu'après coup. Si Goldman Sachs avait fait les mêmes erreurs que Credit Suisse et n'avait pas liquidé la position de ce client risqué à temps, le montant maximal de l'exposition (et donc de la perte) aurait pu être nettement supérieur. Le plus problématique, c'est que le *reporting* précis et détaillé des risques individuels de ces banques n'a rien laissé filtrer de cette opération, qui a impliqué plusieurs établissements de grande taille, et donc un risque systémique, sans être détectable au moment où cela se produisait. Les risques les plus importants, qui sont souvent répartis sur plusieurs banques, ne sont pas saisis dans leur globalité. Un risque systémique via des prises de position à levier interconnectées, au final, ne figurera nulle part, même si l'information abonde en apparence dans ces rapports. Le risque systémique échappe à l'œil du régulateur censé surveiller ces risques, et aux autres acteurs du marché, sans que les rapports annuels, très fournis en estimations des risques, n'y soient d'aucun secours. Si bien qu'au moment du dénouement des positions d'Archegos, personne ne connaissait la taille de ces positions, dans quels titres elles étaient investies, les volumes qui seraient vendus, qui les détenait, avec quel niveau de levier (emprunt). Les acteurs du marché avançaient dans le brouillard total, et ce sur un marché financier hautement régulé, et « transparent ».

En conclusion, nous pointons dans cette section deux problèmes dans les rapports d'activité.

- Le fait que les informations essentielles sont noyées dans un flot d'informations secondaires et marketing.
- Le fait que, dans le secteur financier, le rapport individuel d'une banque, même s'il est parfaitement clair, ne permet pas de mesurer les risques systémiques dans lesquels cette banque peut être impliquée. Le paradoxe des rapports bancaires modernes est que, même parfaitement clairs et sans fioritures, ils peuvent sous-estimer complètement les risques systémiques.

Les solutions que l'on peut imaginer à ces deux problèmes sont distinctes.

– Pour le cas de l'excès d'informations, chaque entreprise devrait être amenée par le régulateur à se conformer à une sorte de « canevas » dans lequel seules les informations pertinentes, d'intérêt public et fidèles à la réalité devraient figurer.
– Pour le cas spécifique du secteur financier, dont l'importance est majeure car sa taille dépasse aujourd'hui celle de l'économie réelle, des sortes de « méta-rapports » seraient nécessaires pour reconstituer le puzzle du risque systémique global. Cela nous amène au sous-chapitre suivant : justement, il existe un rapport sur un domaine risqué de la finance. Malheureusement, il est entaché lui aussi de problèmes de lisibilité qui réduisent la prise en compte du risque dans sa globalité.

Le cas du rapport mondial sur le *shadow banking*

Ce ne sont en effet pas uniquement les rapports comptables des entreprises qui ont suivi les tendances décrites ci-dessus. Un cas intéressant que j'ai suivi de près est celui du rapport annuel sur le *shadow banking system*[2], ou finance de l'ombre. Ce rapport, dont le volume de pages a doublé depuis sa première édition de 2011, a pourtant perdu de sa substance informative. Il est établi par le Conseil de stabilité financière (CSF), créé par le G20. Il estime le montant global de ce qu'on appelle la « finance de l'ombre ». Il s'agit des prêts impliquant des intermédiaires non bancaires. C'est donc un rapport détaillé sur la dette non bancaire, créée par des entités comme les fonds d'investissement, les négociants et les hedge funds, lorsqu'elles prêtent directement aux entreprises ou aux investisseurs. Pourquoi c'est important ? Parce que c'est la partie la plus risquée de la finance, car elle est peu régulée et peu provisionnée, vu qu'elle se passe en dehors des banques.

Outre l'estimation du montant global de cette dette, le rapport estime la partie (plus restreinte) de ce montant qui pose

2. Global Monitoring Report on Non-Bank Financial Intermediation, 2020.

un risque systémique. Ce type de mesure a reçu des critiques des milieux académiques. Des chercheurs de l'Université de Warwick reprochent aux calculs étroits et ciblés du risque systémique d'être les révélateurs de pratiques de quantification qui rendent le risque systémique en apparence plus gouvernable, mais en réalité plus insaisissable. À cet égard, les organisations comme le Conseil de stabilité financière établissent en effet des interprétations dominantes, qui ont pour effet de rétrécir la portée de la réforme financière.[3]

Mais je vais d'abord partager mes propres constats en tant qu'utilisatrice régulière de ce rapport. Le premier rapport, paru le 27 octobre 2011, accordait une place importante à la première mesure, à savoir le montant global du shadow banking, estimé à 67'000 milliards de dollars, dont 35 % se situaient aux États-Unis. En 2014, le rapport a estimé le montant global à 75'000 milliards, soit un montant proche du PIB mondial. La croissance fulgurante de cette activité était visible grâce à ce rapport.

La terminologie initiale du rapport de 2011, intitulé « Finance de l'ombre : renforcer la surveillance et la régulation », était celle du monde politique et réglementaire. Elle traduisait une volonté de vigilance accrue des États face aux risques du marché. Son langage était celui du contrôle des risques et de la supervision de ce marché. Les traces de la crise de 2008 étaient encore fraîches et présentes dans tous les esprits, et une véritable ambition réglementaire transparaissait du rapport.

Mais après 2014, le rapport a commencé à subir quelques toilettages. La tonalité a évolué, se faisant plus conciliante sur l'aspect des risques, qui n'étaient plus jugés si élevés, et sur les aspects de réglementation, qui semblaient moins impérieux.

Dès 2015, le CSF a privilégié la mesure plus étroite de la finance de l'ombre, celle qui ne tient compte que du crédit

3. M. Kranke, D. Yarrow, "The Global Governance of Systemic Risk: How Measurement Practices Tame Macroprudential Politics", *New Political Economy*, 2018.

censé présenter un risque systémique. Cette mesure étroite a été mise en avant à la fois dans le rapport et dans le communiqué de presse, qui a omis la mesure plus large. Alors qu'en 2011, le montant présentant un risque systémique, estimé à 34'000 milliards, était donné après le chiffre global de 67'000 milliards, en 2015, c'est le plus petit montant qui a été donné en premier : 36'000 milliards. Ensuite seulement pouvait-on trouver la mesure large, qui nous disait que le marché total était passé à 80'000 milliards.

Par ailleurs, le CSF, qui a pour mission de « veiller à la stabilité financière » et de « prendre des mesures correctrices le cas échéant », privilégie depuis lors un langage qui euphémise les risques et se focalise sur les aspects plus techniques et moins politiques. Un langage similaire, en somme, au langage de l'industrie financière. Le rapport 2018 débute sur une note élogieuse pour l'intermédiation non bancaire en tant que « système utile », avant d'en souligner les risques sans s'alarmer de leur hausse, ni évoquer une volonté d'y mettre un frein. Le discours reflète la vision des acteurs de la finance eux-mêmes et non plus celle des régulateurs et des politiques.

D'autres embellissements sont intervenus. Dès 2018, le terme *Shadow Banking System* (finance de l'ombre), sans doute jugé péjoratif par l'industrie, a disparu du titre du rapport, pour être remplacé par « intermédiation financière non bancaire », voire le plus souvent « NBFI » (*non-bank financial intermediation*). Un sigle neutre qui offre nettement moins d'informations sur le sujet dont on parle. Toute la tonalité du rapport s'est faite dès lors moins politique et plus technique.

Dans la presse financière, l'expression *shadow banking* a aussi rapidement disparu pour ce qui est des États-Unis, et n'est désormais employée que lorsqu'il s'agit de pointer les agissements de la Chine, et ce en dépit du fait que l'essentiel du shadow banking se concentre aux États-Unis.

Entre le rapport de 2011 et le rapport 2020, il y a un monde. Le rapport de 2020 est deux fois plus long et croule sous la complexité. Et surtout, il faut le fouiller longtemps avant de trouver la mesure plus large du shadow banking : en 2019, le marché du crédit non bancaire a atteint 113'000 milliards de dollars, puis 124'000 milliards en 2020. Un record. Mais c'est la mesure plus petite, de 57'000 milliards aujourd'hui, qui est retenue. Le rapport ne communique que sur la définition étroite, et c'est elle qui est relayée par le communiqué de presse, et donc par les médias. Pour de nombreux lecteurs, la taille du shadow banking mondial se limite à 57'000 milliards, ce qui est faux. C'est seulement la part jugée risquée sur le plan systémique. Mais ce n'est pas la taille du marché (définition large).

Qui se souvient de la définition large des origines, à part ceux qui ont suivi l'historique depuis le début ? Pourtant, elle donne une vue indispensable du secteur dans son ensemble, car elle englobe tout le marché du crédit non bancaire par des intermédiaires comme les fonds d'investissement, mais elle exclut le crédit octroyé par les fonds de pension et les assurances. C'est donc une mesure tout à fait raisonnable, qui se justifie par la croissance phénoménale des intermédiaires inclus dans la mesure. Un fonds d'investissement comme BlackRock, par exemple, gère bientôt 10'000 milliards de dollars à lui seul. C'est un acteur d'importance plus systémique que de nombreuses banques. Il est donc essentiel de garder la trace de ces 124'000 milliards de shadow banking, afin de pouvoir comparer le montant de cette masse de crédit risqué d'année en année, et pas seulement de se fier à la définition étroite, qui permet surtout d'afficher un montant (deux fois) moins choquant.

Pour mieux informer, il faut mettre en avant la définition large du shadow banking, et l'appeler par son nom : une activité bancaire, pourtant peu régulée, car menée par des non-banques. Le but d'un tel rapport du G20 ne doit pas être de diffuser l'image d'un risque faible, sous contrôle. C'est une stratégie qui correspond aux intérêts des acteurs de la branche, qui gagnent de l'argent sur ce marché. Le but doit être de veiller aux conséquences, pour le plus grand nombre, des risques posés par ces activités. Il faut donc prendre la mesure large de ce marché, et la mesure large des risques.

Le calcul plus étroit, privilégié par le rapport, se limite aux activités de crédit non bancaire « où les maturités et la liquidité évoluent au fil du temps, où du levier financier est créé, où des transferts de risque de crédit imparfaits s'opèrent, où l'activité repose sur des prêts à court terme très risqués et surtout très dépendants du niveau des taux d'intérêt ». Or tous ces risques sont mouvants. Leur ampleur se démultiplie très vite. Mieux vaut surveiller tout l'univers de crédit risqué non bancaire. Le montant global nous informe de l'évolution d'une masse de risques importante et évolutive. Le calcul plus étroit laisse penser que seule la moitié du marché du shadow banking poserait un risque systémique. Même si ce calcul était parfaitement fiable, et qu'il n'y avait pas de risques ailleurs, il resterait important de surveiller tout l'univers et d'éviter de minimiser son ampleur. Car après tout, cette montagne de 124'000 milliards de crédit non bancaire n'est rien d'autre que du crédit peu régulé. Il n'existe pas de risque zéro dans le crédit, surtout non bancaire. Si les taux d'intérêt remontaient, l'ensemble de ce marché verrait son risque augmenter exponentiellement, et sa solvabilité diminuer. Certes, les risques sont différenciés, mais le chiffre global ne peut passer au second plan. Il s'agit de ne pas sous-estimer, comme en 2008, les effets de cascade et de contagion du risque systémique. Comprendre le shadow banking, dans ses vastes proportions, c'est aussi comprendre pourquoi les taux d'intérêt des banques centrales occidentales ne remontent plus, depuis des années. Minimiser le shadow banking, c'est obscurcir la compréhension des risques sans précédent que cette dette spéculative fait planer sur le système financier, et des conséquences très sérieuses, dont la principale n'est autre que la fin des taux d'intérêt. « Ces métriques disculpent le système financier global en lui-même, relèvent les chercheurs de l'Université de Warwick cités plus haut ; elles marginalisent les débats sur les transformations institutionnelles qui pourraient renforcer le contrôle sur les économies financiarisées, ont des implications sur la façon dont les réformes financières sont envisagées et débattues. En donnant l'impression que le risque systémique est précisément mesuré et délimité, et attribué à des entités spécifiques, on élude en définitive la question beaucoup plus essentielle sur la désirabilité de la financiarisation », concluent les chercheurs. « Comme dans d'autres exemples de gouvernance globale, des choix apparemment techniques de mesure ont des conséquences pratiques et politiques. »

Une autre étude académique de l'Université de Boston et de la Copenhagen Business School explique les origines de la faible velléité de réforme du système financier, en s'intéressant aux experts consultés. Les auteurs ont cherché à comprendre d'où vient la « matière grise » qui donne ses avis sur le shadow banking. Ils ont épluché toute la littérature sur le sujet pour comprendre sous l'influence de quelles écoles de pensée est placé le débat sur la régulation du shadow banking, et comment se sont construits les réseaux d'expertise utilisés comme référence pour parvenir à ce régime régulatoire peu contraignant. Dans leur article[4], ils montrent que le Conseil de stabilité financière, ainsi que le FMI et la Banque des règlements internationaux, utilisent comme principale source d'expertise sur le shadow banking les recherches menées par les économistes de la Fed. On voit ici le biais potentiel considérable que peut introduire le choix de telles expertises. La Fed est en effet le principal fournisseur de liquidités au système de shadow banking, voire l'administrateur central de ce système, qui dépend fortement des conditions ultra-accommodantes en place. Il est donc surprenant de voir le poids considérable qu'a acquis la Fed dans les réflexions réglementaires sur le shadow banking, et en creux, le faible poids des États dans les discussions expertes. Les autres avis influents proviennent de professeurs de *business schools* cités par des think tanks (comme la Brookings Institution) et modérément réformistes, sortes d'entrepreneurs académiques qui

4. C. Ban, L. Seabrooke, S. Freitas, "Grey matter in shadow banking: International organizations and expert strategies in global financial governance", *Review of International Political Economy*, 2016.

sont tous passés par le monde politique. Plus marginalement, on trouve des articles académiques d'autorité, clairement réformistes et parfois radicaux, et à l'inverse, des expertises d'avocats et de professionnels du secteur financier fortement teintées d'idéologie néolibérale et antiréglementaire. Mais en prenant en compte la majorité des expertises qui influencent les organisations comme le CSF, elles ont toutes en commun de promouvoir un consensus réformiste très bénin, qui n'imaginerait pas s'attaquer au statu quo. Tout cela donne à penser qu'il n'existe pas de réflexion citoyenne concernant le shadow banking et ses risques, et que les rapports émanant d'organisations supranationales donnent une place trop grande aux « experts » qui sont au cœur du système financier et n'ont aucun intérêt à le réformer.

Finance non cotée en bourse : comptabilité créative et bulles

Malgré les tours de vis réglementaires successifs depuis les scandales de la première décennie 2000, la complaisance comptable est toujours présente. Surtout dans le domaine des entreprises non cotées en bourse. Il règne dans ce secteur une opacité particulière. L'information ne sort que lorsque des crises éclatent. Durant les deux premières décennies 2000, c'est dans le secteur des startups que les excès ont été commis. La complaisance des chiffres a été favorisée par les montants d'investissement phénoménaux qui s'y sont déversés. De gros fonds qui ont investi des dizaines de milliards dans des startups, comme Softbank, les ont valorisées avec des méthodes contestables, qui ont contribué à la désinformation générale sur la valeur réelle de ces startups. Peu d'opinions critiques sont publiées durant les bulles spéculatives. Cas emblématique, la gigantesque débâcle de WeWork, la chaîne d'espaces de coworking fondée par Adam Neumann. Elle a été le symbole d'un problème beaucoup plus vaste. Valorisée à 47 milliards alors qu'elle ne valait même pas 4 milliards, l'entreprise avait recouru à un langage fallacieux, qui devait servir à l'assimiler à une plateforme technologique plutôt qu'à une simple opération immobilière. Comme s'il suffisait d'utiliser la terminologie digitale pour faire de n'importe quel business une startup du web, ce que WeWork n'a jamais été.

C'est à l'occasion de cet « Enron » des startups que l'on a appris l'étendue des pratiques de surévaluation comptable qui affectait le capital-risque. Les « EBITDA » de ce type de startups (bénéfices avant impôts, intérêts, dépréciations et amortissements) sont souvent retraités en chiffres « pro forma ». Ils excluent certaines charges, restructurations ou dévaluations d'acquisitions, pour faire illusion et présenter une profitabilité inexistante. Une startup n'a pas le droit de s'endetter à plus de 6 fois son EBITDA ? Pas de problème, les investisseurs lui permettent d'être « créative » avec la définition d'EBITDA et de faire en sorte que des coûts soient retirés des comptes afin d'obtenir un EBITDA « pro forma » plus attrayant. L'exclusion de divers coûts qu'on présente volontiers comme « éléments exceptionnels » embellit les comptes et modifie les valorisations. Sur le moment, très peu de doutes sont émis et le mythe est abondamment relayé dans la presse financière et par les experts cités. Le problème est là justement : ce n'est qu'avec la survenue de scandales de grande ampleur que les remises en question s'opèrent, et que les mauvaises pratiques comptables se dévoilent. Le reste du temps, on oublie que ce sont ces informations trompeuses, qui induisent en erreur les investisseurs et le public, qui sont génératrices de bulles, de krachs et de crises.

Chapitre VII

La désinformation sur les paradis fiscaux

L'évasion fiscale représente des montants colossaux qui, malgré les scandales, ne diminuent pas au fil des ans. On parle de plus de 14'000 milliards de dollars d'avoirs non déclarés, dissimulés dans différents paradis fiscaux. C'est près de 20 fois le PIB de la Suisse. Cette masse d'avoirs représente en partie des bénéfices de sociétés transférés dans des havres fiscaux, mais pour l'essentiel ce sont des avoirs privés tels que des revenus non déclarés, des participations boursières, des liquidités, des propriétés immobilières, ou des œuvres d'art. Cette masse d'avoirs représente au moins 430 milliards d'impôts non payés chaque année aux États. C'est donc moins d'argent public pour l'éducation, la recherche, les hôpitaux, les routes, les ponts, les aides sociales et tant d'autres contributions collectives.

Dans ce chapitre, nous verrons que, malgré les nombreux articles au sujet des paradis fiscaux, l'information à ce sujet demeure lacunaire et ne permet d'évaluer ni les véritables facteurs de cette évasion, ni leurs justes proportions.

Les *leaks*, une information sans informateur

Depuis huit ans, une série de fuites massives d'informations ont eu lieu, exposant les pratiques des paradis fiscaux : Offshore Leaks (2013), China Leaks (2014), Luxembourg Leaks (2014), SwissLeaks (2015), Panama Papers (2016), Bahamas Leaks (2016), Malta Files (2017), Paradise Papers (2017), Pandora Papers (2021)... À première vue, ces opérations sont une excellente chose pour la lutte contre l'évasion fiscale. Des gigadonnées sont fuitées de plusieurs firmes. Mais à y regarder de plus près, des informations essentielles manquent au tableau : les plus gros paradis fiscaux y sont moins exposés que les plus petits. En outre, le côté systématique de ces opérations et leur ampleur, en dizaines de millions de documents et centaines de gigaoctets, interrogent sur les sources de ces fuites.

Ainsi, deux problèmes sont abordés dans ce chapitre : le fait qu'on ne connaisse pas la source de ces fuites, et le fait que ces informations surexposent les paradis fiscaux les moins importants et sous-exposent les plus importants. Au sujet des sources, les médias qui se font l'écho de ces opérations indiquent seulement qu'elles ont été « transmises par une source anonyme » ou, dans le cas de SwissLeaks, « par des sources gouvernementales françaises ». La question de la source est très importante, car il est essentiel de pouvoir juger des motivations du fournisseur des informations, en particulier s'il est gouvernemental. C'est d'autant plus important lorsque ces informations mettent le projecteur sur certaines juridictions en demeurant plus silencieuses sur certains grands paradis fiscaux.

Les informations parviennent à chaque fois sous forme de gigaoctets de données numérisées. Soit elles sont livrées directement au Consortium international des journalistes d'investigation[1], basé à Washington, qui est à l'origine de la diffusion de l'essentiel de ces opérations. Soit elles sont d'abord livrées « anonymement » à une rédaction d'un grand journal, qui les transmet ensuite au Consortium pour pouvoir les décortiquer à plusieurs. À chaque fois, la presse mondiale relaie très largement, et surtout très uniformément, les mêmes informations, qui proviennent d'une unique source, lui donnant une ampleur planétaire.

Il est incontestable que ces informations, qui portent sur des milliers de cas d'évasion fiscale à travers le monde, et qui sont riches d'enseignements sur les structures utilisées à cette fin,

1. International Consortium of Investigative Journalists. https://www.icij.org/

sont d'intérêt public. Il est important de le reconnaître, même s'il faut aussi relever que l'effet de ces révélations sur la pratique de l'évasion fiscale mondiale et sur le blanchiment d'argent, semble malheureusement faible à nul, car les sommes récupérées s'avèrent une goutte d'eau dans l'océan des montants qui continuent d'échapper aux États. Mais cela pourrait justement être lié au problème de la source.

En effet, une question centrale reste sans réponse : d'où viennent ces informations et qui a intérêt à les faire fuiter, et à faire fuiter celles-ci plutôt que d'autres ? Le fait que cette question reçoive si peu d'attention est problématique. Examinons pourquoi elle est importante. Ces épisodes réguliers de *leaks* sont très similaires dans leur ampleur et dans le récit qui en est fait par les médias. Un communiqué de presse du Consortium consacrant une longue introduction au caractère massif et spectaculaire des données est repris en boucle. L'opération est chaque fois baptisée d'un nom tout trouvé (comme « Pandora Papers »), qui ne surgit pas, comme dans les affaires qui ont marqué l'histoire, de sa circulation dans le domaine public, mais qui est fourni par le communiqué. Sont ensuite dispersés plusieurs noms de célébrités et de têtes couronnées, des personnalités du monde politique ou du showbiz, prises en flagrant délit d'usage de sociétés écrans, pour détenir des villas et garder des comptes à l'abri. Ces quelques noms font le tour du monde, sont repris uniformément partout. Un certain nombre de paradis fiscaux sont cités, mais il s'agit en général des centres financiers de moindre importance, comme Panama, Malte, Monaco ou Dubaï. Les États-Unis, le Royaume-Uni, qui sont les mastodontes de l'évasion fiscale, ne sont jamais au cœur d'une affaire. Il n'y a pas eu de USALeaks, ou de UKLeaks. Puis, en fin de processus, les médias spécialisés des pays concernés décortiquent les aspects locaux du dernier leak, et leurs enquêtes contribuent à exposer leur propre juridiction et ses manquements. Enfin, des éditoriaux sur la nécessité de s'attaquer une fois pour toutes à l'évasion fiscale concluent l'épisode. Jusqu'aux prochains leaks. Qui révèlent que l'évasion fiscale se porte toujours aussi bien et n'a pas diminué.

Tout esprit curieux voudra légitimement comprendre : à quoi servent ces fuites, et pourquoi n'y a-t-il pas la moindre information sur ceux qui les livrent en pâture aux médias ? Les articles publiés font comme si la source n'était pas un sujet, passent dessus comme chat sur braise pour dire qu'elle est anonyme. Ici, il importe d'apporter une nuance : dans le journalisme d'investigation, respecter le secret des sources a toujours été un principe cardinal, car il faut protéger les individus tels que les lanceurs d'alerte, qui se mettent en danger pour révéler aux médias des affaires importantes pour le public. Mais dans le cas présent, c'est un peu différent : les journalistes eux-mêmes ne sont pas au courant de la provenance des informations qu'ils relaient. Ils n'ont pas eux-mêmes été chercher ces informations auprès d'informateurs, mais les données sont parvenues jusqu'à eux. On pourrait supposer qu'il s'agit, à chaque fois, d'informaticiens idéalistes parvenus à hacker les entités – fiduciaires, banques – pour lesquelles ils travaillent. Mais l'ampleur des opérations (des fuites de plusieurs entités en même temps) laisse plutôt suspecter le travail de gouvernements, qui comme dans le cas de SwissLeaks et de la France, ont tout intérêt à utiliser les grands moyens – comme ils l'ont fait très souvent depuis 2008 – pour faire sortir ces informations.

Les gouvernements à la manœuvre : des précédents révélateurs

En effet, avant ces opérations, d'autres épisodes de fuites de données ont eu lieu. Les sources étaient alors mieux identifiées, et l'implication des gouvernements aussi. Il y a eu d'abord une série de lanceurs d'alerte qui ont étroitement coopéré avec des gouvernements. Par la suite, des vols de données étaient orchestrés en particulier en Europe, et encouragés et monnayés par des États. Les gouvernements ont promu un marché du vol de données en utilisant des « taupes » dans les banques, comme l'Allemagne, qui a espionné le Credit Suisse en 2011.

Tout avait commencé en 2008 avec l'affaire Kieber, qui a fait tomber les fondations liechtensteinoises. Le lanceur d'alerte allemand Heinrich Kieber a volé des données au sein de la banque LGT et les a vendues aux services secrets allemands pour 4 millions d'euros, révélant le scandale des fondations *(Stiftungen)* du Liechtenstein, qui dissimulaient les avoirs de pontes de la politique allemande. Les services allemands l'ont aidé à quitter le pays et à trouver refuge ailleurs. Puis il y a eu l'affaire Elmer, du nom de Rudolf Elmer, ancien directeur de la banque Julius Bär aux îles Caïmans, qui en 2008 a transmis à WikiLeaks des documents révélant que son employeur aidait les clients à frauder le fisc. Il y a également eu l'affaire Birkenfeld, du nom du gérant de fortune américain d'UBS, Bradley Birkenfeld, qui en 2008 a révélé toute l'opération d'UBS consistant à aider l'évasion fiscale de clients américains. Il a reçu pour cela 104 millions de dollars du gouvernement américain. Dans toutes ces affaires et jusqu'à celle de l'espionnage de Credit Suisse par une taupe engagée par l'État allemand, les gouvernements étaient clairement à la manœuvre, même s'ils n'étaient pas à l'origine du vol des données. La question est de savoir si dans la série des dernières leaks, il s'agit de services de différents pays qui collaborent pour faire sortir ces données, ou d'un pays agissant seul, ou si ce sont des personnes internes qui contactent des pays pour les aider à sortir les données. Sur les modalités de sortie des données, on ne sait pratiquement rien.

L'affaire Falciani, sortie en 2008, est instructive à cet égard. Elle porte le nom d'Hervé Falciani, l'informaticien de HSBC qui a volé des données sur la clientèle de la banque. Là aussi, les services de renseignement français, sollicités par le lanceur d'alerte, ont joué un rôle central dans l'affaire, et jusqu'à ce que le gouvernement français livre les gigadonnées au journal *Le Monde*, qui sont devenues l'affaire SwissLeaks en 2015. En effet, dès le départ, la fuite de HSBC est discutée le 28 juin 2008 entre Falciani et les services de renseignement français, comme l'a révélé *La Clef*, un livre-enquête des reporters du *Monde*, Gérard Davet et Fabrice Lhomme. Ayant obtenu les enregistrements de cette première rencontre, les auteurs expliquent comment les agents français ont incité Falciani « à commettre un acte illégal, à leur fournir des données qu'ils savent volées, mais qu'ils se chargeront d'anonymiser, afin d'éviter tout recours judiciaire de contribuables rattrapés ultérieurement par le fisc. Fin 2008, Falciani a extrait les données à Genève, les a remises aux services français, avant de franchir la frontière vers la France sans les données, le 24 décembre 2008. Il fallait en effet procéder ainsi car les autorités françaises n'ont pas le droit d'utiliser des données volées sur le territoire suisse. Puis les services ont ensuite réintroduit une version de cette liste dans les ordinateurs de l'informaticien en France. La réintroduction a pu s'effectuer les 27-28 décembre 2008 dans un hôtel de Nice. Mais ce n'était plus le même fichier, c'était une copie. C'est ensuite que la justice française a saisi officiellement, les 20 et 21 janvier 2009, les fichiers au domicile français de Falciani, après qu'elles aient passé par les mains des services de renseignement. Problème : les données ont pu être manipulées dans l'intervalle, notamment pour en retirer des noms de membres des services de renseignement (une information sortie dans le *Canard Enchaîné*) et de la classe politique française (une information rapportée par le procureur de Nice alors en charge du dossier). Malheureusement, il y a eu très peu d'enquêtes à ce sujet. Dans son témoignage au parlement français, Hervé Falciani reconnaît implicitement qu'il travaillait bien pour les services secrets français, alors qu'il était toujours salarié de la banque HSBC en Suisse. Une information confirmée par un rapport d'enquête de la police suisse du 20 avril 2010. D'après un article de *L'Agefi*, quand la police suisse a récupéré les fichiers saisis par la justice française, elle a constaté qu'ils « ne contiennent pas d'image forensique des disques durs originaux, mais qu'il s'agit de clones des fichiers de départ » (des copies sans empreinte numérique permettant d'attester l'intégrité des données). Puis dans un rapport datant du 25 août 2010, la police helvétique affirme que le contenu des listings a été modifié, et qu'il s'agit « d'une manipulation volontaire dont le mobile nous échappe». De son côté, la France a toujours démenti s'être livrée à une quelconque manipulation. Mais Eric de Montgolfier, le procureur de Nice qui avait saisi les fichiers, était du même avis que la police suisse, car il avait constaté qu'un nom au moins en avait été retiré. Quand il a voulu en comprendre les raisons, le ministère de la Justice français lui a rapidement retiré le dossier. Il n'a pu conserver que la partie qui concernait Nice, à savoir les éventuels fraudeurs établis dans sa juridiction.

Par la suite, l'affaire Falciani a nourri les SwissLeaks: les «sources gouvernementales françaises» ont livré des gigadonnées sous la forme d'une clé USB, en février 2014, aux journalistes du *Monde* Gérard Davet et Fabrice Lhomme. Il n'y a pas eu beaucoup de questions posées sur la source qui s'est chargée de cette livraison. Les données ont ensuite été transmises au Consortium international des journalistes d'investigation, et seules les données, mais pas leur fournisseur, ont occupé les médias. Or il est difficile de savoir dans ces conditions si les données sont complètes et intègres, c'est-à-dire si elles correspondent exactement à ce qui avait été extrait à l'origine de la banque HSBC, ou si elles ont subi des modifications, après être passées par les services secrets hexagonaux, et peut-être même par ceux d'autres pays (Falciani les avait proposées à plusieurs pays dans des circonstances restées floues). Ainsi, les données ont beau être massives, spectaculaires, il est impossible d'ignorer la source, ses motivations et ses agissements, car de cela dépend l'intégrité des données.

Durant ces mêmes années et depuis l'affaire Kieber, les gouvernements ont sans cesse joué un rôle clé dans les affaires de vols de données. En 2010, il y a notamment eu toute une série de CD volés à des banques, puis monnayés par leurs détenteurs. Des données sur 1500 titulaires de comptes en Suisse ont notamment été vendues aux autorités allemandes pour 2,5 millions d'euros. Plusieurs autres vols de données avaient suivi. Les gouvernements avaient donné un signal clair depuis 2008 : ils étaient preneurs de ces données, assisteraient leurs détenteurs, monnayeraient les fichiers, et dans certains cas introduiraient des espions. Ainsi, l'affaire d'espionnage de Credit Suisse par l'Allemagne, rendue publique en 2011 dans le *Tages Anzeiger*, avait suscité des tensions entre la Suisse et l'Allemagne. Dans cette affaire, les autorités fiscales allemandes ont non seulement accepté un CD de données volées par un employé du Credit Suisse, mais elles l'ont employé ensuite comme espion de la deuxième plus grande banque suisse. Agissant comme une taupe, leur contact a copié des masses de documents internes secrets qu'il a livrés aux Allemands. Le fait qu'une autorité étatique espionne les entreprises d'un pays ami avait choqué la classe politique suisse.

Si bien que, quand les « leaks » successifs sont sortis les uns après les autres et que les services français se sont révélés impliqués dès le début dans ce qui est devenu SwissLeaks, il était difficile, pour qui avait suivi la genèse de tous ces événements, de ne pas voir la main des pays derrière tout ou partie de ces opérations, agissant à travers leurs services de renseignement. D'autant plus qu'il s'agit de gigaoctets, provenant de plusieurs entités, qu'un simple informaticien, ou employé isolé, peut difficilement récolter. Seules des organisations de cyberhacking sophistiqué – comme celles de services de renseignement – sont à même d'aller trouver et d'extraire ces masses d'informations sensibles.

L'opération SwissLeaks, comme tous les autres leaks, a mobilisé de nombreux journalistes et fait grand bruit. Les « sources gouvernementales françaises » n'ont pas suscité plus de questionnement. Seules quelques voix se sont interrogées sur l'intégrité de ces données, voyant qu'aucun média français n'avait pensé enquêter sur le curieux parcours de ce fichier d'évadés fiscaux, alors que l'ancien procureur de Nice, qui avait lui-même saisi le matériel informatique d'Hervé Falciani, avait témoigné d'irrégularités, tout comme la police suisse.

L'angle mort des leaks

Les 59'000 fichiers et 260 gigaoctets de SwissLeaks ont finalement permis de dévoiler que 180 milliards d'euros sont passés par des comptes bancaires à Genève. Mais l'évasion fiscale, c'est au minimum 14'000 milliards d'avoirs non déclarés, et cela se passe largement ailleurs qu'en Suisse aujourd'hui. C'est ce que ces différents leaks échouent systématiquement à faire : mettre les projecteurs sur les plus gros facilitateurs de l'évasion fiscale, comme les États-Unis et Londres. Ainsi, les Panama Papers, qui ont dévoilé 11 millions de fichiers, ont permis de récupérer 1,3 milliard de recettes perdues, une goutte d'eau, alors que 430 milliards échappent aux États chaque année. Fait très étrange, les États-Unis, leurs sociétés écrans, leurs milliardaires, étaient complètement absents des révélations massives des Panama Papers, et le gouvernement a nié être impliqué dans leur fuite, attribuée à un informaticien anonyme du nom de « John Doe ». Et les Pandora Papers, encore plus massifs, lors desquels on a parlé de 12 millions de fichiers, n'ont pas davantage exposé les plus grosses juridictions. « Ils ne contiennent aucune révélation gênante concernant les États-Unis, et aucun client de leurs niches fiscales n'a été livré à l'indignation du public », écrivent Philippe Bruneau et Jérôme Turot, respectivement président et membre du Cercle des fiscalistes, un think tank français, dans les colonnes du *FigaroVox* du 19 octobre 2021[2]. Pour les auteurs, ces révélations, en surexposant certaines petites juridictions, bénéficient clairement aux États-Unis, en disqualifiant les autres juridictions et en prouvant au monde qu'aucun havre à part les États-Unis n'est capable de protéger les données de ses clients, ce qui constitue le meilleur marketing possible pour ce paradis fiscal. « Nombreux sont ceux qui pensent que les révélations du Consortium de journalistes, dans l'affaire

2. P. Bruneau, J. Turot, « Pandora Papers: comment les États-Unis vont réussir à s'imposer comme le dernier paradis fiscal de la planète », *FigaroVox*, 19 octobre 2021.

des Pandora Papers, constituent une victoire historique contre les paradis fiscaux, écrivent-ils. La réalité est bien différente : il s'agit d'une victoire des États-Unis contre les paradis fiscaux qui font concurrence à leurs propres paradis, les niches fiscales du Delaware, du Nevada, du Wyoming, et du Dakota du Sud. »

En effet, la question des sources impliquées dans ces leaks se poserait moins clairement si les éléments révélés par les différents leaks exposaient d'abord les plus gros paradis fiscaux. Mais il n'en est rien. Les fuites ont exposé la Suisse, le Luxembourg, Malte, Panama, et d'autres paradis fiscaux qui sont des poids légers au niveau géopolitique. Avant cela, il y avait eu l'affaire Kieber, qui a exposé le Liechtenstein, et l'affaire des holdings luxembourgeoises attaquées par l'UE. À chaque fois, de grands États ont mis fin aux pratiques de paradis fiscaux moins puissants qu'eux.

Les poids lourds de l'évasion fiscale sont les États-Unis et ses États comme le Delaware, le Dakota et le Wyoming, ainsi que le Royaume-Uni et ses dépendances comme les Caïmans, les îles Vierges. Uniquement au Dakota, les avoirs internationaux gérés par des trusts ont quadruplé en dix ans, pour atteindre 360 milliards de dollars. Or aucune de ces juridictions de premier ordre n'a été au centre d'aucune de ces fuites. Fin 2020, l'Union européenne a même cessé de considérer les Caïmans comme un paradis fiscal. Or les îles Caïmans (territoire britannique) et les États-Unis sont les deux juridictions les plus opaques au monde aujourd'hui, devant la Suisse, Hong Kong et Singapour, d'après le Financial Secrecy Index de Tax Justice Network (TJN), une ONG spécialisée dans les questions globales d'évasion fiscale[3]. À elles seules, les Caïmans sont responsables pour 70 milliards d'impôts perdus chaque année, d'après TJN, mais sont protégés par la Couronne britannique. Les États-Unis non seulement abritent l'évasion fiscale venue de ressortissants du monde entier, mais leurs propres ressortissants

3. Financial Secrecy Index, classement 2020 par l'ONG Tax Justice Network.

américains dissimulent au moins 1000 milliards de dollars par année, selon le fisc américain[4].

Que penser de l'objectivité de ces leaks, qui exposent des paradis fiscaux de deuxième ordre et des têtes couronnées exotiques, et pas les principaux centres du monde développé ? On relève l'absence notable de personnalités américaines de premier plan dans toutes ces opérations. En revanche, le président russe Vladimir Poutine est cité dans les premières lignes des Panama Papers et des Pandora Papers, au motif que certaines personnes de son entourage – et non lui – y figurent.

Quel est le rôle joué par différents gouvernements – principalement celui des États-Unis, mais aussi du Royaume-Uni, de la France ou de l'Allemagne – dans ces fuites ? De telles opérations, si elles omettent systématiquement le paradis fiscal américain et ceux qui dépendent de la Couronne britannique, peuvent-elles informer correctement le public ? Ou ne font-elles qu'éliminer les concurrents des gros paradis fiscaux et favoriser leur position de monopole dans le business de l'évasion fiscale ? Il est à regretter que cette question ne reçoive pas davantage d'attention. J'avais souligné en 2010 à quel point les attaques des États-Unis contre la Suisse, qui ont mis fin au secret bancaire suisse, ont positionné les États-Unis comme un paradis fiscal attrayant et difficilement attaquable. Cela s'est très largement confirmé depuis, à travers l'essor des États-Unis comme paradis fiscal aux structures opaques et non coopératives en matière d'échange d'informations.

Quand l'information est produite par les plus gros paradis fiscaux

À cet égard, il faut souligner que les travaux de Tax Justice Network, dans le classement des pays selon l'opacité fiscale, sont

4. "Tax cheats cost the U.S. $1 trillion per year, I.R.S. chief says". *New York Times*, 13 avril 2021.

nettement plus indépendants que ceux de l'OCDE. TJN représente une source d'information salutaire, car moins orientée. La puissante Organisation de coopération et de développement économiques, qui promeut le libéralisme et compte 38 pays développés (mais n'inclut pas la Chine) est en conflit d'intérêts évident. D'après TJN, les pays de l'OCDE sont responsables de 59 % de l'évasion fiscale dans le monde[5], soit 182 milliards de pertes fiscales essuyées chaque année. Les deux membres les plus puissants de l'OCDE sont les États-Unis et le Royaume-Uni. L'organisation n'a jamais, malgré l'évidence des pratiques non coopératives des États-Unis, placé ce pays sur sa liste noire ou grise des paradis fiscaux. Bien au contraire, l'OCDE a réussi à placer, en 2009, les États-Unis et le Royaume-Uni dans la liste des meilleurs élèves en matière d'évasion fiscale, soit les «juridictions qui ont substantiellement appliqué les standards fiscaux internationaux». À l'époque comme aujourd'hui, ces deux juridictions ont abrité les structures les plus facilitatrices d'évasion, de soustraction et de fraude fiscale. Ce n'est pas l'objet de ce livre que de détailler ces structures, auxquelles j'ai consacré un ouvrage antérieur[6], mais les États-Unis continuent de pratiquer des formes d'opacité que ni la Suisse, ni aucun autre paradis fiscal n'oseraient appliquer. Si un client français ouvre un compte dans une banque à New York, son compte ne fait l'objet d'aucun échange automatique d'informations vers la France. Il peut uniquement être échangé à la demande, mais pour cela il faut que le fisc français soit déjà au courant de l'existence de ce compte. Et si ce compte est ouvert au nom d'une société panaméenne, la banque new-yorkaise renverra le fisc français à Panama. Si la demande de renseignement concerne une société au Delaware, elle n'a aucune chance d'obtenir une réponse car les lois de cet État permettent d'immatriculer

5. Tax Justice Network, rapport "The State of Tax Justice 2020", publié le 20 novembre 2020.

6. *Le secret bancaire est mort, vive l'évasion fiscale*, Éditions Favre, 2010.

des sociétés sans divulguer l'identité du bénéficiaire. Dans un monde où l'OCDE applique des standards supposément très stricts d'échange d'informations, on peut dès lors se demander comment une telle industrie de l'opacité, digne des années 80, peut fleurir dans un pays, les États-Unis, qui mène la charge au sein de l'OCDE contre l'évasion fiscale.

Tout aussi cocasse est la liste des paradis fiscaux non coopératifs que publie l'Union européenne. Elle ne liste que des microjuridictions et laisse tous les poids lourds de côté. En octobre 2021, y figuraient : les îles Samoa, les îles Fidji, Guam, les Palaos, Panama, Trinité-et-Tobago, les îles Vierges américaines, Vanuatu. Un beau défilé de destinations exotiques, mais comment prendre une telle liste au sérieux ? « Les juridictions blacklistées par l'UE causent moins de 2 % de l'évasion fiscale globale, alors que les pays membres de l'UE causent 36 % de cette évasion », indique Tax Justice Network. Tout est dit. Les plus gros perpétrateurs d'évasion sont pris dans un conflit d'intérêts qui rend leurs informations peu crédibles. Ces pays sont les premiers à cibler les petites juridictions pour les éliminer du paysage, tandis qu'ils poursuivent eux-mêmes leurs pratiques. De même, les pays du G20, qui se réunissent pour parler de lutte contre l'évasion fiscale, sont collectivement responsables de 27 % des pertes fiscales globales. Au total, les pays riches sont responsables de 98 % de toute l'évasion fiscale, selon TJN. Il faut donc savoir qui parle, et d'où vient l'information. Les pays responsables de l'essentiel de l'évasion fiscale, une activité qui fait vivre une partie de leur secteur financier, peuvent difficilement être eux-mêmes les émetteurs d'informations objectives sur le sujet.

Il faut donc juger avec une distance critique ces fuites successives sur les paradis fiscaux et sur leur teneur, et s'interroger sur les juridictions qui y sont exposées. Pour résumer, ces opérations :

1) ne mettent pas l'accent sur les poids lourds de l'évasion fiscale ;

2) restent floues sur la source des données ou, comme dans le cas de SwissLeaks, sont explicites sur leur provenance gouvernementale, ce qui doit enjoindre à la prudence ;
3) sont présentées de manière uniforme dans des dizaines d'articles, qui tous reposent sur une unique source, dont l'impact devient planétaire. Un gouvernement pourrait donc influencer toute la presse mondiale sans que les lecteurs ne soient conscients de qui agit en arrière-plan.

En conclusion, les leaks, diffusés collectivement par le consortium des journalistes, ont créé une impression de transparence, mais la transparence essentielle, celle de la source, manque à l'appel. Si ces informations sont basées sur de l'espionnage gouvernemental, les affaires sorties jusque-là seront forcément entachées de biais liés aux intérêts des pays impliqués, ce qui explique peut-être l'étonnant déséquilibre entre petites juridictions mises en avant, et grosses juridictions relativement épargnées. Ces opérations doivent en tous les cas nous faire réfléchir, car elles profitent du sceau de la crédibilité journalistique, alors que la source n'a peut-être pas l'objectivité nécessaire, promeut un agenda précis, et répand dans ce cas une forme de désinformation, sur laquelle il s'agirait d'enquêter de manière spécifique. La conclusion de Bruneau et Turot dans le *FigaroVox* est éloquente : « L'ONG Tax Justice Network publie tous les deux ans la liste des paradis fiscaux : les États-Unis classés 6es en 2013, 2es en 2018, se hissent aujourd'hui en tête grâce à une politique de lutte contre les paradis fiscaux étrangers, tout en protégeant le leur. Les flux successifs de *Papers* n'aboutiront pas véritablement à plus de transparence fiscale, mais à faire fuir des capitaux considérables de centres financiers non américains, pour se réfugier aux États-Unis, seul pays bientôt à conserver le secret bancaire absolu à l'abri de tous les journalistes. »

Chapitre VIII

Comment la communication a infiltré le journalisme économique

Dans la partie restante de ce livre, c'est l'aspect de la communication et des médias qui nous occupera. Nous allons nous pencher sur des domaines moins techniques, liés à la pénétration accrue de la communication dans le champ de l'information économique. Ce chapitre est important car la déperdition d'informations critiques passe aussi par l'affaiblissement des médias.

Les médias jouent un rôle central dans la formation de l'opinion publique. Ils peuvent contribuer à clarifier ou à remettre en question une donnée économique, à travers le décryptage et l'enquête, tout comme ils peuvent relayer une information institutionnelle biaisée. S'ils n'ont pas les moyens d'être indépendants, ils ne sont pas armés pour filtrer la vaste quantité de communication qu'ils reçoivent des institutions, la questionner et la contraster comme il se doit, ou pour enquêter avec des moyens suffisants ; dans ce cas, le danger est qu'ils participent alors à la désinformation économique.

Une des évolutions majeures qu'a vécue le journalisme, en particulier économique et financier, tant en Europe qu'aux États-Unis, a été l'impact croissant de la communication provenant des grandes marques, devenues très puissantes. Dotées de budgets bien plus élevés que les médias, les entreprises ont créé de véritables armées de communication, avec des formats de plus en plus sophistiqués de narration et de mise en scène de leur message. Le journalisme économique en particulier est confronté tous les jours à des industries puissantes, à la pointe de ces techniques de communication. Dans les pays développés, chaque année, les métiers de la communication forment trois fois plus de diplômés que les écoles de journalisme, et les salaires sont 10 à 20 % plus élevés dans la communication, et l'écart ne cesse de se creuser. Il s'agit de satisfaire la demande croissante de communication des entreprises.

Des projets de collaboration rédactionnelle sont tous les jours proposés aux journalistes économiques par des porte-parole d'entreprises ou des agences de communication dotés de vastes moyens. C'est un véritable déluge communicationnel auquel font face les journalistes depuis quelques années. Et les forces en présence n'ont jamais été aussi inégales. Les rédactions économiques ploient sous la poussée de ces moteurs de comm suralimentés. Surtout dans le domaine économique, les journalistes absorbent une quantité démesurée de communiqués, rapports, bulletins, demandes d'entretiens, événements. D'un côté, le temps et l'argent nécessaires à l'investigation font défaut, et de l'autre côté, une masse de contenus institutionnels s'offre aux journalistes. Alors ils ouvrent parfois leurs pages à ces messages spécifiques, sans grande disponibilité pour y apporter toute la distance et la contradiction nécessaires. Ils vont tenter, face à ces interlocuteurs d'entreprises omniprésents, de trouver une manière indépendante d'aborder le sujet : ne pas citer exclusivement cette source, en trouver d'autres pour équilibrer le propos, solliciter des avis contradictoires, diversifiés, refuser de taire certaines informations moins flatteuses. Bref, défendre la déontologie journalistique autant que possible, dans un contexte de forte pression communicationnelle, qui laisse de moins en moins d'espace au traitement distancié et indépendant.

Mais souvent, face à un déséquilibre des forces, des rédactions donnent trop de place aux communications d'entreprises, ou trop peu de place à des commentaires critiques et à de l'investigation sans complaisance. Que ce soit en Europe ou aux États-Unis, on assiste également à la croissance des contenus économiques réalisés en collaboration avec des communicants, qui sont plus ou moins bien signalés comme étant des collaborations et non du journalisme. Une convergence émerge entre des contenus de journaux économiques et des contenus de brochures d'entreprises, désormais réalisés par des journalistes du département communication. L'impact des annonceurs et des sponsors devient également plus visible dans la génération d'idées de sujets auprès des journalistes. Via des contacts informels et des sollicitations régulières, ces partenaires externes vont contribuer à forger des projets d'articles. L'asymétrie des moyens dont disposent les uns et les autres fait que les communicants en viennent parfois à dicter une partie du choix éditorial d'une rédaction. Les idées peuvent même être excellentes, mais elles ne sont pas générées de manière indépendante.

Le nombre et la fréquence des communiqués de presse augmentent. Parfois, des éléments de communiqués se retrouvent dans des dépêches d'agences ou dans des articles préparés en vitesse et sans grand recul. Quand un mélange de genres s'opère entre communication et information, il en résulte des formes de désinformation du lecteur car les avis contradictoires manquent cruellement. Le lecteur sera informé moins objectivement s'il lit des articles où s'exprime une source unique, qui donne son point de vue unilatéral, sans contradicteur ni concurrent. Ces risques du métier ont toujours existé. Mais le déclin rapide des revenus publicitaires accroît la pression sur l'indépendance des contenus des médias privés. Plus exactement, ce déclin tend à renforcer la dépendance des médias privés face aux annonceurs restants, réduisant leur indépendance.

Au sein des rédactions, le temps et les moyens manquent pour assurer un journalisme leader, critique, intransigeant sur la qualité. « Chaque année, la communication remplace un peu plus le journalisme », constate le journaliste français Olivier Goujon dans son dernier ouvrage[1]. L'auteur parle

1. O. Goujon, *Ces cons de journalistes*, éditions Max Milo, 2019.

aussi des rémunérations de misère du secteur, évoquant le cas emblématique de Sophie, journaliste indépendante de 60 ans aujourd'hui, qui aura toute sa vie été pigiste en France et payée entre 400 et 600 euros par mois, comme nombre de freelances. Sans compter la précarité encore plus grande des correspondants étrangers, qui prennent parfois de gros risques, mais ne sont jamais sûrs qu'une rédaction publiera leur article ou les paiera. Même si en Suisse les rémunérations restent meilleures que les cas français cités dans cet ouvrage, le constat général est que le travail du journaliste s'est déprécié en termes de rémunération, faute de moyens pour financer l'information indépendante. En économie et finance, disciplines exigeantes, les compétences journalistiques se raréfient, car trop de bons éléments quittent le secteur pour rejoindre la communication ; le même phénomène s'observe en Suisse, en France ou aux États-Unis.

Communication et information, deux buts opposés

Mais au fait, quelle est la différence entre journalisme et communication ? Il vaut la peine de s'y attarder brièvement. Le journalisme se consacre à la production d'informations d'intérêt général. Dans sa forme la plus pure, il se destine à servir l'intérêt large du lecteur, du citoyen, de l'électeur, du consommateur, du public, et agit comme un tiers de confiance pour la collectivité. Le journalisme, par essence, est tout public. En d'autres termes, un média généraliste se destine aux citoyens de la base comme à ceux du sommet de l'échelle sociale. C'est dans cette qualité universelle et de contre-pouvoir aux institutions étatiques et économiques que le travail journalistique a été décrit comme le quatrième pouvoir.

À l'opposé, la communication produit des informations centrées sur la marque ou sur l'émetteur en général, et qui visent à avancer des intérêts spécifiques. Elle émanera par exemple d'organes du pouvoir, d'entreprises, d'organisations internationales, de groupes de pression ou d'autres acteurs qui ont tous en commun l'objectif de faire passer un message intéressé en leur faveur, que ce soit pour mener campagne au niveau politique ou pour vendre des produits commerciaux, ou même des idéologies. Il en découle que la communication n'est pas, comme le journalisme, une information d'intérêt public. La mission du journalisme est d'informer. Celle de la communication est de vendre. Tant que les deux activités restent séparées, leur légitimité respective est incontestée. Le problème survient lorsque la communication envahit l'information. C'est là qu'intervient la désinformation.

Comment la publicité oriente le contenu

La liaison dangereuse entre communication et journalisme naît du fait que le pouvoir d'achat du lecteur intéresse le publicitaire, mais ne relève pas de la mission du journalisme. Le problème commence quand la stratégie éditoriale d'un média est dictée par les nécessités des publicitaires. Parmi les plus gros annonceurs figurent ceux de la cosmétique, de la banque, de l'automobile, de la mode et du luxe, de l'immobilier. Dès lors, les médias qui veulent améliorer leurs finances en attirant ces annonceurs du haut du panier sont poussés à s'orienter vers un lectorat plutôt haut de gamme. Un horloger qui vend des montres à 50'000 dollars ne viendra pas placer des annonces dans un journal lu par des salariés portant des montres à 200 dollars. Les médias se voient donc incités à chercher le lectorat aisé pour attirer les publicités plus lucratives. Cette stratégie peut considérablement modifier leur mission même de média ainsi que l'ensemble du paysage de l'information, qui se met à converger vers la même cible : la tranche des revenus supérieurs. La tentation est forte, surtout quand les annonceurs dans les médias traditionnels se raréfient. Si l'on dispose d'un portefeuille d'annonceurs variés et grand public (alimentation, télécoms, électronique, petites annonces...) l'indépendance est mieux garantie. Mais cela devient nettement plus difficile aujourd'hui. Avec des annonceurs moins nombreux et peu diversifiés, les médias économiques, dont les pages attirent plus directement les grandes marques, se voient poussés à consacrer une partie de leur énergie et de leur espace à des opérations de séduction de ces dernières.

« L'une des influences cachées de la publicité est d'avoir incité les journaux à rechercher des lecteurs plus aisés, qui soient plus intéressants pour les annonceurs. En effet, le journal ne vend pas seulement son contenu éditorial à ses lecteurs, il vend aussi le pouvoir d'achat de ses lecteurs aux annonceurs », résume Alan Rusbridger, ancien rédacteur en chef du quotidien britannique *The Guardian* de 2004 à 2014, dans son ouvrage *Breaking News*[2]. Cette incitation pousse à produire un certain type de contenus qui, d'après Rusbridger, agit comme une « bulle de filtre » : il cible un lectorat homogène, un « club privé » qui n'est pas représentatif du grand public. C'est donc un journalisme différent qui sera proposé, selon la publicité recherchée.

Cet appel d'air aboutit à une sorte de convergence des stratégies, qui mène de nombreux médias économiques, de par leurs contraintes financières, à cibler principalement les lecteurs aisés, qui leur attirent les annonceurs de l'économie. Un samedi de Noël 2016, Rusbridger raconte s'être amusé à lire les publicités du magazine *Times* et du quotidien *Financial Times* (FT), plutôt que les articles de ces deux grands médias britanniques. C'était au moment où les débats au sein de la classe politique anglaise s'échauffaient au sujet des inégalités croissantes entre les 1 % et les laissés-pour-compte qui avaient voté pour le Brexit. Avec un humour très *british*, l'ancien rédacteur en chef du *Guardian* raconte avoir lentement tourné les pages publicitaires du supplément « How to spend it » du FT, et du magazine *Luxx* du *Times*, pour « absorber la valeur mirobolante de la marchandise proposée ». Il y trouve, au milieu de textes naviguant entre publicité et éditorial, les achats proposés pour Noël, « que les lecteurs de ces suppléments sont censés s'offrir sans un brin

2. A. Rusbridger, *Breaking News, the remaking of journalism and why it matters now*, Éditions Canongate, 2018.

d'hésitation » : une montre Richard Mille incrustée de diamants à 87'000 livres sterling, une autre de Chopard à 36'000£. Des sacs La Perla qui démarrent à 3600£, des vestes Fendi à 9850£, une chaise laminée à 14'500£ et des yachts à louer pour 8500£ la nuit. On pouvait aussi offrir à l'homme de sa vie un bar à cocktail en bois d'eucalyptus avec frise en or rose et blanc pour 130'000£. On trouvait des propriétés à 25 millions à Mayfair, des Bugatti et Aston Martin à un demi-million, une « gentille » interview du patron de Gucci. Rusbridger est honnête : il admet que le *Guardian* aurait bien aimé avoir « des miettes » de cette publicité. Seulement voilà, ses lecteurs avaient un salaire annuel moyen de 24'000£ en 2016, soit l'équivalent de trois nuits sur un yacht. Il expose ainsi très bien la problématique : un média qui n'est pas subventionné peut-il exister en écrivant pour les citoyens modestes ? En dehors des médias de service public, qui, parmi les médias privés, financera une information économique d'intérêt général, riche en investigation, irrévérencieuse, pouvant égratigner de grands groupes, ouverte à toutes les couches de la population ? Est-on condamnés à voir tous les contenus éditoriaux converger vers les centres d'intérêt du lectorat des classes supérieures, prisé par les annonceurs ? L'éditorial, lorsqu'il est dicté par le publicitaire, est fatalement porteur de désinformation.

Beaucoup de médias économiques privés ont voulu résoudre leurs problèmes financiers en « montant en gamme ». Il en résulte des sujets similaires entre différents médias, peu de diversité, une tendance à l'alignement avec l'agenda des institutions et des annonceurs. On y verra peu d'enquêtes sur les grandes entreprises, peu de prises de risques en général, et les sujets qui concernent les classes populaires, comme le chômage, les assurances sociales, la précarité, les subventions, ont rarement une place de choix. Certains annonceurs haut de gamme n'apprécient pas non plus la vulgarité, et se retireront si une image en Une donne trop l'impression d'un journalisme de boulevard. La stratégie publicitaire oriente toujours le contenu éditorial en encourageant certains sujets et décourageant d'autres.

Mais ces dernières années, le problème s'est accentué quand la diversité des annonceurs s'est réduite, et que leur exigence est montée. Car nombre d'entre eux ont migré vers les plateformes digitales.

Le siècle de la communication

Nous l'avons dit plus haut, l'information a perdu du terrain face à la communication. Ces dernières années ont été celles d'un développement fulgurant des sciences de la communication. Le boom du marketing et de la publicité a vu émerger les concepts de *storytelling*, de *brand content*, de *native advertising* et de contenu sponsorisé. Nous sommes entrés dans le siècle de la communication. Tout est comm, tout est image, tout est réputation : il faut « pitcher », se « self-brander », convaincre le public, les clients, les investisseurs, les électeurs, les actionnaires, les consommateurs.

En soi, on peut estimer que cette tendance n'est pas foncièrement négative. Mais le problème a trait à une question d'équilibre : les avancées de la communication ont été proportionnelles au déclin des rédactions de presse écrite et à celui des moyens de produire des contenus journalistiques indépendants. Dotée de gros budgets, l'activité de communication des entreprises, en particulier, mais aussi celle des institutions politiques, sportives, culturelles, philanthropiques, a connu une expansion sans précédent. Une forte demande s'est manifestée ces dernières décennies pour des compétences de relations publiques, de marketing et de communication. Aucun secteur n'a échappé à l'impératif de communication.

Les entreprises, en particulier les grandes, sont aujourd'hui rompues à l'art de « placer des messages » lors des interviews avec les médias. Peu de dirigeants n'ont jamais suivi de *media training*, cette formation qui les aide à optimiser leur discours face aux médias. Qui dit message institutionnel, dit plus de contrôle du discours, plus de marketing, et moins d'information d'intérêt général.

Face à cela, le filtre journalistique, qui aurait dû s'épaissir, s'est au contraire affiné. Il est devenu plus perméable, faute d'assise financière pérenne. C'est par des formes subtiles de collaboration que le contrôle des articles par les communicants se produit. Côté exigences, des demandes de relecture accrues, d'abord des citations de la personne interviewée, puis de l'ensemble de l'article, puis du titre de l'article, puis du bon à tirer après mise en page. Céder à de telles requêtes est parfois le seul moyen d'obtenir des interviews avec de très grands groupes, des célébrités ou de grandes familles entourées de porte-parole exigeants. Côté incitations, des voyages de presse sont proposés aux rédactions. Des invitations à des événements, des rencontres régulières informelles, des partenariats. La liberté de ton s'érode, et les messages des sponsors figurent en bonne place dans les articles. Tant que le média est fort en enquêtes indépendantes et en éditoriaux critiques, l'équilibre général se trouve respecté. Mais quand la dimension des enquêtes faiblit, la teneur commerciale devient plus prégnante. Un « journalisme de communication » souvent indirectement rémunéré en publicité par les entreprises et banques grignote une part non négligeable de l'espace éditorial. Ceci permet de compenser la baisse des publicités dans le reste du journal. Mais il en résulte une ressemblance des contenus avec les brochures institutionnelles d'entreprises, qui elles de leur côté cherchent à faire du journalisme. Or le journalisme ne peut se différencier que par son indépendance.

Des marques devenues « médias »

Cette pénétration croissante de la communication a pris la forme d'un lent et constant crescendo au fil des ans. Propulsés par les réseaux sociaux et la vidéo, les narratifs sont toujours plus élaborés : telle banque veut « sauver le monde » grâce à la philanthropie, tel cigarettier s'engage pour un « monde sans fumée », tel géant agroalimentaire se redéfinit comme un groupe de santé et de bien-être. Même les fondations philanthropiques se sont mises à communiquer, pour lever des fonds de manière plus offensive. Le *storytelling* est devenu un art, qui se fait attrayant pour passer dans les articles des médias. Les budgets alloués par les entreprises à leur activité globale de communication, qui englobe les relations publiques, la publicité et le marketing, ont sans cesse augmenté. Cette augmentation n'a pas profité aux médias traditionnels, mais aux réseaux sociaux. Elle a servi en bonne partie à bâtir des Rolls de la communication digitale. Des groupes comme LVMH, Nestlé, Rolex sont devenus eux-mêmes de véritables médias, avec à l'interne des newsrooms aux dizaines de journalistes dédiés à la rédaction de contenus, mais aussi à la réalisation de vidéos, d'une qualité souvent supérieure à celle que la presse classique peut proposer. Louis Vuitton (LVMH) a lancé fin 2019 sa propre chaîne YouTube, qui réalise des vidéos de qualité cinématographique et compte plus de 900'000 abonnés. En Suisse romande, une banque comme Swissquote dispose de son studio vidéo et de son propre magazine, qui offre des contenus équivalents à ceux de la presse économique et est vendu en kiosque. La chaîne YouTube d'Audemars Piguet a fait près de 5 millions de vues avec le basketteur LeBron James. Des clubs de football comme le PSG ou le Real Madrid ont 6 et 7 millions d'abonnés YouTube et ont leurs chaînes Twitch qui rassemblent un quart de million de jeunes abonnés. Des sites d'information financière (qui ont l'apparence de médias financiers, mais diffusent de la communication) agrègent des articles d'analystes, qui promeuvent des stratégies et des produits et sont bien référencés sur Google ; la différence avec des sites de médias financiers s'estompe. Les médias traditionnels sont donc directement concurrencés par des groupes privés, aux moyens supérieurs, qui ont créé leurs propres médias, avec leurs magazines, leurs sites web, leurs chaînes vidéos et leurs événements. Pour le lecteur, au total, il y a beaucoup plus de communication à disposition, et toujours moins de journalisme.

Tous ces contenus d'entreprises, bien entendu, ne sont pas indépendants. Mais ils se rapprochent parfois considérablement de ce que les médias produisent. On trouve des reportages sur YouTube, qui semblent révéler les dessous peu reluisants de la chaîne de fast-food KFC, qui adoptent la tonalité d'une enquête sulfureuse, alors qu'ils en vantent la recette de poulet. On trouve des actualités, interviews et reportages, sur le site de Swisscom (BluNews). La chaîne UBS Knowledge Network, sur le site de la grande banque suisse, propose des interviews de haut niveau de banquiers centraux, de figures académiques et politiques, avec des « journalistes » menant les entretiens, qui posent des questions à la façon journalistique. Bien entendu, ces formats très proches du journalisme ont un angle mort : on n'y critique pas l'hôte du média et on ne met pas en valeur ses concurrents. Dans aucun de ces contenus, on ne trouvera d'informations objectives sur la concurrence.

De toute évidence, ce type de contenu institutionnel ne saurait suffire à informer le public. Car aussi qualitatifs qu'ils puissent paraître en 2021, ces contenus institutionnels ne sont pas portés sur la critique en général, encore moins sur l'investigation. Il s'agit de contenus spécialisés, techniques, de divertissement, ou alors ouvertement promotionnels. Avec, dans tous les cas, une faible valeur informative.

Si l'on garde en tête les contraintes financières avec lesquelles le journalisme économique doit de son côté vivre aujourd'hui, on aura l'honnêteté d'admettre que l'information véritablement indépendante, qui a les moyens d'investiguer, qui peut se montrer critique de toutes les institutions, sans freins majeurs, n'existe pas non plus dans le monde actuel du journalisme.

Dès lors, si cette tendance se poursuivait et que la communication institutionnelle finissait par prendre l'essentiel de la place dévolue à l'information, marginalisant le journalisme, et que l'indépendance du journalisme, en même temps, déclinait, nous vivrions dans un monde de communications fragmentées, lacunaires et intéressées, à destination de clients, d'employés, d'investisseurs, et n'ayant rien ou pas grand-chose à voir avec une information citoyenne.

La pression légale

L'information indépendante fait face à d'autres types de pressions, comme les moyens légaux. Là aussi, une rédaction aux faibles moyens financiers craint largement d'occasionner des coûts juridiques à son employeur. La menace d'un procès pèse donc plus lourd, elle aussi, qu'auparavant. Des mesures préventives sont aussi utilisées occasionnellement. Par exemple, si une institution apprend qu'un journaliste a démarré une enquête à son sujet, il n'est désormais pas rare qu'elle mandate très rapidement un avocat, avant même que quelque chose ait été écrit ou publié. Après un simple coup de fil d'un journaliste, une lettre de l'étude d'avocats parviendra à la rédaction en chef, pour l'avertir des conséquences possibles des écrits de son journaliste. Ce détail peut paraître anecdotique, mais il en dit long sur les pratiques de contrôle des contenus par les voies légales.

Plus inquiétante est la pratique des mesures dites « superprovisionnelles ». Il s'agit des cas où un juge interdit la publication d'un article ou d'un livre avant sa parution, en invoquant une « atteinte imminente à l'honneur ». Le recours à de telles mesures a tendance à augmenter. Un projet de loi en Suisse vise même à légitimer sa pratique accrue, en permettant aux personnes mises en cause d'empêcher plus facilement la publication d'un article qui leur déplaît par l'intermédiaire de ces mesures superprovisionnelles.

En avril 2021, le site Swissinfo faisait le constat : « En Suisse, tout comme dans le reste de l'Europe et aux États-Unis, les pressions judiciaires et les tentatives de censure se multiplient à l'encontre de médias fragilisés économiquement. » Professeur de droit des médias à l'Université de la Suisse italienne, Bertil Cottier, cité par Swissinfo, observe un accroissement des tentatives d'intimidation judiciaire à l'encontre des médias en Suisse, et cela concerne particulièrement des enquêtes économiques, qui portent sur des scandales financiers, des affaires de corruption, de détournement de fonds ou de blanchiment d'argent. Or les banques, multinationales, oligarques et grandes fortunes disposent de leviers supérieurs pour actionner la justice : « Même si le journaliste obtient au final gain de cause, toutes ces procédures judiciaires sont usantes et dissuasives. C'est ce qu'on appelle le *chilling effect*, une pression judiciaire visant à décourager le journaliste de jouer son rôle de chien de garde de la société. » Entre de richissimes hommes d'affaires qui peuvent s'attacher les services des meilleurs avocats de la place, et des médias de plus en plus fragilisés sur le plan économique, le combat devient de plus en plus inégal, constate Bertil Cottier sur Swissinfo.

Au nombre des pressions, les sanctions indirectes iront aussi parfois jusqu'au boycott publicitaire et rédactionnel déclaré ou non déclaré : le journaliste ou la rédaction ne sera soudainement plus invité aux conférences de presse et événements, n'obtiendra pas d'interviews pour une durée prolongée. Des campagnes de pub seront annulées, d'autres médias seront privilégiés. Au fil des cas qui se répètent, le journaliste peut développer au cours de sa carrière un réflexe pavlovien consistant à éviter l'électrochoc qui le frappe s'il entre en confrontation avec des groupes puissants, et préférera s'éviter ces déconvenues. Cette somme d'autocensures et de cas où la rédaction se réfrène d'ouvrir de nouveaux fronts réduira le mordant d'un journal. Et surtout, le caractère lisse de ce dernier agira par ailleurs comme un amplificateur pour les articles trop promotionnels, qui seront moins contrebalancés par des articles critiques de la même rédaction.

La sanction de l'audience

Si le lecteur se voit proposer un message promotionnel, des interviews de complaisance, un article dans lequel le journaliste n'a pas joué jusqu'au bout son rôle de filtre et de contradicteur, il en ressort une impression de publireportage. Lors de l'entretien, l'interlocuteur n'est pas confronté à des questions suffisamment exigeantes du journaliste. Ce dernier se contente par exemple de prendre des notes sans objecter, ni fournir de contre-exemples, comparer, évoquer des concurrents, soulever des questions qui fâchent ou des épisodes peu reluisants de l'histoire de son interlocuteur. La coopération passive du journaliste permet à l'interlocuteur de placer ses messages de communication en toute facilité, et d'échapper à l'exercice journalistique proprement dit. Il en résulte un article lisse, unilatéral, sans équilibre ou contrepoids.

On peut dès lors s'interroger : est-ce une victoire pour la communication institutionnelle, si elle réussit à placer ses messages dans les pages rédactionnelles des journaux, plutôt que dans les pages publicitaires ? On pourrait le croire. En réalité, la réponse est non. Cette stratégie de communication n'est pas gagnante : même si l'article est paru dans les pages rédactionnelles, l'impact maximal ne sera pas atteint. Le lecteur, lassé de ce qu'il perçoit comme de la promotion, peu captivé par la faiblesse informationnelle du contenu, passera rapidement à la page suivante, sans s'attarder sur l'article. Le nombre d'abonnés du support stagnera, voire déclinera. Ce texte, assimilé à de la communication institutionnelle, aura peu d'impact, peu de chances d'être repris dans d'autres médias, ou diffusé par les lecteurs eux-mêmes auprès de leurs connaissances. Le lecteur ne sera pas captivé, alors qu'il était la cible visée par l'article. Les articles qui font l'éloge d'un entrepreneur ou d'une société, comme le ferait une communication marketing, sont toujours moins lus que les articles rédactionnels critiques, les enquêtes, les éditoriaux qui prennent position. La puissance de l'article rédactionnel réside dans le fait qu'il est nettement plus prescripteur envers le public que la publicité. D'après les études sur le sujet, une page rédactionnelle a 4 fois plus d'impact qu'une page publicitaire. Par exemple, si 1 page de publicité de l'office du tourisme de Rome placée dans le magazine *VSD* déclenche 100 départs, alors un article de 4 pages déclenchera 4 x 100 x 4 départs, soit 1600. Si l'impact du rédactionnel est plus puissant que celui de la pub, c'est seulement dans la mesure où ce contenu est plus riche, prend plus de recul, informe mieux, se met davantage du côté du lecteur ou du citoyen. Une fois ce bénéfice perçu, l'impact est au rendez-vous.

Les articles trop institutionnels intéressent quant à eux le cercle professionnel et spécialisé, mais pas au-delà. Ils perdent leur capacité de se propager. Tout comme les rapports annuels dont nous avons évoqué le caractère hermétique, et la faible valeur informationnelle, les articles qui peuvent être assimilés à du marketing sont rarement perçus comme une information utile ou évoqués dans les conversations. Sondage après sondage, les lecteurs demandent en premier lieu un décryptage, une capacité à creuser sous la surface des choses. En général, les analyses du lectorat révèlent que les exclusivités et les enquêtes sont les plus lues et partagées, et aboutissent aux taux de conversion en abonnements payants les plus élevés sur les sites des médias. Les analyses critiques et les conseils également, s'ils sont jugés utiles à la vie ou au travail du lecteur. Mais les articles ou portraits où le journaliste ne fait que reprendre à son compte les propos d'une personne ou d'une entité vantant ses performances, sans contradiction, constituent une information pauvre et échouent à marquer les esprits, à moins qu'il ne s'agisse d'une personnalité à forte notoriété qui est positionnée comme penseur et non comme vendeur de produits. Un média qui, sous la pression légale, renonce à publier des enquêtes sera ainsi sanctionné à long terme par une perte d'audience.

Pour comprendre le lien entre information indépendante et audience, il faut s'intéresser à l'aversion du public pour l'information non indépendante. Il existe un rejet naturel pour les messages intéressés, qui s'accroît avec les nouvelles générations. « Les gens détestent la pub, et c'est entièrement la faute des annonceurs », a déclaré Joanna Coles, ancienne *chief content officer* chez Hearst Magazines, lors d'un panel de discussion à l'Advertising Week de New York en septembre 2019. À côté d'elle, Marc Pritchard acquiesçait, rapporte le *New York Times*[3]. Le *chief brand officer* de Procter & Gamble, l'un des plus gros

3. T. Hsu, "The Advertising Industry Has a Problem: People Hate Ads", *New York Times*, 28 octobre 2019.

annonceurs au monde, ajoutait que les pubs sont souvent non pertinentes et peuvent être parfois « juste bêtes, ridicules ou stupides ». En faire encore davantage dans ce domaine n'y change rien, ajoute-t-il : « Quand on a essayé de changer l'écosystème publicitaire en ajoutant plus de pubs, cela n'a fait que créer plus de bruit. » Les habitudes du public se modifient, et même le contrat tacite qui consiste à obtenir du contenu gratuit en ligne, en échange d'accepter de la publicité, a du plomb dans l'aile. Les nouveaux consommateurs, en particulier les jeunes aisés, qui sont ciblés par les annonceurs, sont prêts à payer pour éviter la publicité. Le nombre de vues pour les messages commerciaux sur les médias à plus fortes audiences connaît une importante baisse à travers le monde, d'après un rapport de GroupM, filiale de la régie publicitaire WPP, publié fin 2019. Pour les chercheurs dans ce domaine, le comportement des jeunes audiences est un signe avant-coureur que les temps vont être durs pour l'acceptabilité de la publicité classique.

L'info indépendante dans le journalisme non professionnel

Si tout le contenu qui existait était de nature promotionnelle, le public s'y habituerait-il et finirait-il par l'accepter ? Certainement pas. Il existe une demande incompressible pour de l'information indépendante. Il se trouve qu'Internet offre de multiples contenus indépendants et gratuits. D'innombrables comptes ont émergé depuis qu'existe YouTube, qui font concurrence aux médias établis, en particulier auprès du public des 15-25 ans. Des sites, forums, chaînes vidéo et WebTV ont été créés par milliers, par des dilettantes qui, bien que non professionnels, n'en captent pas moins une audience phénoménale.

Bien évidemment, ces innombrables contenus vidéo, podcasts ou blogs, proposent une qualité d'information et de débats très variable, et les créateurs de contenu, animateurs et influenceurs sont presque toujours des non-professionnels du journalisme. Malgré cela, ils absorbent une bonne part du temps d'écoute des jeunes audiences. Ainsi, un jeune de 15 ans peut raconter avoir « vu un reportage ». Lorsqu'on lui pose la question « sur quelle chaîne TV » ? Il répond, l'air amusé : « un reportage YouTube... ».

Cette génération Z laisse entrevoir un paysage de l'information complètement transformé. Mais notre conclusion ici, ne sera pas de faire le constat, très répandu, que ce paysage sera transformé négativement par « la désinformation véhiculée par les fake news des réseaux sociaux ». Cette analyse est incomplète. Comme nous l'avons vu, le paysage est en train de se transformer aussi à cause de l'institutionnalisation de l'information des médias, des pouvoirs publics, des entreprises, que nous présentons dans ce livre, avec ses multiples travers. Une information trop contrôlée, qui n'a plus qu'une faible part de contenus véritablement libres et critiques, perd de l'audience, et aussi de la confiance.

De l'autre côté, les réseaux sociaux offrent moins de fiabilité dans les informations, mais davantage de liberté de ton, d'opinion, des idées dissidentes, de la critique, des clashs, des prises de position. Des influenceurs suivis et écoutés comblent un vide éditorial existant. C'est un fait : les frontières entre le journalisme professionnel et non professionnel sont devenues floues avec les réseaux sociaux, surtout aux yeux des jeunes. Mais également aux yeux d'Alan Rusbridger, rédacteur en chef du *Guardian* jusqu'en 2015 : « On ne peut plus dire qu'il y a d'un côté le "bon" journalisme mainstream et de l'autre, tout le reste, écrit-il dans son ouvrage *Breaking news, the remaking of journalism and why it matters now*. Une bonne part de l'information produite par des non-professionnels est tout aussi fiable, informative et utile que celle produite par les journalistes. Et inversement, on trouve de l'information produite par des professionnels qui est faible, non fiable, non éthique, et même fausse. »

Captation institutionnelle : le cas des journalistes de la Fed

Un autre problème de désinformation spécifique est lié à la proximité entre journalistes et institutions. Cela peut créer des situations de « captation institutionnelle », dans laquelle les journalistes ne posent presque plus de questions critiques aux institutions prestigieuses, et dépolitisent leur approche au profit d'un échange essentiellement technique.

J'emprunte ce concept de captation institutionnelle à la théorie économique des choix publics. On l'identifie par exemple dans le domaine réglementaire, quand une institution publique de régulation, dont le rôle est d'agir en faveur de la collectivité, finit par servir des intérêts commerciaux et/ou privés d'une entreprise. C'est par exemple le cas décrit dans mon enquête *UBS, les dessous d'un scandale* (2008) : la Commission fédérale des banques (CFB) n'a pas joué un rôle de superviseur d'UBS, mais s'en est remise à la banque elle-même pour les définitions et concepts réglementaires qu'elle utilisait. C'est le piège de l'*institutional capture*, qui a vu la CFB manquer de recul et d'esprit critique dans la surveillance du groupe.

Le concept de captation institutionnelle peut être transposé dans le domaine de l'information, pour décrire ce qui se passe quand des journalistes rencontrent de puissantes institutions et cessent de leur demander des comptes au nom du public. Ils adoptent le langage et les définitions de l'institution qu'ils sont censés questionner, se forment à son contact, prennent un ton révérencieux, reproduisent en partie sa posture. Une situation que l'on peut qualifier de « captation journalistique », un domaine également théorisé par les économistes[4].

Examinons un cas concret : comment les journalistes spécialisés dans la politique monétaire couvrent les conférences de presse de la Banque centrale américaine (la Fed). Comme pour la CFB qui a manqué d'ascendant sur UBS, les journalistes manquent d'ascendant sur la Fed.

4. J. Handon, D. Yosifon, "The Situation: An Introduction to the Situational Character, Critical Realism, Power Economics, and Deep Capture", *University of Pennsylvania Law Review*, 2006.

Dans les retranscriptions des séances de questions-réponses, que l'on peut consulter sur le site de la Fed (www.federalreserve.gov), on observe une sorte de neutralisation des journalistes, invités à poser leurs questions dans un cadre qui laisse peu de place au débat et à la contradiction. Les questions posées servent à comprendre le raisonnement de la banque centrale, mais sans jamais le remettre en question. Être journaliste de la Fed, invité à ses conférences de presse, est un rôle perçu comme prestigieux. Le prestige est, a priori, une valeur relativement étrangère au journalisme. Pourtant, il a tout son poids ici. Or il impose d'autres codes : par exemple, poser des questions trop critiques est mal vu dans ce cadre. Tout comme dévier trop visiblement de la vue adoptée par l'institution. La conférence de presse devient donc essentiellement un exercice de clarification à destination des acteurs des marchés financiers, qui bien que formant le premier cercle de lecteurs de ces journalistes, ne représentent de loin pas l'ensemble des lecteurs. Le journaliste financier, qui est certes lu par des banquiers, investisseurs et traders, est également censé travailler pour le public au sens large. Traducteur pour le public d'informations essentielles, il porte la responsabilité de faire remonter les questions de la population à la Fed, qui est aujourd'hui au centre de la vie économique. Le journaliste devrait questionner l'institution d'autant plus sévèrement sur ses politiques que son poids sur la collectivité n'a fait que croître au fil du temps. De par ses interventions massives sur les marchés et sur l'évolution des fortunes issues de l'investissement, la Fed est aujourd'hui au cœur de l'économie américaine et mondiale ; ses actions affectent directement le coût du crédit et des hypothèques, la valeur des monnaies, l'inflation et le pouvoir d'achat, l'enrichissement des investisseurs et le niveau de la Bourse. En particulier, ses politiques sont responsables d'une redistribution massive des richesses vers les portefeuilles boursiers – critique qui lui est adressée régulièrement –, et de l'accroissement des inégalités. Ses stratégies mériteraient d'être questionnées sous l'angle socio-économique et pas uniquement technique. Or ça n'est pas le cas.

Le caractère spécialisé dans lequel s'est enfermé ce type de journalisme exclut les questions plus politiques. Le journaliste qui a atteint ce degré de spécialisation financière ne se voit pas comme un généraliste, dont l'atout serait de poser les grandes questions politiques, économiques et philosophiques qui fâchent. Il se voit davantage comme un analyste, dont l'atout est d'être compétent face au président de la Fed. Sa position (censément privilégiée) lui dicte de rester dans le bandeau très étroit de raisonnements de politique monétaire ultra-spécialisée définis par l'institution, sous peine d'être mal vu par le président de la Fed ou par ses pairs. Il est ainsi paradoxal que le fait d'approcher la Fed d'aussi près aboutisse à s'éloigner du rôle de journaliste et de l'utilité sociale du métier. *In fine*, la boussole de l'intérêt public se perd sous la chape institutionnelle. Pourtant, la spécialisation ne saurait justifier le journalisme de cour qui se pratique avec de puissantes institutions financières et politiques, ni la perte de vue de l'intérêt public.

Toujours est-il que le narratif de la Fed n'est jamais remis en question par les journalistes qui couvrent la conférence de presse, et que les échanges se focalisent sur des détails pointus, sans vision globale de la situation. Pour pouvoir obtenir des analyses critiques de la politique de la Fed, il faut lire les écrits d'économistes « contrariants » (*contrarian* en anglais), spécialisés dans la surveillance de la Fed, indépendants, ou les suivre sur Twitter : ils décortiquent sans complaisance ses décisions et « débunkent » les éléments de langage. Mais tout se passe comme si les deux mondes évoluaient séparément, dans des « bulles de filtre » différentes. La presse financière qui suit la Fed intègre rarement ces voix critiques dans ses écrits. Or il est essentiel que les analystes et médias financiers relayent les vues de l'opposition. On évoquait en introduction le risque qu'une information aseptisée et dénuée de point de vue critique, qui ne relaie que la voix de l'institution, déconnectée du quotidien des ménages, nuise à la confiance du public dans les institutions.

Examinons une conférence de presse concrète : celle de Jerome Powell, président de la Fed, le 30 octobre 2019[5]. On y observe comment la « captation journalistique » débouche sur des formes d'interaction sans contradiction. Ce sont des échanges ritualisés entre spécialistes, où le journaliste, situé au sommet de la hiérarchie de la presse financière et oublieux des thèmes qui concernent l'intérêt public, affirme surtout son degré d'expertise et sa volonté de bien saisir les propos du président de la Fed. Au mieux, il agit comme le porteur des préoccupations de Wall Street, mais sa mission ne semble pas s'étendre au-delà, pour relayer les soucis des ménages ordinaires. Or la Charte de Munich (la Déclaration des devoirs et des droits des journalistes de 1971), stipule que « la responsabilité des journalistes vis-à-vis du public prime sur toute autre responsabilité, en particulier à l'égard de leurs employeurs et des pouvoirs publics ».

On est en octobre 2019, et la Fed vient de baisser trois fois ses taux d'intérêt à 1,75 %. L'annonce de cette troisième baisse s'accompagne d'éléments de communication peu objectifs comme « la 11e année d'expansion », « les fortes dépenses des ménages », « la faible inflation », « le marché de l'emploi robuste », « les salaires en hausse » et « la solide confiance des consommateurs ».

Des notions qu'il est possible de débattre. On aurait pu par exemple répondre à Powell en évoquant le ralentissement de la croissance (constaté au troisième trimestre 2019), la dette qui dépasse alors 23'000 milliards (contre 6000 milliards en 2001), le risque de bulle immobilière, avec des prix des maisons record, la taille monstrueuse du bilan de la Fed, la question des inégalités créées par l'enrichissement des investisseurs par la Fed, ou encore la qualité des nouveaux emplois créés, moins stables, moins bien payés, partiels et cumulatifs. On aurait

5. Retranscription de la conférence de presse de Jerome Powell avec les médias et des questions des journalistes, 30 octobre 2019.

aussi pu demander : si tout va si bien, comment se fait-il que trois baisses de taux d'intérêt ont eu lieu ?

Mais justement, ces questions ne se posent pas dans ce cadre. Celles qui sont posées par le gratin de la presse financière véhiculent presque exclusivement les soucis des investisseurs et probablement l'humeur des banquiers avec lesquels les journalistes financiers ont eu des échanges informels peu avant la conférence de presse. Toutes les questions tournent autour de ce qui peut soutenir les marchés : est-ce que les taux d'intérêt vont bien rester bas, à quelle probabilité peut-on estimer le risque qu'ils montent ? Les fonds propres des banques ne sont-ils pas trop hauts, ne faudrait-il pas les baisser pour alléger les contraintes des banques ? Ne faudrait-il pas changer la définition de l'inflation pour que la Fed n'ait plus à se plier à une définition précise ?

Un journaliste de Dow Jones Newswire, prenant nombre de précautions de langage (la question est ici abrégée), demande : « Je me demandais si vous décririez la politique monétaire actuelle comme étant accommodante ou si c'est seulement un niveau neutre, mais plus bas que ce que nous pensions l'an dernier ? » À quoi le président de la Fed Jerome Powell répond : « À mon sens je dirais que cela peut a piori être qualifié de politique accommodante [...] »

Une des caractéristiques principales du langage adopté, est l'usage de l'extrême nuance et de l'euphémisme. La politique de la Fed, en réalité, est ultra-accommodante depuis 2009. À 1,7 %, les taux sont à un plancher historique, et tout cela s'accompagne d'injections monétaires massives. Le mot accommodant est donc trop faible pour exprimer la réalité. Mais qu'importe, chaque mot est sous-pesé car ce PV sera lu par les acteurs des marchés.

Plus loin, un journaliste de CNBC demande aussi une précision au sujet d'un mot : « approprié ». « Pourriez-vous m'aider avec une compréhension appropriée du mot approprié ? En conférence de presse, vous avez dit que le niveau des taux "allait probablement rester approprié", alors que dans le communiqué, il est dit "nous allons surveiller les indicateurs qui donneront la direction appropriée pour la fourchette cible [des taux d'intérêt] ". Donc que faut-il comprendre, que les taux sont appropriés, et que vous les maintiendrez à ce niveau, ou qu'ils pourraient soit monter, soit descendre ? »

Ainsi, on fait de l'analyse sémantique. On se penche chirurgicalement sur des phrases conçues pour rester énigmatiques. Une communication devenue caractéristique de la Fed depuis les années de présidence d'Alan Greenspan, inventeur de la « greenspanologie » (1987-2006), communication destinée à ne jamais déstabiliser les marchés.

Un journaliste de Reuters se lance : « Je me demandais si vous pourriez nous donner un peu plus de texture sur le genre d'éléments qui vous permettraient de savoir si vous avez suffisamment assuré l'économie avec les baisses de taux décidées ? »

Une journaliste de CNN : « Pouvez-vous nous en dire un peu plus sur le raisonnement derrière votre décision de baisser les taux aujourd'hui plutôt que dans six semaines ? »

Tranchant avec ce type de question, une journaliste française de l'Agence France-Presse, média non financier, évoque les effets des inégalités croissantes, parle du rôle des syndicats et demande si « la hausse des bas et moyens salaires ne pourrait pas favoriser une croissance mieux répartie à long terme ». Jerome Powell signale que ce n'est pas le genre de questions traitées dans ce cadre. « Je ne peux pas commenter les arrangements entre employeurs et employés, c'est un peu loin de mon domaine. Merci. » La Fed exerce pourtant un impact évident et reconnu sur le niveau des inégalités. Mais il n'y aura pas de relance sur cette question.

Les questions un peu plus dérangeantes arrivent en toute fin de conférence. Un journaliste de Yahoo Finance : « Allez-vous réduire les actifs toxiques qui sont au bilan, êtes-vous en train de réfléchir à cette question ? » Powell évacue : « Nous ne sommes pas occupés par cette question actuellement, c'est un sujet, mais que nous n'allons pas gérer de manière imminente. »

La dernière question est impertinente, par une journaliste non nommée par le PV (elle est en fait de BBC News) :

« Et quel est votre avis sur la phrase de Donald Trump selon laquelle "Nous avons l'économie la plus forte de toute l'histoire des États-Unis" ? » Réponse : « Nous ne commentons pas les propos d'un élu. »

Il paraît donc évident qu'il ne sortira pas, de ce type de conférences de presse, une information qui réponde adéquatement aux questions du grand public, au-delà d'un cercle restreint d'initiés. Le public au sens large, celui des consommateurs, des épargnants, des débiteurs, des salariés, des retraités, des commerçants, doit pourtant pouvoir questionner la Banque centrale. Il est concerné au premier chef par les décisions de cette institution. Mais l'exercice très contrôlé que l'on a examiné plus haut ne saurait correspondre au degré de responsabilité informationnelle, vis-à-vis du public, que porte une institution à l'impact aussi vaste, non seulement pour l'économie et les marchés américains, mais pour ceux du monde entier.

Quand le terme « désinformation » sert des fins partisanes

Depuis l'élection de Donald Trump, qui avait secoué l'Amérique et le reste du monde en 2017, les termes de « désinformation » et de « fake news » en sont venus à revêtir un sens très précis dans le monde politico-médiatique. On place sous de telles étiquettes la propagation de fausses informations sur les réseaux sociaux, qui provient en particulier de sources liées à l'extrême-droite, aux suprémacistes blancs, aux complotistes, ou alternativement, à des ennemis des États-Unis comme la Russie ou d'autres pays peu fréquentables. Ce qui est intéressant est qu'il n'est que très peu utilisé pour parler d'informations provenant de grandes entreprises, de groupes d'intérêt puissants, ou de l'establishment américain. Ce qui rend le concept fortement connoté.

La thèse centrale derrière cette définition, fortement portée par les Démocrates américains, est qu'en 2016, grâce à des données illégalement vendues à Cambridge Analytica, le comité de campagne de Donald Trump aurait réussi à influencer massivement le vote des Américains pour s'assurer une victoire aux élections.

Cette thèse met beaucoup de poids sur les réseaux sociaux dans la formation des opinions et les prises de décisions électorales, tandis qu'elle s'avère faible ou insuffisante en négligeant le poids des facteurs politique et socio-économique dans cette élection.

Un éditorialiste du *New York Times*, Ben Smith (ancien journaliste de BuzzFeed et de Politico), a récemment analysé ce problème de l'usage du mot « désinformation » à des fins partisanes[6]: « Les journalistes et les académiques développent un nouveau langage pour la vérité. Les résultats ne sont pas toujours plus clairs », annonce-t-il en préambule. Il raconte que durant l'automne 2021, le gratin des médias américains a été invité à des réunions Zoom par l'Université de Harvard pour parler de « désinformation », plus précisément pour « aider les leaders des médias à lutter contre la désinformation et la manipulation des médias ».

Des dirigeants de CNN, NBC News, Associated Press, Axios et d'autres étaient présents. Un cas d'étude leur a été présenté par les chercheurs de Harvard, qui qualifiait de « désinformation » l'affaire de l'ordinateur portable de Hunter Biden, le fils de Joe Biden, affaire que les médias avaient traitée durant les derniers jours de la campagne présidentielle en octobre 2020. Certes, admet Ben Smith, cette histoire avait été divulguée par l'entourage de Donald Trump, qui voulait persuader les journalistes que les disques durs du portable contenaient des preuves de corruption de Joe Biden. L'équipe de Harvard se félicitait que les médias et réseaux sociaux aient réussi à faire barrage à la « désinformation » dans leur manière de traiter cette campagne de manipulation. Twitter avait en effet bloqué les articles qui incriminaient Joe Biden sans preuves suffisantes, et Facebook

6. B. Smith, "Inside the Misinformation Wars", *New York Times*, 28 novembre 2021.

en avait restreint la visibilité, en vertu de son propre règlement sur la « désinformation ».

Mais ce que Ben Smith constate, c'est que cette affaire n'était pas de la « désinformation ». C'était un grand classique : des informations sorties par le parti adverse lors d'une campagne électorale. Certes, ceux qui ont fait fuiter ces informations ont sans doute exagéré leur portée. Les images et emails de l'ordinateur montraient que le fils de Joe Biden avait tenté de faire du business en utilisant le nom de la famille de façon opportuniste, sans pour autant permettre d'incriminer Joe Biden. Mais l'authenticité de ces emails a pu être vérifiée, ce qui est utile. Ben Smith considère comme tout à fait normal que cette fuite ait fait l'objet de traitements différenciés par divers médias, comme le *New York Post* ou le *Wall Street Journal*, qui ont chacun fait leur travail d'investigation et sont arrivés à leurs propres conclusions. Le *New York Post*, pro-républicain, a estimé que les emails prouvaient la corruption de Joe Biden. Le *Wall Street Journal*, moins partisan, a pu montrer qu'il n'y avait pas de preuves que Joe Biden ait modifié le cours de la politique américaine pour enrichir son fils. À l'évidence, faire ce travail d'enquête, qui consiste à établir les faits et donner au lectorat le résultat de l'investigation était parfaitement nécessaire. Considérer des informations a priori comme de la désinformation et les mettre de côté, simplement parce qu'elles viennent d'un parti intéressé à couler un candidat, est un danger qui guette l'information. Ce n'est pas une approche journalistique. C'est le message que fait passer Ben Smith dans son éditorial dans le *New York Times*.

Et en effet, qualifier de « désinformation » des informations qui de manière très classique sont divulguées par le parti adverse, et qui peuvent mériter de toute façon qu'on les examine, ne permet pas de faire avancer la cause de l'information, plutôt de la faire reculer. Ben Smith ne voit rien de nouveau dans ces pratiques de fuites, qu'il a connues depuis qu'il est journaliste, à chaque élection. Et pourtant, on accole de nouveaux termes à ces très anciennes pratiques.

L'usage du terme « désinformation » peut donc s'avérer partisan dans le monde d'aujourd'hui, et l'expression « manipulation médiatique » peut vite devenir l'étiquette qu'on colle aux informations fournies par la partie politique adverse. En particulier, il ne faudrait pas que le mot « désinformation » devienne le label des démocrates américains et de leurs affiliés en Europe pour les idées qu'ils n'aiment pas. Faute de quoi, le terme sera galvaudé et perdra sa crédibilité.

C'est pourquoi Ben Smith met en garde contre la tentation de rejeter une information uniquement parce qu'elle provient d'un parti politique que l'on réprouve. Un risque qui guette non seulement les médias, mais aussi les plateformes numériques comme Facebook, Twitter ou YouTube, et qui peut les mener à censurer des informations qui, bien qu'émanant d'une source non désirée, sont néanmoins vraies.

Beaucoup d'experts (y compris les chercheurs de Harvard cités ici) sont devenus des spécialistes chevronnés des diverses formes de désinformation sur les réseaux sociaux, des fake news, des trolls, et autres faux nez technologiques employés pour manipuler les internautes, techniques dont se serait emparée la droite réactionnaire pour avancer ses idées. Mais ces experts académiques semblent n'avoir vu que l'arbre technologique qui cache la forêt politique : fermement persuadés que seules les plateformes numériques sont responsables des croyances de millions de personnes – et de l'élection de Donald Trump – ils passent complètement à côté des causes sociopolitiques clairement antérieures aux influences des réseaux sociaux. Déclassement des travailleurs blancs américains, désindustrialisation du centre de l'Amérique, délocalisations et effets de la globalisation, stagnation des salaires attestée par les statistiques fédérales du pays, des phénomènes pourtant largement documentés aussi bien aux États-Unis qu'au Royaume-Uni, et expliquant de même le vote du Brexit de juin 2016. Par ailleurs, la notion de « désinformation » expliquée par l'impact des réseaux sociaux passe aussi à côté des causes politiques de perte de confiance dans les institutions : mensonges du gouvernement sur les guerres en Irak et en Afghanistan, paupérisation massive après la crise financière de 2008, creusement accéléré des inégalités depuis 2009 avec les politiques monétaires très généreuses en faveur des fortunes boursières.

En conclusion, la notion de « désinformation » prise sous l'angle technologique (effet des algorithmes) pèche par sa faiblesse conceptuelle et veut trouver une solution technique à un problème essentiellement politique. Ben Smith en veut pour preuve que, interrogés à la télévision, les partisans de Donald Trump ont très souvent montré qu'ils étaient conscients que ses propos n'étaient pas toujours vrais, mais ils savaient aussi que les arguments les plus offensifs de leur candidat n'étaient pas des mensonges, et que ces vérités parfois laides déplaisaient surtout à une bonne moitié du pays. Dont la plupart des dirigeants de médias et d'universités.

Il faut donc régler son compte une fois pour toutes à cette fausse théorie, selon laquelle les réseaux sociaux seraient responsables d'avoir fait élire Trump. Les bulles de filtres, les fake news et les algorithmes qui renforcent les convictions et les croyances ne sont qu'une explication secondaire. L'explication principale, ce sont trente ans de politique économique et sociale déséquilibrée, qui a engendré paupérisation et colère chez les classes travailleuses, dont les salaires ont connu une stagnation historique, tandis que les actionnaires des grands groupes n'ont jamais connu un tel gain de prospérité et de dividendes accumulés. Une très mauvaise répartition des gains de la globalisation explique l'arrivée de Trump au pouvoir mieux que les algorithmes. D'où les votes contestataires et la multiplication de mouvements sociaux partout, le Brexit au Royaume-Uni, les Gilets Jaunes en France. Le phénomène concerne tous les pays développés, où les travers de la globalisation ont été similaires.

Mais voilà, les dirigeants occidentaux ne veulent pas prendre la responsabilité pour ce fait, qui est d'ordre politique, et qui est dû aux grands effets d'une globalisation mal contrôlée, débridée, aux effets sociaux insuffisamment pris en compte et atténués. Un échec dont la responsabilité revient aussi bien aux Démocrates américains qu'aux Républicains, et à l'ensemble des pays de l'OCDE qui ont mis leurs travailleurs et leurs salaires en concurrence avec la planète entière, y compris en Suisse.

Mais une vision étriquée voudrait faire croire qu'il suffirait d'avoir les « bons » algorithmes pour faire élire la « bonne » personne et propager les « bonnes » idées. Le problème serait finalement d'ordre algorithmique, plutôt que socio-économique.

Et on se prête donc à une vaste expérience : et si les réseaux sociaux disaient aux citoyens que tout va bien, et cessaient de nous encourager à fréquenter de mauvaises personnes et de mauvaises idées ? Est-ce que tout n'irait pas pour le mieux ? Et est-ce qu'on ne voudrait pas quand même voter pour ces candidats des centres mous d'Europe et des États-Unis, y compris ceux responsables des méfaits de la globalisation et qui souhaitent poursuivre ces politiques sans remise en question ? Au cœur du problème, il y a la perte de prise de responsabilité en politique.

Certes, les réseaux sociaux et leurs biais influent sur l'opinion. Mais on surestime fortement leur poids dans cette affaire. L'erreur majeure réside dans cette surestimation d'un facteur secondaire, qui permet d'omettre l'essentiel, à savoir ce qui est vécu par les électeurs en dehors des réseaux sociaux, au travail, dans la vraie vie et ce qui s'y passe lorsque les gens ne sont pas devant leur écran.

Les élections se jouent sur le sentiment des électeurs, basé sur leur vécu quotidien. Combien leur usine les paye, quelles dépenses ils ont pu se permettre, quelles dépenses ils ont dû reporter, quel fardeau de dette ils doivent supporter, quelle retraite ils peuvent espérer, s'ils peuvent s'offrir un logement convenable, s'ils peuvent se soigner à un coût raisonnable, s'ils peuvent espérer garder leur job au-delà de quelques mois.

Une crise de l'information ne peut jamais être déconnectée de la crise politique qui l'accompagne, et parfois la précède. Accorder un poids exagéré à Facebook sur la formation des opinions politiques des citoyens, en omettant les facteurs qui conditionnent leur vie quotidienne, et prétendre guider les citoyens vers la « vérité », est une dérive qui porte les germes d'un conflit social. La politique n'est pas une science, et la nouvelle terminologie de la « vérité » ne doit pas servir à oblitérer les réalités du terrain, qui déterminent *in fine* les votes.

Chapitre IX

L'impact des sponsors, mécènes et fondations

Comme nous l'avons vu, le journalisme économique voit aujourd'hui son indépendance faiblir face aux rares annonceurs – entreprises, banques, institutions – encore disposés à placer régulièrement des publicités dans les versions papier ou sur les sites web des médias, qui sont concurrencés par les réseaux sociaux. La liberté d'enquêter est souvent freinée par les risques de s'attaquer à un bailleur de fonds, ou de subir un boycott publicitaire. Si un annonceur a planifié une campagne publicitaire pour un montant conséquent dans le journal concerné, il n'est pas difficile d'imaginer que ce média évitera de publier un article peu flatteur au sujet de cet annonceur. Par le passé, la perte d'un annonceur, sur un portefeuille diversifié et bien fourni, représentait une plus faible menace qu'aujourd'hui. L'annonceur lui-même se rendait compte de son poids moyennement significatif et tirait moins souvent avantage d'une situation où il savait son influence limitée.

Nous avons parlé des annonceurs. Mais les rédactions dépendent aussi toujours davantage des fondations, c'est-à-dire d'organismes à but non lucratif. Ces dernières années en effet, nombreux sont les médias qui sont passés sous l'égide de fondations, que ce soit en Suisse, en France, ou aux États-Unis. Citons le *Guardian*, détenu par le Scott Trust, et le *Irish Times*, détenu par le Irish Times Trust, ou encore RTL Group (68 chaînes de télévision et 31 stations de radio en Europe, y compris M6 et RTL en France), qui appartient au groupe Bertelsmann, lui-même aux mains de la fondation du même nom. Nombre de médias se voient incités à se tourner vers ces institutions philanthropiques, faute de recettes suffisantes des lecteurs ou des annonceurs. On prête à la fondation l'avantage de garantir une indépendance financière au journal, loin des objectifs de profit à court terme qui mènent à sabrer dans les effectifs et dans la qualité. La fondation est aussi vue comme un moyen de stabiliser et de pérenniser l'actionnariat, de rendre à un titre sa dignité. Si la fondation a donc émergé comme « la » solution permettant de sauver la presse en Europe et aux États-Unis ces dernières années, cela ne va pas sans fils à la patte. « Sur le papier, la perspective peut sembler réjouissante. Car la fondation a le mérite de sortir les médias de la seule logique du marché et de la maximisation des dividendes, et de protéger le média contre toute volonté d'acquisition de la part d'actionnaires extérieurs et potentiellement mal intentionnés [...] Mais le diable est dans les détails », expliquent l'économiste Julia Cagé et le juriste Benoît Huet dans leur récent ouvrage[1]. Par exemple, *Libération* est financé par un « Fonds de dotation pour une presse indépendante », mis en place à l'initiative du groupe Altice de Patrick Drahi, et dont SFR a sans doute retiré un avantage fiscal de plusieurs millions d'euros, d'après les auteurs précités. Il se trouve que ce fonds a en réalité le droit de revendre à tout moment le titre, qui n'est donc nullement à l'abri d'un racheteur externe.

Outre les fausses protections et les dérives fiscales du mécénat, l'autre souci est que la détention par une fondation ne garantit pas une gouvernance démocratique du média, dans la mesure où la direction n'implique pas nécessairement la participation des journalistes et autres salariés. Il est même rare que les journalistes soient inclus dans le processus de décision. Tout comme le statut à but non lucratif d'une fondation n'est en rien une garantie de l'indépendance des journalistes, si ce statut ne s'accompagne pas de règles claires établissant

1. J. Cagé, B. Huet, *L'information est un bien public. Refonder la propriété des médias*, Éditions Seuil, 2021.

les conditions de cette indépendance. Le cas du magazine d'investigation *The Intercept*, détenu par Pierre Omidyar, fondateur d'eBay, illustre ce problème. L'ancien rédacteur en chef du titre, Glenn Greenwald, a vu l'un de ses articles, hostile à Joe Biden, refusé en pleine campagne présidentielle. Il a dénoncé des « tendances à la pression, à la censure et à l'homogénéité idéologique ». Omidyar est un donateur au parti démocrate.

Le mécénat est avant tout un compromis financier qui, lui aussi, a un coût pour l'indépendance de l'information. Rappelant que le futur de nombre de médias en France, dont *Médiapart*, *Libération* ou *Le Monde*, semble se dessiner autour du concept de fondation, Julia Cagé et Benoît Huet démontrent que les modèles d'organisme à but non lucratif existants ne sont pas adaptés au secteur des médias. Pas plus que ne l'est la société par actions. En France, pays où 9 milliardaires possèdent à eux seuls 90 % des médias, la question de l'indépendance du contenu se pose sans détour. Pour les auteurs, tant que la forme juridique de la propriété d'un média ne permet pas de garantir son indépendance, et que le capital propre du média n'est pas « sanctuarisé », l'information démocratique n'est pas garantie.

Il est évident par exemple qu'un journal soutenu par une fondation ne publiera pas d'enquêtes négatives pour l'image de cette dernière et pour les philanthropes qu'elle représente. C'est là une perte de liberté d'information incontestable.

Parmi les fondations les plus actives dans le soutien au journalisme, citons l'Open Society Foundation, du milliardaire George Soros, le spéculateur qui s'est enrichi dans les années 90 en pariant contre la Banque d'Angleterre. Sa fondation n'est pas propriétaire de grands médias, mais elle en finance plusieurs, parfois à coups de centaines de milliers de dollars par an. Et notamment, le Consortium international de journalistes d'investigation, que nous avons mentionné dans le chapitre sur l'évasion fiscale. Le Consortium a obtenu 2,5 millions de dollars de dons de Soros entre 2017 et 2020, d'après le site de l'Open Society. Un montant conséquent. Imaginons, maintenant, qu'une des fuites des paradis fiscaux inclue des informations sur des comptes non déclarés de George Soros. Que se passera-t-il ? Le Consortium mordra-t-il la main qui le nourrit ? C'est compliqué. Il se trouve que George Soros n'aime pas payer d'impôts. Le site ProPublica a obtenu en juin 2021 des fichiers secrets du fisc américain. On y apprend, parmi des infos sur d'autres milliardaires, que George Soros n'a pas payé d'impôts fédéraux aux États-Unis entre 2016 et 2018. Le site de ProPublica a posé la question à l'intéressé, dont le porte-parole a répondu qu'il avait perdu de l'argent sur ses investissements durant ces trois années, ce qui explique qu'il n'ait pas payé d'impôts. Les interrogations se sont arrêtées là. Un coup d'œil révèle que la Fondation Soros a financé ProPublica à hauteur de 1,45 million entre 2017 et 2019. Ce site new-yorkais dédié au journalisme d'investigation a-t-il vraiment envie de creuser plus loin le sujet dans ces conditions ? De toute évidence, cela ne favorise pas une couverture indépendante.

Peut-être parce qu'il est indépendant de Soros, le *Wall Street Journal* a plus de choses à raconter sur la relation entre le milliardaire et le fisc. Il a révélé en 2017 que George Soros a transféré pas moins de 18 milliards de sa fortune dans ses fondations, ce qui lui a permis de défiscaliser ce gigantesque montant, et en plus de déduire 20 % de cette valeur de son revenu personnel, tandis que la fondation peut ensuite liquider ces actifs, sans payer d'impôt. Tonalité moins complaisante, le journal s'étonne que personne, dans la classe politique, n'ait levé un sourcil à ce sujet. Peut-être parce que George Soros finance aussi massivement les campagnes politiques ?

Difficile de croire que ces soutiens conséquents de fondations milliardaires n'influencent pas la ligne éditoriale des médias bénéficiaires. La même réflexion peut s'appliquer à la Fondation Bill & Melinda Gates. Sans posséder directement de média, elle est active aussi dans le soutien financier à certains titres, porteur d'avantages évidents. Prenons le cas du journal britannique *The Guardian*. En 2010, ce quotidien a lancé, en partenariat avec la Fondation Gates, un site consacré aux questions de santé et de développement dans les pays du Sud, qui fait partie du site du *Guardian*. La rubrique porte l'indication « avec le soutien de la Fondation Bill et Melinda Gates ». Une déclaration au lecteur nous assure de l'indépendance des contenus. Certes, le contenu est riche, et on comprend que ces informations sur l'Afrique ne seraient sans soute pas disponibles sans ce soutien financier. Mais le site parle de sujets dans lesquels la Fondation Gates est très directement impliquée, comme le développement agricole en Afrique. Comment être sûr que ces contenus soient véritablement complets et indépendants ? Et surtout, que se passe-t-il si une information sort dans l'actualité, qui présente Bill Gates sous un jour peu flatteur ? Sera-t-elle reprise par le *Guardian* ? Fin mars 2021, l'ONG Reporterre publie une enquête en collaboration avec l'ONG Corporate Europe Observatory (CEO), produisant des documents qui montrent comment la Fondation Gates a mené un lobbying intensif à Bruxelles, versant 1,3 million d'euros pour exercer des pressions sur la Commission européenne, afin de déréguler les « nouveaux OGM », ceci pour inciter l'Afrique à suivre la même voie et accepter cette nouvelle variété d'OGM, dans laquelle Bill Gates est très investi en Afrique[2]. Sans surprise, l'information n'a pas été reprise par le *Guardian*. En général, peu de médias ont repris l'information. Le quotidien français *Libération* l'a reprise, ainsi que France Inter (où Reporterre détient une chronique). En regardant la liste d'articles du *Guardian*, la couverture sur Bill Gates et sa fondation n'est jamais critique et relève surtout du journalisme scientifique. À nouveau, il manque la vision généraliste d'un journalisme vigilant et fort d'une conscience politique, qui place ces fondations, plus grandes que des pays, face à leur responsabilité sociale.

De même, le *Washington Post* est passé aux mains de Jeff Bezos, patron d'Amazon, en 2013. Pour Julia Cagé et Benoît Huet, le fait que Bezos détienne le titre via une société

2. M. Astier, M. Reinert, « Bill Gates finance le lobby des nouveaux OGM en Europe », www.reporterre.net, 29 mars 2021.

par actions n'est pas si différent, dans les faits, d'un scénario où il aurait créé une « Fondation Bezos » pour détenir le titre, et dont il aurait verrouillé les organes de gouvernance. Car c'est la gouvernance qui constitue la variable de l'indépendance. L'acquisition a conféré au patron d'Amazon un poids politique considérable alors même que la question de la régulation des plateformes numériques est au cœur des débats parlementaires à Washington. Comment imaginer que les journalistes du *Washington Post*, même sans intervention directe, se sentent libres de traiter de cette question, alors que leurs salaires sont versés par Jeff Bezos ? Pour les auteurs précités, « seule une gouvernance démocratique qui impliquerait a minima les journalistes, et dans l'idéal également des représentants des lecteurs, permettrait de résoudre ces difficultés ». Ce qui n'est pas le cas aujourd'hui.

Au final, la pression des mécènes n'est pas si différente de celle des annonceurs. Elle s'exerce de manière implicite, tout aussi bien que de manière explicite. En 2012, le journal français *Libération* a vu par exemple ses recettes publicitaires chuter après avoir publié une enquête peu flatteuse sur Bernard Arnault, patron du groupe de luxe LVMH. De l'autre côté, *Les Échos*, quotidien financier détenu par LVMH, a été plus réticent à se lancer dans une enquête similaire. À l'arrivée, que ce soit via les annonces, ou via le mécénat, les pressions et sanctions sur l'enquête indépendante sont comparables.

Mais à l'heure où les médias ont besoin de trouver des appuis financiers, difficile, même pour les autres médias qui n'ont actuellement pas de mécène, de décourager des sources potentielles comme Soros et Gates. En d'autres termes, les médias ne sont structurellement pas en position de se couper d'éventuels bienfaiteurs en faisant d'eux un sujet d'investigation privilégié. Il en résulte que ces milliardaires jouissent d'une couverture particulièrement clémente, bien que leur responsabilité sociale soit des plus grandes. Dès lors, le statut de mécène leur confère généralement une assurance anti-mauvaise presse, et ils restent à l'abri des investigations trop curieuses. Or comme nous l'avons dit, leur responsabilité sociale est à la mesure de leur poids dans l'économie, et de leur impact sur le monde. Une couverture indépendante de leurs activités, qui a le souci de l'intérêt public, est d'autant plus importante dans leur cas spécifique. Le site de l'Open Society divulgue les donations octroyées aux médias. Elles sont considérables, et se concentrent très nettement sur les États-Unis, mais encore davantage sur les médias d'Europe de l'Est et jusqu'aux frontières de la Russie. Quel est l'impact de ces financements sur les contenus ? Ces financements sont-ils conditionnels à certains contenus ? Quels types de messages sont délivrés par les médias financés ? Ont-ils une ligne idéologique proche de celle de leur bailleur de fonds ? Exercent-ils un impact sur la déstabilisation politique, en Ukraine et ailleurs ? Des informations transparentes à ce sujet seraient d'un intérêt public évident. Les fondations qui financent les médias à pareille échelle ont une très importante responsabilité sociale, car leur rôle est majeur dans l'information que reçoivent les citoyens de la planète et dans la formation des opinions.

Une gouvernance encore lacunaire

Plus généralement, il existe un problème de confiance du public dans l'impartialité des médias, qui porte naturellement aussi sur l'influence des actionnaires. « Par exemple, sur la question de la 5G, il est légitime qu'un citoyen en France qui s'informe à ce sujet dans *Le Monde* ou *L'Obs* (deux médias détenus par Xavier Niel, patron de Free), sur BFMTV et RMC (détenus indirectement par Patrick Drahi, patron de SFR) ou sur TF1, TMC et LCI (détenus en majorité par Bouygues), s'interroge sur l'unanimité de ces médias à applaudir la mise aux enchères des premières fréquences 5G en octobre 2020 », notent Julia Cagé et Benoît Huet.

C'est en raison de ce problème d'indépendance soulevé par la propriété des médias que Julia Cagé et Benoît Huet plaident, dans leur ouvrage, pour une nouvelle gouvernance des médias. Celle-ci se décline selon quatre axes : une gouvernance démocratique à tous les niveaux de décision ; le droit pour les journalistes de se prononcer sur un changement de contrôle majoritaire de leur média ; une transparence de la gouvernance et de l'actionnariat ; et une obligation de mettre en réserve une partie significative des bénéfices. Plus adapté que la fondation, les auteurs proposent le fonds de pérennité pour les médias. Il se caractérise par l'apport gratuit et irrévocable des titres de capital d'une société commerciale. Il permettrait aux propriétaires de sanctuariser le capital de ces médias, c'est-à-dire de le rendre intouchable, tout en évitant les écueils des associations, fondations et fonds de dotation, et sans représenter un coût pour l'État, c'est-à-dire pour l'ensemble des contribuables, car l'apport ne serait pas éligible à réduction fiscale.

Financées par des donations et par une variété d'organisations, les ONG sont aujourd'hui une source d'information particulièrement indépendante, qui font une partie du travail d'enquête indispensable pour dévoiler les informations que le citoyen doit connaître sur les instances de pouvoir. On recommandera par exemple les travaux de Corporate Europe Observatory, Public Eye, Reclaim, Tax Justice Network, Oxfam, Greenpeace, US Right To Know, Judicial Watch, Ecowatch, Transparency International, Amnesty International, ou des journaux d'investigation spécialisés comme ProPublica ou Reporterre, qui émettent des rapports documentés sur des sujets de premier ordre, liés à la gouvernance, aux droits humains, à l'écologie, à la fiscalité, à la finance, aux informations déclassifiées. En 2014, c'était une autre ONG, Grain, qui avait publié un rapport peu reluisant au sujet des activités de Bill Gates, toujours dans le domaine du développement en Afrique. Elle révélait que sur 3 milliards consacrés par la Fondation Gates au développement agricole en Afrique entre 2003 et 2014, seuls 5 % étaient allés directement au continent africain, et que parmi ces 5 %, la moitié était allée à des organisations internationales. La plus grande partie des budgets de recherche sur l'agriculture, même si elle se destine à améliorer l'alimentation en Afrique, a financé des laboratoires américains. Selon le rapport de Grain, « pas un centime de la Fondation n'est allé à des programmes de développement conduits par des agriculteurs africains, même si ces derniers fournissent toujours 90 % des semences du continent ».

Le *New York Times* et les conflits d'intérêts

Les fondations Gates, Soros ou d'autres peuvent aussi mettre les journalistes dans des situations de conflits d'intérêts problématiques. Ainsi, deux chroniqueurs du *New York Times* (NYT), David Bornstein et Tina Rosenberg, ont couvert pendant des années l'actualité sur la Fondation Gates dans les colonnes du journal, sans révéler qu'ils travaillaient aussi pour un groupe lourdement financé par la Fondation : le Solutions Journalism Network. Ainsi, durant des années, le NYT, un des journaux qui influencent le plus l'opinion mondiale, a publié des articles complaisants et dénués de sens critique à propos des projets de la Fondation Gates. Des articles utilisant la crédibilité du journal, alors que des liens d'intérêt financiers n'étaient pas divulgués. C'est là une forme de désinformation, car des journalistes indépendants de Bill Gates auraient produit un toute autre type d'information, et l'image du milliardaire et de sa fondation serait différente. Pas forcément négative, mais plus nuancée, car elle aurait apporté les différents sons de cloches indispensables au sujet de ses divers projets, avec les plus et les moins. Plus tard, les chroniqueurs ont reconnu le conflit non divulgué et ont demandé au *New York Times* de révéler tardivement leurs liens avec la Fondation Gates. Mais le *New York Times* n'a jamais donné suite à leur proposition, estimant que cette divulgation « n'était pas une priorité ». Le journal a fini par apporter, après coup, des ajouts qui stipulent les liens d'intérêt des deux auteurs, mais seulement sur 6 articles, alors qu'au moins 15 articles étaient concernés. La responsable de la communication a écrit : « Nous sommes à l'aise avec la façon dont nous avons géré cette question. » Elle répondait à Tim Schwab, journaliste du site Columbia Journalism Review, qui a suivi de près l'affaire et qui en fait état sur son site[3]. Il conclut, dans son article d'août 2021 : « Le *Times* a de la peine à gérer ses journalistes qui ont des relations financières avec les sujets qu'ils couvrent. » En effet, le problème ne se situe pas tant au niveau des journalistes qu'au niveau du journal lui-même. Des années avant Tim Schwab, une directrice de l'ONG Class Size Matters avait déjà contacté le NYT car elle s'inquiétait de la couverture de Rosenberg sur des initiatives financées par Bill Gates dans le domaine de l'éducation. Elle n'a obtenu aucune réponse à ses emails, et les articles sont restés tels quels. « Avoir des articles d'un journaliste financé par Gates qui promeut régulièrement les projets, y compris ceux controversés, de ce dernier, sans aucune divulgation de ses liens d'intérêt, est comparable à écrire des articles sur le climat tout en étant financé par Exxon/Mobil », a-t-elle écrit au NYT. Qui n'a pas réagi. D'autres exemples de conflits d'intérêts en lien avec différents types d'institutions sont fournis au chapitre suivant. Le but du propos ne sera pas d'être exhaustif, mais d'offrir des cas relativement fréquents, qui contribuent à des formes de désinformation.

« Les conflits d'intérêts, ce n'est pas grave »

Des médias de premier ordre, cités pour leur haut degré de crédibilité, ne sont pas immunisés contre le manque d'objectivité de journalistes qui écrivent régulièrement dans leurs colonnes. C'est le cas du *New York Times* : malgré sa réputation qui figure au sommet des journaux de la planète, de nombreux cas de conflits d'intérêts entachent ses contenus. Ce problème éthique engage la responsabilité du journal encore plus que celle des journalistes. Le journal a apporté douze corrections aux articles de trois journalistes différents afin de divulguer après coup des conflits d'intérêts restés cachés. Ces corrections

3. T. Schwab, "The conflict over conflicts of interest", Columbia Journalism Review, 18 août 2021.

ont eu lieu non grâce à la volonté interne du journal, mais parce que des enquêteurs externes ont révélé les problèmes éthiques du journal. Une des corrections est venue de BuzzFeed, qui a révélé qu'un chroniqueur du NYT était payé pour un projet de l'Aspen Institute, alors qu'il écrivait sur ce projet. Le NYT a dû admettre qu'il y avait là un conflit d'intérêts.

Heureusement, des observateurs vigilants exercent une forme de contrepoids. Ces dernières années, ils ont alerté l'opinion sur des problèmes de conflits d'intérêts dans de nombreux médias : dans *Wired, Vox, British Medical Journal, New Republic, New York Times Magazine, Washington Post, Forbes*, et cela a obligé ces derniers à divulguer – bien que sur le tard – leurs conflits d'intérêts. Mais cela ne suffit pas, car la désinformation a eu lieu. Généralement, ces personnes ont écrit des articles durant des années avec un angle complaisant, créant une fausse perception, et gardant leur lien secret. Le public a donc été trompé, ayant lu des articles biaisés et promotionnels.

Les lobbyistes déguisés en chroniqueurs

D'autres problèmes de conflits d'intérêts peuvent entacher la littérature académique et scientifique, quand le business se mêle à l'académique.

Liens d'intérêt avec les pharmas minimisés

Par exemple, l'Université de Californie du Sud a un centre pour le journalisme lié à la santé (Center for Health Journalism). Un contributeur fréquent sur le site de ce centre est William Heisel. Il est présenté comme directeur d'un institut de l'Université de Washington. En regardant ce qu'il fait dans cet institut, on constate qu'il lève des fonds pour la recherche auprès de groupes comme Chevron, Gilead Sciences, GSK, Merck, Novartis, Prudential Financial, Sanofi, Swiss Re et d'autres. Le public n'est pas conscient des liens de cet auteur avec ces entreprises, liens qui, aux yeux de nombre de journalistes et de lecteurs, suffisent à le disqualifier en tant que chroniqueur santé et médecine. Ses articles ne peuvent simplement pas offrir le niveau d'indépendance qu'offriraient ceux d'une personne libre de ces liens d'intérêt.

En journalisme, et c'est ce qui fait sa force, on ne peut pas écrire sur des personnes dont on touche de l'argent. Face à une telle évidence, certains ne voient pas le problème éthique. À l'instar de la rédactrice en chef du Center for Health Journalism qui n'a pas l'impression que son chroniqueur William Heisel est biaisé dans ses écrits en faveur de l'industrie pharmaceutique.

« Beaucoup de rédacteurs en chef, d'institutions académiques et d'experts de l'éthique semblent penser que les conflits d'intérêts ne comptent pas », s'inquiète Tim Schwab dans la Columbia Journalism Review. Il évoque la Conférence mondiale des journalistes scientifiques de 2017, sponsorisée par les compagnies pharmaceutiques. Celle-ci incluait une session sur le thème des conflits d'intérêts, intitulée « Que celui qui est libre de tout conflit d'intérêts jette la première pierre ! » Une formulation fâcheuse, qui semble vouloir justifier ou banaliser le conflit d'intérêts, en expliquant que c'est la norme. Cette affaire est relativement un classique.

Le Monde : *tribune dissimulant les liens avec LVMH*

Plus près de chez nous, on peut voir les mêmes travers. En mai 2021, un cas de conflit d'intérêts criant a semblé échapper au quotidien *Le Monde*, qui a publié une tribune hautement problématique. Signée par Natacha Valla et Sophie Chassat, la tribune dénonce du début à la fin la « surenchère de normes » européennes qui visent à responsabiliser les multinationales. Le langage employé ressemble curieusement au lexique RP habituel des multinationales opposées aux réglementations en lien avec les droits humains. Problème : les deux autrices sont présentées comme « économiste » et « philosophe », sans aucune autre information. Une rapide recherche permet de trouver que Natacha Valla et Sophie Chassat sont toutes deux membres du conseil d'administration de LVMH, la multinationale française du luxe. Natacha Valla indique sur son profil LinkedIn avoir été membre du conseil jusqu'en mai 2018, mais le rapport annuel 2020 de LVMH indique qu'elle était encore membre indépendante du conseil d'administration cette année-là. Sophie Chassat est également membre indépendante du conseil, et l'indique sur son profil LinkedIn. Ce qui laisse penser à une opération RP/lobbying déguisée en tribune indépendante d'une « philosophe » et d'une « économiste ». À aucun moment, *Le Monde* ne prend soin de mentionner, ni au début, ni à la fin de la tribune, cette divulgation d'intérêts élémentaire, qui s'impose par respect pour la déontologie et la transparence vis-à-vis des lecteurs. Deux biographies sont présentées en fin d'article, qui mentionnent tous leurs rôles respectifs, d'associée du cabinet de conseil Wemean et professeure agrégée invitée à Sciences Po Paris, et de doyenne de l'École du management et de l'innovation à Sciences Po Paris, mais qui omettent chirurgicalement leurs fonctions chez LVMH, seule information qu'il serait pertinent de divulguer ici. Plus embêtant encore, le patron de LVMH, Bernard Arnault, est le beau-père de l'actionnaire principal du *Monde*, Xavier Niel. À ce jour, cette faute de déontologie n'a pas été réparée sur l'article en ligne[4].

Lobby pro-industrie dans une posture d'« objectivité »

Autre cas proche de chez nous, le site français Numerama a récemment qualifié de « complotiste » l'auteur d'une enquête du *British Medical Journal* sur Pfizer, en étayant ses accusations uniquement par le texte d'un certain « Alex Berezow », chroniqueur du site de l'American Council on Science and Health (ACSH). Mais qu'est-ce donc que ce ACSH, et qu'y

4. N. Valla, S. Chassat, « Responsabilité sociale des entreprises : l'obsession de la norme fait disparaître du tableau la question du sens et des valeurs », *Le Monde*, 21 mai 2021.

fait Berezow ? C'est la question que Numerama aurait dû se poser avant de se référer aveuglément à cette source. C'est un lobby « pro-science » et « pro-industrie », dont Berezow est le porte-parole. American Council on Science and Health sonne presque comme une entité officielle, mais il n'en est rien. C'est un lobby d'entreprises, financé par les industries pharma, chimie, tabac, alimentaire, dont il défend les intérêts. Comme l'exemple cité plus haut, le chroniqueur de ce site ne peut pas être indépendant. Si ce lobby s'autoproclame légitime pour dire ce qu'est « la bonne science » et prétend « débunker la *science junk* », discréditant au passage des journalistes qui critiquent certaines industries, le rédacteur de Numerama reprend ce discours orienté sans aucune distance. Un lobby d'entreprises, qui défend les intérêts de ses clients, peut répandre occasionnellement de la désinformation si cela permet d'avancer ses intérêts. En l'absence de divulgation claire des missions et objectifs de l'organisation qui emploie l'auteur, il est essentiel de ne pas en faire l'unique source d'information. Par exemple sur un sujet qui concerne Pfizer, si ce lobby défend Pfizer. Faute de quoi, la non-divulgation des liens d'intérêt peut répandre de la désinformation. Nous allons approfondir le sujet dans le chapitre qui suit. Mais auparavant, regardons un dernier exemple, dans ce même registre des « débunkers » entachés de conflits d'intérêts.

Défense de Coca-Cola et consulting de multinationales

Le 14 juin 2020, juste avant l'Euro 2020, la star de football Cristiano Ronaldo marque les esprits en déplaçant, lors d'une conférence de presse, deux bouteilles de Coca-Cola, et en déclarant « agua » (eau). Une information circule alors massivement : ce geste aurait instantanément effacé 4 milliards de valeur boursière de Coca-Cola. Le 19 juin sort un article sur le site prestigieux de forbes.com, qui veut « débunker » cette histoire. Signé par un certain Nuno Fernandes, l'article est intitulé « Un monde post-vérité : pourquoi Ronaldo n'a pas fait bouger l'action Coca-Cola »[5]. Il a été vu 178'000 fois. Après un long plaidoyer, à la tonalité de prédicateur, sur les dangers de la post-vérité, Trump, le Covid, l'article explique que les 4 milliards de baisse du cours de Coca sont intervenus 3 minutes avant que Ronaldo ne déplace les bouteilles. Et il précise que le cours de Coca est remonté de 1,3 milliard en fin de séance ce jour-là. Et que ce n'est pas « un seul homme venant d'un petit pays qui va bouger le cours d'une multinationale américaine ». Le ton est à la défense de Coca-Cola, et le texte rédigé à la façon d'un agent de relations publiques de la multinationale. Après avoir expliqué qu'il y a eu 3 minutes d'écart, avec des informations extrêmement précises, Nuno Fernandes reprend le laïus sur les dangers de la post-vérité. Il mélange ce fait anodin, à savoir la confusion à 3 minutes près, de l'effet de Ronaldo, avec des fake news beaucoup plus dangereuses pour la démocratie. Le ton est réellement alarmiste et Fernandes conclut en disant « Pourquoi c'est important d'en parler », et « Que faire ? Accepter que nous vivons dans un monde de post-vérité et ne pas prendre les informations pour argent comptant ».

En suivant son conseil, on a d'abord vérifié ses dires. Et on constate qu'il n'a fait aucune mention de la baisse du cours Coca-Cola durant les quatre jours qui ont suivi le geste de Ronaldo. Le cours a en effet perdu 3,2 % sur la période, soit 8 milliards, jusqu'au vendredi 18 juin, à mesure que la vidéo devenait virale sur les réseaux. Cette baisse des jours suivants peut être multifactorielle, mais elle ne peut être complètement évacuée de la démonstration, car le buzz mondial s'est prolongé bien au-delà du jour même. Mais l'auteur ne dit rien de ces 8 milliards de valeur boursière perdue.

Mais qui est l'auteur, Nuno Fernandes ? Il est Portugais, comme Ronaldo, mais ne semble pas particulièrement fan de son compatriote. Lui est professeur à l'IESE Business School et président du comité d'audit de la banque centrale portugaise.

---

5. N. Fernandes, "A post-truth world : Why Ronaldo didn't move Coca Cola's share price", *Forbes*, 19 juin 2020.

Son profil LinkedIn explique qu'il conseille régulièrement des patrons d'entreprises internationales dans leurs stratégies financières. Auparavant déjà, à l'IMD (*business school* basée à Lausanne), il a dirigé un programme de Finance stratégique, parmi d'autres programmes taillés sur mesure pour les multinationales. Dans ce cas, une divulgation d'intérêt s'impose. En effet, cet auteur peut avoir travaillé, être actuellement lié, ou souhaiter travailler à l'avenir avec Coca-Cola ou des groupes similaires. Nous ne disposons pas d'éléments pour affirmer qu'il est en lien (lui ou ses proches) avec la multinationale, mais on peut constater que sous ce type d'article, il faut qu'il y ait la divulgation des informations pertinentes, comme d'indiquer que sa clientèle se compose de multinationales. Le plus intéressant, dans cet exemple, est de constater que sous des dehors très factuels, un biais existe bel et bien dans la démonstration, et il est favorable à Coca. M. Fernandes a négligé de faire allusion à la baisse survenue les jours suivants sur le titre Coca, concentrant tout son message sous forme d'une sorte de communiqué sur la post-vérité, calibré sur les faits qui l'arrangent, et sans nuances. Cet exemple nous enseigne, comme les précédents, qu'il faut toujours s'intéresser aux fonctions occupées par les personnes qui parlent, et chercher à savoir au nom de qui elles parlent. Et cela, même (et surtout) si ce n'est pas divulgué.

La propagande privatisée

Dans ce chapitre, nous allons nous éloigner un peu de l'économie, pour nous intéresser aux nouvelles voies de désinformation plus globale, en particulier les nouveaux modes de propagande sophistiquée. Bien qu'elles puissent sembler éloignées des questions spécifiquement économiques qui nous occupent dans ce livre, ces voies de désinformation constituent en réalité une toile de fond qui affecte tous les canaux de l'information, y compris dans la sphère économique. Nous allons voir comment il est possible, en Europe comme aux États-Unis, de payer une agence pour mener une campagne de communication pour défendre les intérêts souhaités. Ces campagnes, montées par des agences spécialisées, peuvent détruire ou créer des réputations, fabriquer un narratif de toutes pièces pour cacher la vérité, et atteindre différents objectifs politiques ou commerciaux à travers ce qu'on peut appeler la propagande moderne. Or ces opérations de désinformation sont difficiles à détecter pour le citoyen et constituent un vrai danger pour la démocratie. Il ne faut pas sous-estimer leur portée : dans un monde très polarisé socialement et économiquement, elles sont appelées à augmenter.

L'émergence des espions privés

Une enquête de Charlie Savage, correspondant à Washington du *New York Times*, évoque « la montée des espions privés ». Le sujet est d'un grand intérêt pour un livre sur la désinformation économique[1].

1. C. Savage, "The Rise of Private Spies, What happens when online investigators and detectives-for-hire take on intelligence work?", *The New Republic*, 10 mai 2021.

Ce sont des pratiques d'espionnage non gouvernemental, ou privé, qui décollent grâce à internet. Elles peuvent être le fait de citoyens qui s'organisent pour faire de l'investigation en ligne sur des affaires d'État, de manière indépendante ou non. Contrairement aux espions gouvernementaux, ces espions non gouvernementaux sont visibles. Ils veulent même être médiatisés et diffuser leurs contenus. Mais on ignore leurs véritables liens d'intérêt. Lorsqu'ils se présentent comme indépendants, cela doit inciter à la vérification. Par exemple, un site britannique d'investigateurs-activistes, Bellingcat, est né en 2014. Unanimement acclamé par la presse britannique et américaine, le site se présente comme « indépendant » et a reçu de nombreux prix. Sa ligne éditoriale affichée est la « lutte contre la désinformation d'origine russe ». Cela explique en bonne partie son grand succès aux États-Unis et en Europe, car le contenu surfe sur le sentiment anti-russe. Se présentant comme un réseau de citoyens-journalistes, ce « collectif d'investigation en ligne » a par exemple publié des informations qui laissent penser que des insurgés soutenus par la Russie ont abattu l'avion civil MH17 en Ukraine en 2014, même si le gouvernement russe a démenti cette information. Et il a révélé les identités des Russes qui ont assassiné l'officier russe Sergei Skripal en Angleterre, en 2018. Plus récemment, le collectif a publié des rapports qui montrent l'implication des services secrets russes dans d'autres empoisonnements, notamment celui de l'opposant Alexei Navalny. Tout cela aurait été accompli grâce à de la recherche open source citoyenne et sans l'aide de services de renseignement, américains par exemple. Le fondateur du site Bellingcat, Eliot Higgins, a des airs de startuper, barbe et survêtement, et présente son réseau comme celui d'amateurs qui, comme lui, géolocalisent des photos, détectent l'authenticité de vidéos sur les réseaux sociaux, reconstituent des preuves grâce à des images satellites de Google Maps et comptent sur des centaines de contributeurs grâce à l'open source. Avant tout, raconte-t-il, « les personnes de notre réseau étaient des geeks qui ne se voyaient pas du tout sauver le monde ». Ce *storytelling* qui se veut authentique contraste pourtant avec le contenu très orienté du site. En le parcourant, on constate qu'il se présente comme un site d'investigation (sans même faire référence à la Russie), alors qu'il n'investigue pas sur tous les sujets de manière équilibrée. L'écrasante majorité des informations sont orientées contre la Russie.

La weaponisation du concept de « factuel »

Le passage en revue des actualités surprend par l'orientation d'un contenu fortement pro-américain, plus précisément pro-Pentagone, avec des articles négatifs contre les États russe, iranien, syrien, vénézuélien (soit tous les ennemis des États-Unis), et des articles présentant les soldats américains très positivement et adoptant entièrement leur point de vue. L'information est si tendancieuse, qu'on finit par se dire que si le Pentagone avait lui-même rédigé ces articles, il n'aurait pas osé être aussi complaisant. Une opération que l'on imagine difficilement être indépendante ou modérée sur le plan idéologique, même si ce problème n'est pas évoqué par les médias comme *The Guardian* et d'autres, qui parlent de Bellingcat. La page Wikipédia consacrée à ce média semble être passée à côté de sa forte orientation et ne relaie que des éloges. Seule la Russie a réagi : fin 2021, Bellingcat a été classé « agent étranger » par Moscou, un statut que, à n'en pas douter, le site sera fier d'arborer comme gage de sa lutte, puisqu'Eliot Higgins qualifie les démentis du président russe, Vladimir Poutine, comme du « trolling abusif ». Qu'un tel parti pris ne soit jamais relevé a de quoi étonner. Car il ne fait pas de doute que les pays considérés comme les ennemis des États-Unis par le Département d'État américain sont bien les cibles premières des « investigations » de Bellingcat, avec quelques exceptions comme une enquête au Cameroun ou une autre sur Christchurch (Nouvelle-Zélande). Pour le reste, le site reflète les vues de l'Otan (l'Organisation du Traité de l'Atlantique Nord), paré de sa légitimité d'opération d'investigation citoyenne. On ne trouvera, de toute évidence, jamais une seule investigation dévoilant des méfaits du gouvernement américain ou britannique.

À première vue, difficile de connaître avec certitude les liens d'intérêt de ce genre d'opérations, en particulier avec le gouvernement américain. Mais un simple coup d'œil sur le site de l'Open Society de George Soros révèle que Bellingcat a reçu pas moins de 400'000 dollars de la fondation du milliardaire entre 2016 et 2019, soit 100'000 dollars par an. Ces contributions très considérables ne sont pas mentionnées sur le site Bellingcat, qui indique en revanche un autre contributeur de poids parmi ses sponsors actuels : la National Endowment for Democracy (NED), le lobby financé par le Congrès dont la mission proclamée est d'influencer l'opinion publique dans les pays de l'Est ou les pays socialistes afin d'apporter un changement de régime. Soit un agenda similaire à celui, affiché par l'Open Society, d'« aide à la transition démocratique ». Le montant du financement de Bellingcat par la NED n'est pas divulgué. En 1991, un des fondateurs de la NED, Allen Weinstein, expliquait au *Washington Post* que « bien des choses qu'ils [la NED] faisaient maintenant étaient faites clandestinement par la CIA, 25 ans auparavant ». Durant la guerre froide, la CIA avait soutenu la publication de livres d'opposants politiques en URSS pour accroître le sentiment anti-soviétique et enflammer la dissidence à l'intérieur du pays. Comme pour la NED, une des principales activités de l'Open Society est d'amener un changement culturel dans les pays de l'Est pour les faire adhérer aux valeurs occidentales, à travers le financement de nombreux médias en Europe de l'Est, mais aussi de mouvements sociaux « pro-démocratie ».

Que des sites comme Bellingcat défendent les Américains, les Russes ou les Chinois, au fond, n'est pas le problème abordé ici. C'est la ligne idéologique, non clairement divulguée, qui pose problème dans notre analyse de la désinformation. On galvaude la notion de journalisme d'investigation citoyen et indépendant, pour l'accoler à une opération reflétant le programme idéologique de l'Otan. Un site présenté comme de l'investigation citoyenne, libre, open source, et qui au final s'avère extrêmement partisan. On pourrait répliquer que l'investigation, ce n'est justement pas de l'idéologie. La réponse est que le choix des sujets investigués peut être très partial et orienté. On peut utiliser le concept de «factuel» à mauvais escient. C'est simple: une personne qui lit ces informations ne saura rien des faits de guerre, y compris les bévues, crimes et autres secrets militaires des États-Unis, l'armée de loin la plus engagée dans le monde, mais aura une information très détaillée sur les revers, crimes et agissements discutables d'un pays beaucoup plus petit, en termes d'armée et d'économie, la Russie. Si tant est que cette information soit fiable. D'ailleurs, Eliot Higgins se plaint d'être constamment accusé, sur Twitter, «de travailler pour la CIA». Il a fini par reconnaître qu'il n'utilisait pas que de l'open source, mais aussi des informations non publiques comme des données de téléphones achetées sur le marché noir ou gris, le genre de données privées que la NSA (l'agence américaine de renseignement) utilise. Le soupçon pèse constamment, dans l'esprit de ses détracteurs, sur le degré d'assistance qu'il peut recevoir des services de renseignement, qu'il nie fermement. Mais lorsque l'alignement est total avec un gouvernement, difficile de maintenir une image d'indépendance, d'autant que les services de renseignement américains sont engagés de longue date dans la guerre de l'information, qui est au cœur de leur stratégie. Ce qui est attesté est le financement de l'Open Society et de la NED, qui ont un agenda spécifique et affiché en Europe de l'Est, et cela n'est pas le signe d'une indépendance éditoriale. Là-dessus, le fondateur du site ne communique pas. L'ironie de l'histoire est que le sous-titre du livre de Higgins, qui raconte l'histoire de Bellingcat, est «Nous sommes une agence d'espionnage pour le peuple». Cela évoque fortement le slogan de WikiLeaks, «l'agence de renseignement du peuple». Vouloir rapprocher le travail de Bellingcat de celui de WikiLeaks, alors que le premier s'attaque aux ennemis des États-Unis, et le second révèle les crimes de guerre des États-Unis, serait invraisemblable. L'auteur de l'article sur les espions privés, Charlie Savage, qui a pourtant une opinion très positive de Bellingcat, conclut son article en disant : « Pour être honnête, si j'étais un espion de la CIA ou du MI6 et que je voulais prendre l'avantage sur les Russes en exposant les mauvais agissements de Moscou, sans laisser de traces, il serait tentant de souffler des informations à l'oreille de Bellingcat, afin qu'ils reconstruisent le récit en parallèle avec leurs méthodes, comme s'ils l'avaient eux-mêmes trouvé. Bellingcat doit donc être vigilant et veiller sur son indépendance », met-il en garde. La conclusion de son article : « La ligne entre les journalistes traditionnels, les détectives privés, les investigateurs-activistes en ligne, et les services secrets étatiques a tendance à s'estomper. »

Le fléau de l'espionnage privé

Il convient également de se familiariser avec le modus operandi de certaines agences privées qui pratiquent la désinformation contre rémunération. Là aussi, c'est une tendance qui peut à tout moment investir le champ économique, et se manifester en Europe. Dans un livre récent[2], le journaliste d'investigation américain Barry Meier se penche sur les pratiques de ces agences privées aux États-Unis, qui sont payées pour discréditer, désinformer, tromper. J'ai analysé, dans un édito appelé « La désinformation, l'arme numéro un »[3], les exemples d'agences de propagande privées israéliennes qui ont été actives à l'international comme Psy-Group (fermée en 2018), Terrogence ou Black Cube (toujours en activité). Des firmes de « relations publiques » contemporaines capables de détruire des réputations, de monter des communautés les unes contre les autres, et d'accomplir les pires besognes pour des dirigeants malhonnêtes. Certaines sont hors circuit (comme Psy-Group)

2. B. Meier, "Spooked: The Trump Dossier, Black Cube, and the Rise of Private Spies", livre présenté dans un dossier du journal *The New Republic*, mai 2021.

3. M. Zaki, « La désinformation, l'arme numéro un », magazine *Bilan*, 1er mars 2019.

pour activité illégale, d'autres opèrent encore, d'autres se créent par dizaines. Black Cube s'est notamment illustrée dans l'aide apportée au producteur de cinéma en disgrâce Harvey Weinstein pour détruire la réputation de ses accusateurs, et tromper des journalistes d'investigation qui couvraient son affaire. Il y a aussi K2 Intelligence, rebaptisée K2 Integrity, agence new-yorkaise qui a infiltré et suivi certains activistes de la santé publique qui cherchaient à interdire l'amiante, tandis que l'agence œuvrait pour un client kazakh producteur d'amiante. Le point clé de ces opérations est que le client, le commanditaire, doit rester caché. Ainsi, personne ne sait d'où vient l'information.

L'affaire des liens supposés entre Trump et la Russie en dit long sur la pratique de l'espionnage privé et sur la désinformation que cela peut engendrer. Le « dossier Steele » illustre l'impact sans précédent des espions privés sur la politique, les affaires, et le récit médiatique. Durant la campagne de 2016 aux États-Unis, les Démocrates ont financé des services d'espionnage pour enquêter sur les liens entre Trump et la Russie. Ils ont engagé Fusion GPS, une agence d'investigation cofondée par un ancien journaliste du *Wall Street Journal*. Fusion GPS a sous-traité le mandat à Orbis Business Intelligence, dirigée par Christopher Steele, un ex-espion britannique. Steele, à son tour, a confié la mission à Igor Danchenko, un investigateur spécialisé dans les informations liées à la Russie.

Danchenko s'est rendu en Russie et a glané des rumeurs non corroborées sur une possible collusion entre la Russie et la campagne de Trump, puis il a relayé oralement ces rumeurs boiteuses à Steele. Ce dernier a produit sur cette base une série de rapports, qu'il a donnés à Fusion, mais aussi au FBI, ainsi qu'à la presse. Toutes les allégations sont restées à l'état de rumeurs, qui s'alimentaient entre elles. S'y est ajoutée la rumeur selon laquelle Danchenko lui-même a été infiltré par les agents secrets russes qui l'ont alimenté en fausses informations. Il s'est finalement avéré que Danchenko, un jeune Russe, n'avait pas vraiment d'informations, ni de réseau d'informateurs dans son pays d'origine, ayant toujours vécu aux États-Unis. Avouant avoir menti au FBI, il est arrêté et mis en examen le 4 novembre 2021. Le narratif sur une collusion entre la Russie et l'équipe de campagne de Trump s'est donc effondré. Le risque d'amateurisme et de fausses informations est élevé dans l'espionnage privé, qui évolue dans un flou juridique, avec faible surveillance de ses pratiques. Les espions privés peuvent aussi se faire manipuler par des espions gouvernementaux. Le sommet de la désinformation, dans cette affaire Steele, a été atteint quand le FBI a diffusé ces informations non vérifiées d'espions privés, et financées par l'opposition à Trump, qui se sont avérées être une vaste théorie du complot. Des médias qui, comme le *Washington Post*, ont relayé sans distance ces informations et monté en épingle un « Russiagate », ont dû rectifier par la suite les articles concernés, reconnaissant l'inexactitude des faits rapportés par les sources. Le *Wall Street Journal* a estimé que les médias ont été les « promoteurs crédules » de cette campagne de désinformation. Et le plus embarrassant dans cette affaire est sans doute le Prix Pulitzer décerné en 2018 *au Washington Post* et au *New York Times* pour tous les articles liés au Russiagate, récompensant des articles décrits comme « méticuleusement sourcés, implacablement menés dans l'intérêt public, qui ont remarquablement amélioré la compréhension de l'ingérence russe dans l'élection de 2016 et ses connexions avec l'équipe de campagne de Trump puis avec son administration. »[4]

Le constat général qui doit nous occuper est que le danger de la désinformation colportée à des fins politiques, ou commerciales, à travers des espions privés, qui se manifeste aux États-Unis et alimente les médias, nous guette aussi en Europe. « Que les intentions de ces propagateurs d'informations soient nobles, mercenaires ou corrompues, ils opèrent en dehors du cadre légal de la surveillance et de la responsabilité, et influencent la

4. Récompense de 15'000 dollars attribuée en 2018. "The 2018 Pulitzer Prize Winner in National Reporting", www. pulitzer.org.

politique, les affaires et d'autres aspects de nos vies», met en garde Charlie Savage, le journaliste du *New York Times*.

Dans le *New Yorker* de mars 2019, une enquête sur la nouvelle «guerre de l'information» avait déjà dévoilé les pratiques de ces agences dont certaines agissaient carrément dans l'illégalité. Essentiellement fondées par d'anciens espions israéliens et russes, elles trouvent des clients en Occident. Les officines aux pratiques les plus douteuses comme Psy-Group, une firme de propagande fondée en 2014, ont eu recours à toutes les armes : avatars, bots, fake news, photomontages, sites sans adresse identifiable, faux comptes email, sociétés écrans, faux employés de sociétés bidon, faux think tank destiné à promouvoir un client politique et à démonter ses adversaires. Avec un tel dispositif, il est possible de créer de toutes pièces une nouvelle réalité, de modifier l'image et la réputation d'une personnalité, de renverser l'opinion publique, sur la base de mensonges. Psy-Group a été fermée en 2018 en raison de ses pratiques violentes dans l'art de fabriquer de fausses informations pour faire et défaire des réputations, discréditer, maintenir un directeur corrompu à son poste, en «refaçonnant la réalité», selon les termes de l'agence. Des «campagnes» des plus douteuses, que d'aucuns pouvaient s'offrir pour un peu plus de 200'000 dollars, détaille le *New Yorker*. Utilisant des outils en ligne et hors ligne, ce type d'opération a un potentiel des plus destructeurs. Signe que l'Europe est aussi concernée, Psy-Group avait introduit un agent à Bruxelles, qui a permis à une entreprise d'obtenir l'autorisation des régulateurs européens. Au fil du temps, cet agent a gagné la confiance de la presse et des parlementaires européens, qui le citaient régulièrement.

Après la fermeture de Psy-Group en 2018, le concept a perduré. Terrogence et Black Cube existent encore, et le secteur va certainement croître, encouragé par les outils digitaux qui facilitent ces pratiques. L'avènement des *deepfakes* (vidéos truquées, non seulement avec usurpation d'identité de personnalités, mais aussi réplication de leur voix), va encore alimenter la tendance.

Le danger réside dans la capacité de ces entités, mais aussi de gouvernements, à fabriquer et diffuser de la propagande en créant des sites web configurés pour ressembler à des sources indépendantes aux yeux du lecteur non averti. Entre 2016 et 2020, les « Opérations de soutien à l'information militaire » (PsyOps), montées par l'armée américaine, s'inscrivaient dans la guerre de l'information contre la Russie. Elles ont créé des sites de propagande que seul l'internaute averti pouvait identifier comme étant liés à l'armée américaine. Mais combien de lecteurs le feront-ils ?

De la propagande au lobbying

Reproduisant ici les propos de précédents éditoriaux, j'estime opportun de rappeler aux adeptes de films hollywoodiens (dont je fais partie) que la propagande, ce n'est pas juste l'affaire des « ennemis de l'Occident », à savoir les Russes, les Iraniens, les Nord-Coréens ou les Chinois. La propagande existe à l'Ouest, c'est une industrie comme une autre. Elle opère ici tous les jours. Les fondements théoriques de la propagande trouvent leur berceau en Europe. Le principe de la psychologie des foules, théorisé initialement par le Français Gustave Le Bon en 1895, a été développé par les chefs de file des « relations publiques », qui ont inventé la propagande politique puis commerciale dans l'Amérique de 1917 aux années 1950, après quoi cette méthode est devenue largement mainstream dans la politique et l'économie, soulevant de sérieuses considérations que nous analyserons en fin de chapitre.

Le publicitaire austro-américain Edward Bernays (auteur du livre *Propaganda* en 1928) a œuvré, des années durant, avec d'autres conseillers en relations publiques tels que Walter Lippmann et Doris Fleischman, pour le compte de la Maison Blanche et de grandes entreprises, dans le but de faire accepter aux Américains certaines politiques gouvernementales, et d'avancer de gros intérêts industriels (tabac, agroalimentaire, etc.). Il a fait ses armes en conseillant la Maison Blanche sur les manières de faire basculer l'opinion publique en faveur d'une entrée en guerre des États-Unis en 1917 alors qu'elle y était profondément hostile. En parallèle, Edward Bernays a été consulté par des patrons pour étouffer des révoltes de salariés. En 1914, le massacre de 26 grévistes dans une usine de charbon appartenant à la famille Rockefeller a mené Bernays, au sommet du conflit social entre travailleurs et grandes entreprises, à appliquer les méthodes de propagande pour faire adhérer les classes ouvrières au modèle de société qu'elles rejetaient alors : le capitalisme industriel. Par la suite, ces mêmes méthodes ont permis de faire adopter, à la demande d'American Tobacco, la cigarette aux femmes, alors qu'elles n'étaient pas autorisées à fumer jusque-là. Stratégie devenue classique, des femmes influentes ont été enrôlées pour faire un « coup d'éclat pour la libération des femmes », en se mettant à fumer publiquement, ce qui conférait à cet acte des airs de rébellion spontanée et un esprit de liberté, tandis que l'objectif était en fait commercial.

Dans l'Amérique des années 1940-50, des campagnes publicitaires associant des médecins à des marques de cigarettes furent diffusées à la TV américaine (« les médecins préfèrent Camel »), pour attester des bienfaits du tabac. Des campagnes pour promouvoir les effets très sains du bacon avec les œufs au petit déjeuner ont rendu incontournable cet ingrédient dans le repas matinal de millions d'Américains.

Mais cette activité pouvait aussi traverser les frontières et avoir des conséquences géopolitiques majeures. Edward Bernays a ainsi monté une campagne de propagande pour l'entreprise bananière United Fruit Company au Guatemala, en vue de décrédibiliser le président Arbenz qui menaçait les intérêts de la firme en nationalisant les terres. Bernays était financé par la United Fruit Company pour informer les journalistes – officiellement « de manière indépendante » – sur la situation au Guatemala. Il organisait des voyages de presse anti-Arbenz pour faire part aux journalistes de la « menace soviétique » que représentait ce pays, cela en occultant totalement l'argent du sponsor et ses intérêts. Les journalistes ont relayé sans mot dire toute l'information idéologiquement orientée sur le Guatemala ainsi transmise, réalisant seulement après coup (mais un peu tard) qu'ils avaient été utilisés et manipulés par la United Fruit Company pour légitimer un renversement du gouvernement en place. Cette campagne a en effet mené, en juin 1954, au coup d'État soutenu par la CIA qui a renversé le président Arbenz (qui avait été élu démocratiquement) lors d'un conflit armé qui fera 200'000 morts au Guatemala. Cette méthode deviendra le modus operandi de la politique étrangère américaine par la suite, en Amérique latine comme au Moyen-Orient, aidée par une propagande politique qui, à travers des médias conciliants et peu vigilants, favorisera la désinformation et donc le consentement de la population pour des guerres d'ingérence incessantes.

Un livre édifiant, *L'industrie du mensonge, relations publiques, lobbying et démocratie*[5], relate en détail différents cas de pratiques des lobbyistes modernes, et les stratégies visant à transformer l'opinion publique, dans le but de conforter les intérêts des grands groupes industriels. « Des espions aux journalistes opportunistes, en passant par des scientifiques peu regardants et de faux manifestants, l'industrie des relations publiques utilise tous les canaux possibles pour que seule puisse être diffusée l'information qui arrange ses clients – gouvernements et multinationales, producteurs d'énergie nucléaire ou de tabac, de technologies polluantes, etc. » Comme l'expliquait Bernays, l'inventeur de la propagande, on peut utiliser les idées comme des armes *(ideas as weapons)*, la réussite dans ce domaine consistant à amener les masses à soutenir des politiques ou des modes de consommation qui peuvent être contre leur propre intérêt.

5. J. Stauber, S. Rampton, *L'industrie du mensonge, relations publiques, lobbying et démocratie*, Éditions Agone, 1995.

Étonnamment, même quand les ficelles de la propagande commerciale américaine ont été révélées en détail, quand Edward Bernays a publié son livre *Propaganda* en 1928, puis *La fabrique du consentement* en 1947, ces méthodes ont continué à fleurir et à faire basculer des opinions publiques à 180°, à susciter l'engouement des masses, comme si tout le monde n'y voyait que du feu. En d'autres termes, ces techniques ne sont nullement un secret, tout un chacun peut trouver une version gratuite des livres de Bernays et Gustave Le Bon, et les étudier en long et en large, mais cela n'empêche pas la poursuite de ces pratiques trompeuses et antidémocratiques.

Ceci parce que le lobbying est une industrie très lucrative. Un rapport de 108 pages rédigé par une ONG et intitulé « États capturés »[6] éclaire le citoyen sur l'étendue des pratiques du lobbying à Bruxelles. En particulier, il démontre comment les ministres des États membres sont devenus les principaux porteurs des intérêts des entreprises au sein des instances européennes. À Bruxelles, des entreprises sponsorisent les présidences tournantes, leurs lobbyistes participent aux réunions de travail et aux commissions techniques, et on les consulte même pour rédiger des brouillons de législations. C'est ainsi que l'industrie chimique a pu défendre avec succès jusqu'à ce jour le maintien du dioxyde de titane (E171), un colorant alimentaire, dans la liste des additifs admis dans l'UE, malgré les risques qu'il présente pour la santé et bien que la priorité affichée de la Commission européenne soit « la santé de ses citoyens et la sécurité de la nourriture qu'ils consomment et des produits qu'ils utilisent ». Cela fait depuis 2006 que l'OMS a mis en garde contre l'effet potentiellement cancérigène de cette substance, que la France a voulu interdire. Toutefois, dès 2016, un lobbying intensif a été organisé auprès des instances de Bruxelles, par la Titanium Dioxide

6. Corporate Europe Observatory, « États capturés: les gouvernements nationaux, défenseurs des intérêts privés au sein de l'UE », 6 février 2019.

Manufacturers Association (TDMA), avec l'aide de la firme de relations publiques Fleishman-Hillard et du European Chemicals Industry Council. Participations aux réunions, prises de positions, rencontres avec les ministres : lors d'un meeting, les lobbyistes sont venus à 24 rencontrer 1 ministre, écrit l'ONG qui a enquêté sur ces pratiques. Fait notable, ce lobby a pu compter sur le soutien déterminant du Royaume-Uni, deuxième plus gros producteur de dioxyde de titane. Finalement, ce colorant alimentaire sera interdit en 2022. Mais le combat a été long pour les défenseurs de la santé publique dans différents pays européens comme la France et la Belgique. Et ce composant reste autorisé dans les cosmétiques et les produits pharmaceutiques, malgré ses dangers. Le combat n'est donc pas terminé.

Autre cas de lobbying majeur : le glyphosate, défendu par Monsanto et soutenu par l'Allemagne, qui jouait le rôle de rapporteur en matière de sécurité sur le glyphosate. Entre 2012 et 2017, il était question du renouvellement ou non de l'autorisation du glyphosate en tant qu'herbicide dans l'UE. La licence sera finalement renouvelée pour cinq ans en 2017, grâce au soutien de l'Allemagne, dont le groupe Bayer rachètera Monsanto en 2018. En 2015, l'OMS avait mis en garde contre les risques d'effets cancérigènes du glyphosate. Un lobbying intensif a là aussi été mené par Monsanto et la « task force glyphosate », qui représente l'industrie des pesticides. L'Allemagne a contredit les conclusions de l'OMS, le rapport recommandant non seulement le renouvellement de la licence, mais aussi l'accroissement possible du dosage quotidien acceptable. Fait notable, l'auteur du rapport avait côtoyé Bayer et Monsanto au sein de l'International Life Sciences Institute, qui est entre autres financé par Monsanto. Il était aussi membre de l'Autorité européenne de sécurité des aliments (EFSA), qui a mystérieusement autorisé un consultant pour l'industrie chimique allemande à relire et à modifier son rapport sur le glyphosate en toute dernière minute. Des conflits d'intérêts difficiles à croire, et révélés par l'enquête « États capturés ».

Le reste du document publié en 2019 révèle les détails des pratiques de lobbying de l'industrie automobile, de la finance et des télécoms au cœur de l'UE.

À la dénonciation de la manipulation des esprits par les relations publiques, Edward Bernays, père du lobbying, a répliqué qu'au contraire, cela n'est nullement un mal, puisqu'il existe une libre concurrence des propagandes et que quiconque peut vanter les causes et politiques qu'il souhaite dans nos démocraties. Mais ceci est inexact. La propagande, le lobbying, les relations publiques et la publicité coûtent cher. Ceux qui ont les moyens de diffuser largement leurs messages et de mener campagne partent déjà gagnants. Les autres auront systématiquement moins de moyens de convaincre que ceux qui ont de gros budgets de relations publiques. C'est même une banalité que de dire que les moyens – et donc les effets – sont inégaux. L'enquête « États capturés » montre d'ailleurs que les ONG n'ont pas du tout le même accès aux dirigeants de l'UE que les lobbies d'entreprises, faute de moyens similaires.

Si bien qu'en réalité, on se retrouve face à un monde de l'information où dominent des messages financés par quelques gros intérêts, qui diffusent leur communication dans un but qui n'est pas d'intérêt public. Le dioxyde de titane n'est pas dangereux, le glyphosate n'est pas dangereux, tout comme l'industrie du tabac avait fait passer l'idée que fumer était bon pour la santé ou était un acte d'émancipation des femmes.

Dans un monde de communication, la majorité des messages que le citoyen voit aujourd'hui ne sont pas représentatifs de l'intérêt général, car des intérêts privés ou un petit nombre de personnes créent des fictions publiques et mobilisent des masses dans le sens de leurs propres agendas. Nous vivons dans une société où les volumes d'information sont proportionnels aux moyens de celui qui a payé pour les diffuser, ce qui mène à une inévitable distorsion de l'information – des intérêts très spécifiques pouvant dominer la scène – voire à une désinformation récurrente, qui nécessite un esprit critique acéré et un haut niveau d'éducation.

L'astroturfing ou la désinformation payée

Comme nous l'expliquions dans la partie consacrée aux officines de propagande, les nouvelles formes de désinformation sont aujourd'hui encore plus dangereuses pour la démocratie, car leur potentiel est illimité. Comme nous l'avons vu, des firmes peuvent créer un récit dominant pour favoriser les intérêts de l'entité qui les paie.

Si on se penche à présent spécifiquement sur les réseaux sociaux, c'est là où les moyens sont les plus puissants : il est possible de recruter des armées. Des armées de trolls, ou faux comptes, s'entend. Ces derniers semblent être ceux de citoyens « lambda », qui commentent spontanément un sujet. Ils peuvent venir bombarder les fils de commentaires de n'importe quel compte, pour créer la perception que l'opinion est favorable à une certaine idée. En réalité, ils œuvrent pour des intérêts précis, donnant simplement l'impression que c'est le courant de pensée dominant, et empêchant l'opinion de se former librement. Un mouvement citoyen en ligne peut être fabriqué à partir d'un hashtag qui sera diffusé massivement. Ce faux mouvement d'idées défendra en réalité les intérêts d'une organisation qui a engagé une firme de RP pour le diffuser, et des mercenaires digitaux payés se chargeront de le rendre populaire. Ce n'est que la transposition des pratiques anciennes d'Edward Bernays au monde digital.

Le but : influencer les conversations sur Internet, faire monter une idéologie, en discréditer une autre, influencer des projets de loi, des votations ; améliorer sa réputation. Le gouvernement américain y a recouru en créant de faux comptes pour influencer les conversations au Moyen-Orient, entre citoyens connectés sur les réseaux sociaux. Monsanto et Samsung ont aussi monté de fausses opérations, l'un pour améliorer sa réputation, l'autre pour déstabiliser ses concurrents. Ces pratiques servent aussi à promouvoir un produit ou service (ex. avec de faux avis sur les sites de e-commerce ou des comptes Instagram faussement indépendants).

Tout l'art consiste à organiser des mouvements de revendications semblant provenir de citoyens lambda, mais qui sont en fait stimulés et pilotés dans l'ombre par des agences de relations publiques pour défendre les intérêts de leurs commanditaires (déstabiliser une cible précise ou attirer l'attention des médias, par exemple), explique le journaliste Martin Bernard, dans un article publié sur le site *Bon pour la tête*[7]. Souvent, ces stratégies passent par des consultants, des firmes de relations publiques, de lobbying ou de marketing.

Cela aboutit à des opérations de mensonge et de tromperie du public, aujourd'hui insuffisamment réglementées. L'objectif de ces campagnes est toujours que l'on ignore qui en est la source, et que l'on croie que ces opinions sont authentiques, spontanées et émanent de citoyens comme nous, alors que ce sont de faux comptes, des trolls payés.

Pour défendre les intérêts de leurs clients, les firmes de relations publiques usent de manière croissante de ce type de stratégies : « En utilisant délibérément le mensonge, en manipulant les plateformes digitales et en jouant avec les biais cognitifs des êtres humains, l'astroturfing contribue à répandre des *fake news* et à saper les fondements du pacte social et démocratique, écrit Martin Bernard. Il mine également la légitimité des véritables mouvements citoyens. Il apparaît donc urgent d'agir pour en limiter l'utilisation. »

La guerre cognitive, un boulevard de désinformation

Les futures guerres ne vont pas être des guerres armées. Mais des guerres de désinformation. Nous expliquions, au début du livre, que la désinformation qui provient des gouvernements ou des armées est celle qui a le plus d'impact, à l'évidence. Et en effet, en cet âge digital, la guerre qui se prépare s'éloigne

7. M. Bernard, « L'astroturfing et la propagande à l'heure des réseaux sociaux », *Bon pour la tête*, 17 septembre 2021.

du terrain militaire et se dirige vers le terrain idéologique et social, à une échelle que l'on n'avait jamais vue auparavant. La prochaine guerre sera « cognitive », annonce l'Otan dans un rapport sorti à l'automne 2020[8]. L'organisation s'y prépare et anticipe surtout les menaces en provenance de pays comme la Russie et la Chine, dont elle pense qu'elles sont déjà très avancées dans ce domaine. Elle estime que le piratage russe des emails du parti démocrate en 2016 relevait déjà de ce type de guerre cognitive. Mais l'Otan se prépare aussi à passer à l'offensive et à utiliser à plein les techniques de la guerre cognitive. Il s'agit de toutes les techniques qui visent à changer la façon de penser des populations d'un pays ennemi, en vue de le déstabiliser. Cela passe par la manipulation de masse des opinions et des réactions des individus, de groupes ou de communautés. Ceci, avec l'aide des neurosciences, qui vont étudier la cible (individu ou groupe) en utilisant des mégadonnées pour savoir comment l'inciter à penser et à agir de la manière souhaitée. Quand ce type de stratégies sera déployé, dans le climat hostile qui règne déjà entre les principales puissances, on ne peut que subodorer que la désinformation sera propagée à large échelle, bien plus encore qu'aujourd'hui. Les pays de l'Otan désinformeront le monde au sujet d'événements qui se passeront dans les pays comme la Russie ou la Chine (y compris Hong Kong et Taïwan), sans le dire, même à leurs populations. Et la Chine et la Russie fabriqueront de leur côté des vagues de désinformation en Occident qui ne seront pas non plus immédiatement identifiées comme telles. Le résultat sera une guerre de désinformation massive. Et le travail des médias n'en sera que plus compliqué.

La guerre cognitive vise à « weaponiser » (transformer en arme) l'opinion publique d'un pays, de l'extérieur, dans le but d'influencer les politiques, de déstabiliser des institutions, ou

8. A. Bernal *et al.*, "Cognitive Warfare, An Attack On Truth and Thought", NATO, Johns Hopkins University, automne 2020.

de mener le pays ennemi à se détruire lui-même de l'intérieur, sans avoir jamais recouru à la force armée. De l'aveu même de l'Otan, cette forme de guerre est la plus dangereuse de toutes. Combinée à des stratégies de cyber guerre (intrusion dans le système informatique) et de guerre de l'information (intrusion dans le contenu digital), la guerre cognitive (intrusion dans le cerveau) constitue le procédé le plus pointu et qui se déploie à plus large échelle. L'ancêtre de la guerre cognitive était la guerre psychologique, appelée PsyOps par l'armée américaine, qui en a largement fait usage durant la guerre froide ainsi qu'au Moyen-Orient. Mais les PsyOps n'avaient pas la même force de frappe ; la guerre cognitive se distingue par sa portée très large s'étendant aux populations civiles du pays ennemi et par son influence plus profonde (voir tableau, issu de l'étude précitée).

Caractéristique	Guerre psychologique	Guerre électronique	Cyber guerre	Guerre de l'information	Guerre cognitive
Usage des tendances de masse / données			x	x	x
Agit sur les pensées et le comportement	x				x
Capacité d'atteindre une très large portée publique			x		x
Intérêt pour la circulation de l'information	x	x		x	x

On peut trouver ces informations dans une série de rapports rédigés par l'Otan ou pour le compte de l'organisation et publiés durant l'été 2021 par des chercheurs œuvrant pour différentes universités, dont l'Université Johns Hopkins, l'Imperial College London et le MIT.

Dans la guerre cognitive, la diffusion de fake news n'est pas indispensable ; en effet, la stratégie peut être menée avec des informations exactes, mais qui ont un ascendant sur l'individu (*storytelling*, scandale, embarras, émotion). Il faut toutefois s'attendre aussi à des fake news et à de la désinformation sous faux drapeaux, comme déjà les PsyOps en étaient coutumières.

Une guerre pourra se gagner uniquement avec les armes cognitives, selon le rapport. En influençant le comportement d'un groupe de personnes, on peut rendre impossible toute action de l'adversaire. Les stratégies parlent de stimuler dans le pays ennemi une polarisation accrue, de créer des mouvements sociaux, délégitimer le gouvernement, perturber l'activité économique et l'infrastructure, créer la confusion dans la communication. Et tout cela ne porte aucune signature du gouvernement ennemi qui s'active dans l'ombre pour provoquer tous ces dégâts. D'autres techniques d'influence négative sont : promouvoir des idéologies extrémistes (ce que Jimmy Carter avait fait en suscitant un mouvement panislamiste qui allait lui servir à chasser les communistes du Moyen-Orient), manipuler les croyances des civils, contrôler des activités économiques clés, peser sur les élections, recruter des civils dans des groupes dissidents ou extrémistes marginaux, stimuler la dissidence en général.

La guerre cognitive est l'étape de manipulation la plus avancée, car il s'agit de persuasion furtive. Les individus ciblés n'ont même pas l'impression d'avoir obéi à quiconque.

Au moment même où l'Otan perfectionne ses armes cognitives, l'organisation se dote d'outils digitaux pour détecter des campagnes menées par des puissances étrangères, à l'aide d'une intelligence artificielle capable de reconnaître qui mène campagne, selon ses biais culturels. L'Otan admet que la guerre cognitive sera une affaire de gouvernements. « Nous pensons que les acteurs non gouvernementaux n'auront pas la force de frappe pour mener des campagnes de guerre cognitive, mais que ce seront les acteurs gouvernementaux qui le feront car ils ont les ressources pour soutenir une campagne qui peut durer sur des générations», conclut l'Organisation. Dans un monde en guerre, l'information sera la première victime.

Chapitre XI

Comment les 1 % façonnent l'opinion

Ce chapitre explique comment les 1 % les plus riches du monde développé sont ceux aujourd'hui qui créent de facto la plupart des récits collectifs et des valeurs sociétales qui se diffusent ensuite à travers les médias et la culture. Et comment ces narratifs correspondent à l'intérêt de ceux qui les émettent, à leur vision du monde, permettent d'avancer leurs causes, leurs combats spécifiques et leurs points de vue. Qui ne coïncident pas, ou peu, avec ceux des 99 %.

Pour faire une analogie : les milliardaires sont, en quelque sorte, les rédacteurs en chef du monde. Si le monde était un journal, ils en définiraient la ligne éditoriale. Ceci pour des raisons structurelles évidentes : les idées ont besoin d'argent pour se diffuser.

Dans ce paradigme où l'argent est la variable clé de l'influence, il s'agit de comprendre comment se produit cette diffusion, à travers quels canaux, et quels sont ses impacts sur l'information.

Les États-Unis sont gouvernés par les superriches, écrit Francis Fukuyama, auteur de *La fin de l'histoire*. Ils sont une ploutocratie, mais qui ne se pense pas comme telle et ne se décrit pas comme telle. D'autres récits dominants sont diffusés, qui s'écartent de la réalité des inégalités profondes qui minent cette démocratie. La ploutocratie, l'oligarchie où domine le pouvoir de l'argent, est pourtant une réalité sur laquelle il importe de s'informer, sans mythes ni légendes, car comme nous le verrons, les valeurs intellectuelles et sociétales de cette ploutocratie sont celles qui nous impactent.

Elles sont diffusées à travers l'ensemble du monde développé, à travers les leaders d'opinion, les écrivains, les humoristes, les instagrammeurs/euses, l'art, l'architecture et bien d'autres vecteurs, et imprègnent la culture occidentale, des plus riches aux plus pauvres. Cela mène à l'extrême visibilité de certaines idées, et à l'invisibilisation d'autres.

La défaite de l'idée de redistribution

Dans la revue *The American Interest* de janvier 2011, Francis Fukuyama a défini la ploutocratie américaine comme étant « un système de gouvernance par les riches, et pour les riches ». Il a décrit l'influence disproportionnée qu'exerce, dans un pays où les inégalités sont fortes, la classe des superriches sur la politique, la politique étrangère, et sur les valeurs diffusées dans la société et dans le monde. Il a notamment décrit en détail les processus politiques à travers lesquels, grâce au financement des campagnes et des partis, le processus législatif est contrôlé. « Cette influence peut s'exercer de quatre manières essentiellement, écrit-il : par le lobbying destiné à soustraire les entreprises à des coûts réglementaires et autres fardeaux, et à transférer ces derniers sur les contribuables au sens large ; le lobbying qui concerne la fiscalité des hauts revenus afin qu'ils soient moins taxés ; le lobbying pour permettre que l'argent des entreprises puisse être utilisé de la manière la plus permissive possible dans les campagnes politiques ; et surtout, le lobbying pour permettre que le lobbying lui-même puisse continuer avec le moins de restrictions possibles. »[1] Ces politiques ont contribué à creuser fortement les inégalités aux États-Unis, jusqu'à atteindre les extrêmes actuels. Il convient de s'intéresser de près à ces phénomènes, car ils se reproduisent également en Europe

1. F. Fukuyama, « Ploutocratie et démocratie », *The American Interest*, janvier/février 2011.

(voir aussi le sous-chapitre sur les lobbies à Bruxelles, dans les pages précédentes).

Mais alors que l'on s'attendrait à une demande accrue pour des politiques redistributives, c'est tout l'inverse qui se produit. Au contraire, le mot « redistribution » est déprécié, y compris par ceux qui en bénéficieraient. Quant aux colères sociales qui s'expriment aux États-Unis, en Europe et un peu partout dans le monde développé, elles ont pris la forme de mouvements d'extrême-droite, et non de mouvements de gauche réclamant une redistribution. Aujourd'hui, le président Joe Biden, élu largement sur des promesses de relèvement de la taxation des individus les plus riches, a totalement échoué dans ce projet, dont il n'est plus question, après à peine un an de présidence. C'était pourtant son thème central de campagne, destiné à remédier au fait que les riches paient aujourd'hui un taux d'imposition plus bas que les 50 % les plus pauvres[2].

Alors comment expliquer la tendance à voir complètement disparaître la notion d'un « populisme redistributif », ou de revendication sociale, en particulier dans les pays anglo-saxons, mais peut-être bientôt également en Europe continentale ?

Fukuyama relève qu'aux États-Unis, même la crise de 2008 n'a pas changé les mentalités. Elle a pourtant fortement abîmé le mythe très américain qui veut que, si un banquier d'affaires gagne 100'000 fois plus qu'un plombier, c'est parce qu'il contribue à la société 100'000 fois plus qu'un plombier. La crise a en effet prélevé d'énormes richesses à la collectivité, mis 45 millions d'Américains à la soupe populaire, en raison du comportement des élites de la finance, qui elles se sont enrichies grâce à la crise. « En réalité, le secteur de la finance – Wall Street – est celui qui a le moins souffert sur le long terme de la crise qu'il avait lui-même provoquée », rappelle Francis Fukuyama.

2. C. Ingraham, "For the first time in history, U.S. billionaires paid a lower tax rate than the working class last year", *Washington Post*, 8 octobre 2019.

La grande question, c'est comment expliquer la débâcle évidente de la gauche et l'absence d'un mouvement de fond en faveur d'un rééquilibrage social, dans un pays qui produit des inégalités extrêmes. Certes, le lobbying est un des premiers facteurs explicatifs, dans un système politique contrôlé par le pouvoir de l'argent : « Wall Street a dépensé des montants de lobbying considérables pour s'assurer que la régulation inévitable du secteur qui a suivi 2008 serait la plus indolore possible », souligne Fukuyama. C'est un des signes tangibles d'une ploutocratie : l'argent du lobbying et les contributions de campagne verrouillent les politiques et constituent une « forme de corruption légalisée ». L'ancien chef économiste du FMI, Simon Johnson, avait aussi fait le constat que les États-Unis sont dominés par une oligarchie qui ne se distingue pas tant que cela de celles que l'on voit en Russie ou dans des pays moins développés. Mais ce n'est pas ce que racontent les narratifs dominants que diffuse l'Occident sur lui-même.

Une autre explication à l'inaction sociale a trait à l'exceptionnalisme américain, qui veut que là-bas, on préfère l'égalité des chances à l'égalité des résultats, et qu'on n'a pas besoin de la protection de l'État. Or là aussi, c'est un mythe auquel croit la population, et qui dessert ses intérêts. En réalité, il a été démontré que la mobilité sociale n'est pas supérieure outre-Atlantique à d'autres pays développés. L'usage de pistons et la reproduction sociale des classes supérieures y est tout à fait les mêmes qu'en Europe[3].

Une autre explication est que les Américains dont les salaires ont stagné ou baissé ont été « endormis » par le crédit bon marché. Ne pas avoir d'augmentation de salaire, mais pouvoir s'endetter davantage et consommer plus, peut entretenir l'illusion, et une certaine torpeur. Cela explique aussi pourquoi le pays est plongé dans un régime de crédit bon

3. T. Philippon, *The Great Reversal: How America Gave Up on Free Markets*, Éditions The Belknap Press, 2019.

marché de manière perpétuelle, car le crédit serait une sorte d'opium du peuple.

Les récits collectifs des 1 %

Mais la plus importante explication a trait aux idées, et à la désinformation créée par les narratifs des élites américaines. Contrairement aux élites de régimes autoritaires dirigés par de riches despotes, les élites américaines ont réussi à élaborer un récit moral construit, estime Francis Fukuyama, une vision du monde qu'elles ont les moyens de diffuser en Amérique et bien au-delà. Ce récit forge un état d'esprit favorable vis-à-vis de l'enrichissement illimité d'individus comme Elon Musk (276 milliards de fortune), Jeff Bezos (204 milliards), ou Bernard Arnault (201 milliards). La notion de « création de valeur » présente sous un jour positif le rôle de l'entrepreneuriat (libre et responsable) et de la Bourse, qui le récompense (et qui est elle-même efficiente). Les aides gouvernementales sans précédent, les arrangements avec le fisc, ou encore l'enrichissement par la planche à billets sont dans l'angle mort de ce narratif (subventions publiques, injections d'argent de banque centrale dans les marchés, évasion fiscale ou niches fiscales permettant le non-paiement d'impôts pendant des années). L'un des récits les plus avantageux a certainement été celui des Reaganomics, relève Fukuyama. L'économie de l'offre a fourni une justification au fait que les riches paient moins d'impôts, car l'incitation à entreprendre est favorisée par des taux d'imposition marginaux (sur les tranches les plus élevées du revenu) plus bas. Cette création de valeur allait ensuite ruisseler vers le bas à travers les finances publiques et la création d'emplois. Mais alors que ces taux d'imposition marginaux étaient à près de 90 % après la Deuxième Guerre mondiale, ils ont baissé à des niveaux aujourd'hui inférieurs à ce que Reagan et Thatcher avaient atteint à la fin de leurs mandats. Les baisses d'impôts des ères Bush et Trump ont nettement bénéficié aux plus hauts revenus, tout en continuant d'être promues dans l'intérêt collectif. Ce mythe continue d'avoir l'adhésion de nombre d'Américains, parmi lesquels les plus paupérisés.

Comment se créent ces récits collectifs, que les élites façonnent et financent à travers les médias, les universités, et la culture ? Ce phénomène a été expliqué dans *The New Republic* par le journaliste David Sessions en 2017 : « Comment les superriches ont financé une nouvelle classe d'intellectuels »[4]. Pendant une bonne partie des XIXe et XXe siècles, la bourgeoisie européenne née après la Révolution industrielle a engendré ses propres penseurs. Ce profil d'intellectuels du début du XXe siècle, qui étaient relativement indépendants des pouvoirs en place, ont moins la cote aujourd'hui. Pour comprendre ce phénomène, le politologue Daniel W. Drezner a montré, dans son livre *The Ideas Industry*[5], les conditions dans lesquelles les idées se forment aujourd'hui, se financent, et s'expriment. Il identifie la montée fulgurante de la classe de superriches aux États-Unis comme étant le moteur principal de la génération des idées et des valeurs qui ensuite se disséminent dans la société. Le ruissellement fonctionne dans ce domaine. La classe des 1 % est intéressée à soutenir les courants d'idées conformes à ses intérêts.

Pour ce faire, la classe supérieure, affirme Daniel Drezner, a soutenu un nouveau genre de penseur : le leader d'opinion, qui a pris la place de l'intellectuel indépendant. La différence entre eux ? Le premier promeut les idées des 1 %, le second pense de manière plus libre. Le discours du leader d'opinion, que Drezner qualifie de « conférence TED diffusée en boucle », se distingue par la faiblesse de sa pensée critique et par la défense de la vision du monde des élites. Souvent auteur de best-sellers, présent dans les médias, il crée les idées à la mode. Il occupe le terrain avec de nouveaux concepts du monde corporatif, tels que l'innovation disruptive, le self branding ou

4. D. Sessions, "The Rise of the Thought Leader: How the superrich have funded a new class of intellectual", *The New Republic*, 28 juin 2017.

5. D. Drezner, *The Ideas Industry: How Pessimists, Partisans, and Plutocrats Are Transforming the Marketplace of Ideas*, Éditions Oxford University Press, 2017.

le transhumanisme, les voyages dans l'espace, des idées qui intéressent en premier lieu les élites, les milieux d'affaires et les grandes entreprises. En général, les idées qui promeuvent une vision dans laquelle le succès vient à l'entrepreneur audacieux, qui prend des risques, ont le vent en poupe auprès des élites et s'en trouvent favorisées. Le journaliste du *New York Times* Thomas Friedman, que Drezner classe parmi les leaders d'opinion, défend davantage, selon lui, des principes de marketing que des pensées philosophiques. Dans son livre *The World Is Flat*, Friedman estime que pour prospérer dans l'économie globale, il faut être spécial, se créer une marque unique, à l'exemple de Michael Jordan. Fervent partisan du libre-échange, il défend les interventions de l'armée américaine, censées diffuser les valeurs libérales dans le monde. Autre auteur à succès aux États-Unis, Parag Khanna promeut le pouvoir de l'innovation technologique et estime que la démocratie constitue un obstacle à la globalisation, plaidant pour un capitalisme plus autoritaire, à la chinoise. Des idées là aussi conformes aux intérêts des 1 %.

Des bulles sur le marché des idées

Cette industrie des idées qui ont le vent en poupe chez les grandes entreprises et les 1 % a pris son essor ces dernières décennies, alimentée par d'importants cachets pour des conférences, apparitions TV, interventions au sein des entreprises, best-sellers bien rémunérés.

Mais parfois les bulles éclatent. La théorie de l'innovation disruptive du professeur Clayton Christensen de Harvard, illustre l'effet de « bulle spéculative » qui peut surgir dans le marché des idées sponsorisées. Cette idée a connu un succès fulgurant à la Silicon Valley et à Wall Street. Christensen a bâti une marque sur ce concept de disruption, publiant huit livres et fondant le « Forum pour la croissance et l'innovation » à Harvard, sa propre firme de consulting, ainsi qu'une boutique d'investissement. Mais en 2014, deux décennies après la naissance du concept, l'historienne Jill Lepore, rédactrice au

New Yorker, une intellectuelle traditionnelle, a mis à mal cette théorie. Les études de cas de Christensen étaient ambiguës et montées en épingle. Seagate Technology, entreprise qu'il avait citée comme détruite par la disruption, a doublé ses ventes après la sortie de son étude. Et des entreprises « disruptives » qu'il a citées ont fait faillite. Une critique de chercheurs du MIT a encore plus sévèrement montré la faiblesse conceptuelle de la théorie de la disruption.

« Le problème, constate David Sessions dans *The New Republic*, est que l'idée de disruption est restée vivante, et que des milliards de dollars sont investis dans des business schools et des concepts de ce type, sans fondements académiques solides, tandis que des départements de recherche universitaire indépendants manquent cruellement de financement. » Les sciences humaines, par exemple, cheminent inexorablement vers une « obsolescence planifiée ».

Le financement par les élites n'a pas seulement produit des auteurs de best-sellers habitués des conférences TED. Le sponsoring académique exerce également une influence considérable dans la diffusion des courants de recherche. Tandis que le financement public s'assèche, des donations d'entreprises, de gouvernements étrangers et de fondations philanthropiques ont pris le relais, et les universités les acceptent sans complexes aux États-Unis. La tendance progresse en Europe. Ces donateurs sont rarement intéressés à soutenir un travail non partisan. « Très souvent, l'objectif est de construire un soutien politique pour leurs idées préférées. En d'autres termes, ils veulent un retour sur investissement pour cet argent », écrit David Sessions.

Le livre de Drezner donne l'exemple de la Heritage Foundation, un think tank libéral. Sous la présidence du sénateur Jim DeMint entre 2012 et 2017, elle a basculé de la recherche à l'activisme politique pour satisfaire ses donateurs. Toujours en 2012, les frères Koch – des industriels américains dont la fortune a atteint 54 milliards en 2021 – ont utilisé un autre institut, le Cato Institute, pour imposer une orthodoxie républicaine antisociale. Enfin, citons comme autre exemple la Brookings Institution qui a nommé comme chercheur senior un promoteur immobilier, tout en acceptant 400'000 dollars pour faire du lobbying afin de favoriser ses plans de développement à San Francisco[6].

Dans les universités américaines, les digues qui ont longtemps protégé la recherche des influences de l'industrie ont lâché, et la présence de banquiers, gérants de hedge funds, ou promoteurs immobiliers est devenue monnaie courante au sein de leurs organes dirigeants. L'Université de Californie a par exemple produit de la recherche sponsorisée par la compagnie pétrolière BP, qui a conclu que la marée noire causée par le champ pétrolier Deepwater Horizon avait été moins grave que ce que l'on avait pensé. « Dans le processus de privatisation de la recherche aux États-Unis, les universités ont avidement accepté le rôle d'opérations R&D des entreprises », estime l'historien de la pensée économique Philip Mirowski dans son livre *Science-Mart*. Comme les entreprises sont sujettes à la pression de la concurrence, elles tendent à moins investir dans la recherche fondamentale, qui a produit les grandes découvertes de notre ère, et préfèrent investir dans la recherche appliquée, qui permet de faire de l'argent plus rapidement. Ce paradigme s'accompagne d'une monétisation de la recherche. Les résultats ne sont plus considérés comme un bien public, disponible gratuitement pour tous, mais sont des produits qui peuvent être monétisés et protégés par des droits d'auteur.

L'indépendance académique a clairement fait les frais de ces développements. « Les sponsors commerciaux ont exercé des pressions sur les scientifiques lorsque les conclusions menaçaient leurs profits, notamment dans le domaine des sciences du climat », écrit Sessions. On compte aussi des financements à but idéologique, comme ceux qui se destinent à des cours sur les vertus du capitalisme, ou des recherches qui critiquent l'État providence. Les sciences de l'éducation de l'Université

6. E. Lipton, "How think tanks amplify corporate America's influence", *The New York Times*, 6 août 2016.

de Columbia ont accepté une donation de plusieurs millions en 2016 pour développer un programme de cours sur « les défis fiscaux qu'affronte la nation » à destination des collèges, qui justifiait le fait de couper dans les programmes sociaux. Une firme financière a octroyé des dons à plusieurs collèges pour promouvoir les « fondations morales du capitalisme ».

Ainsi, des courants d'idées non représentatifs et éloignés de l'intérêt public prospèrent et se diffusent parce qu'ils collent à la vision du monde des élites. Les digues, qui ont lâché dans le domaine de l'indépendance de la recherche, doivent nous interroger sur l'effet que cela peut avoir sur la confiance du public dans ces institutions, qui avaient incarné, durant les Trente Glorieuses, la colonne vertébrale du consensus social.

Puisque nombre des idées dominantes dépendent clairement des grandes fortunes de ce monde et sont diffusées grâce à leur soutien financier, intéressons-nous à leurs valeurs. S'il est vrai que nombre de milliardaires se sont illustrés par leurs initiatives philanthropiques, leur défense des minorités ou même leur soutien à des hausses d'impôts, comme Warren Buffet ou Bill Gates, une étude sur les 100 plus grandes fortunes américaines sur 10 ans (entre 2008 et 2018) de la Northwestern University casse le mythe : elle montre qu'au contraire, le positionnement des milliardaires est en grande majorité ultra-conservateur sur les questions sociales[7]. Leurs préoccupations concernent très largement la baisse des impôts, surtout les impôts successoraux. En coulisses, ils se positionnent contre les régulations liées à l'environnement et à celles visant les banques, et sont peu enthousiastes pour les programmes favorables à l'emploi, aux salaires, à la santé, aux retraites, défendant une réduction des subventions sociales ou leur privatisation, alors

7. B. Page, J. Seawright, M. Lacombe, "What billionaires want: the secret influence of America's 100 richest", *The Guardian*, 31 octobre 2018. Référence de leur livre: *Billionaires and Stealth Politics*, University of Chicago Press, 2018.

que 97 % d'entre eux ne se sont jamais exprimés sur ces sujets publiquement.

Certes, il est démontré que déjà durant l'après-guerre, les universités américaines acceptaient des fonds gouvernementaux et militaires pour fournir une légitimité académique à l'impérialisme américain. Mais il faut souligner que la période des Trente Glorieuses a été la plus démocratique de l'histoire américaine (et celle du monde développé en général), car il n'existait pas de classe de milliardaires aussi puissante qui attendaient des universités qu'elles soient la caution académique pour l'avancement de leurs intérêts.

Dans le monde d'aujourd'hui, les intellectuels des 1 % jouent ainsi le rôle de diffuser leurs idées. Ils agissent comme un miroir, popularisent les idées et les engouements des superriches. Parmi ces idées, qu'on a survolées plus haut, on compte aussi l'importance des milliardaires pour « rendre le monde meilleur », les vertus de la philanthropie, de l'entrepreneuriat, de la dérégulation, de la globalisation, de la méritocratie, de l'innovation disruptive, et le besoin de démanteler les protections sociales « excessives » pour assurer une plus grande flexibilité sur le marché du travail. Un consumérisme aspirationnel doit remplacer les coutumes locales et les modes de vie alternatifs. Les concepts à oublier : la redistribution, la hausse des impôts, la lutte contre les inégalités, le pouvoir d'achat des ménages, la sécurité du travail, la réglementation du secteur financier. Mais aussi la paix. La paix n'est pas un thème porteur aujourd'hui. Fukuyama a montré que dans une ploutocratie, les options de politique étrangère étaient elles aussi déterminées par les intérêts des 1 %. Ces derniers sont aujourd'hui les principaux sponsors d'un engagement militaire américain pour assurer le maintien de la suprémqtie occidentale, et un maintien du statut du dollar, fragilisé, et s'opposent à une amitié ou une paix avec la Chine ou la Russie.

Les formes de désinformation liées aux biais idéologiques résultent du soutien financier qui porte certaines idées aux dépens d'autres. Le résultat est un monde des idées où manquent des figures intellectuelles indépendantes, comme l'ont été Emile Zola ou Anatole France au tournant du XXe siècle, qui, de par leurs origines modestes, ont réussi à se forger une vision large et inclusive de la société, un partage de l'expérience humaine incluant la privation économique, transposée en lutte intellectuelle et sociale. Pour reprendre en conclusion le plaidoyer de David Sessions dans *The New Republic*, il faut espérer que la vie intellectuelle puisse retrouver sa richesse et sa représentativité. Que les classes plus modestes puissent voir reflétées également leurs préoccupations, très éloignées du transhumanisme ou de la fin de l'impôt sur les successions.

Une nouvelle classe intellectuelle, hautement éduquée mais précarisée dans les universités, fait revivre une pensée socialement consciente aux États-Unis dans le monde universitaire. Mais il est difficile de concevoir qu'elle puisse faire contrepoids à l'élite des milliardaires aux États-Unis, estime David Sessions, auteur du dossier sur les intellectuels des 1 % dans *The New Republic*. « Ils ont cependant montré qu'ils peuvent exposer les écrans de fumée intellectuels du centre libéral, et l'agenda idéologique poussé par l'argent, note Sessions. Ces intellectuels de nouvelle génération, avec une conscience sociale, défendent dans la presse américaine les électeurs des classes populaires contre l'étiquette systématique de racistes et de populistes dans laquelle on les enferme, et révèlent les théories auto-intéressées et les *buzzwords* sans substance qui accaparent le champ intellectuel. »

Le problème de la non-représentativité ne fait cependant que s'accentuer. En France, la concentration de 90 % des médias aux mains de 9 richissimes entrepreneurs pose un problème du même ordre. « Demain peut-être, ils ne seront plus que deux, nous n'aurons alors que nos yeux pour pleurer. L'intérêt particulier de neuf propriétaires de médias ne doit en aucun cas prévaloir sur celui de 67 millions de Français, et sur leur droit de pouvoir accéder à une information indépendante et plurielle, ce qui est une condition essentielle au bon fonctionnement de la démocratie », soutiennent l'économiste Julia Cagé et le juriste

Benoît Huet, dans leur récent ouvrage *L'information est un bien public*, cité plus haut.

Le retour à l'esprit critique et la capacité de défier les concepts promus dans l'intérêt d'une seule partie de la population seront essentiels pour la préservation des démocraties. Tout comme la lutte pour une société qui protège les biens publics, au premier rang desquels figurent l'information, la recherche et l'éducation, contre les promoteurs d'une seule vision du monde, individualiste et high-tech, sans destin collectif ni inclusivité.

Diversifier ses sources

Les gouvernements qui embellissent leurs chiffres, qui mènent des campagnes de guerre cognitive, les entreprises qui préfèrent le marketing au *reporting*, qui recourent à l'astroturfing ; les lobbyistes et agences de propagande qui refaçonnent la réalité : au milieu de ce champ d'influences, l'information intègre et indépendante est devenue l'exception. Résultat : l'information d'intérêt général se perd, et avec elle l'utilité sociale du journalisme, de la figure de l'intellectuel public et de la recherche universitaire.

La désinformation économique dans les pays développés est, dans bien des cas, un dégât collatéral de la faillite des États dans le maintien de médias indépendants, d'une recherche universitaire indépendante, et d'une gouvernance politique robuste face au sponsoring et au lobbying d'entreprises aux moyens supérieurs. La privatisation de l'information a connu un développement accéléré ces dernières années, à mesure que l'argent désertait le secteur public pour s'accumuler dans le secteur privé.

Nos jugements diffèrent face au phénomène de désinformation, en fonction de nos intérêts propres. Si l'on se trouve aligné avec les intérêts qui sont derrière un type de désinformation, gouvernementale ou émanant de groupes d'intérêt, on tendra moins à la contester. Car elle flatte notre vision du monde. Par exemple, l'idée que l'inflation est faible plaira davantage à l'employeur qui craint d'augmenter ses charges salariales, qu'à l'employé qui craint de ne pas pouvoir compenser le coût de la vie. Le Russiagate était un narratif qui plaisait aux médias démocrates américains, qui n'ont pas cherché à le débunker. Autre exemple, même après avoir su que les États-Unis avaient menti à propos des armes de destruction massive en Irak, nombre de penseurs occidentaux ont continué à afficher un soutien implicite ou explicite aux guerres américaines au Moyen-Orient, comme si de rien n'était. De même, les partisans purs et durs de Donald Trump n'ont pas tous cru au truquage des élections de 2020, ce qui ne les a pourtant pas empêchés de continuer à le défendre jusqu'au bout.

Si, en revanche, on n'est pas aligné avec les intérêts qui sont derrière un type de désinformation, on tendra à la contester plus vigoureusement. C'est ainsi que ceux qui « débunkent » des informations sont souvent motivés par l'envie d'éliminer des idées qui leur déplaisent.

Mais quelle que soit la motivation, le message de ce livre est que la distance critique face à l'information est plus indispensable que jamais. Penser que la désinformation vient uniquement de QAnon est tendancieux. Penser que l'information officielle revêt un caractère sacré, au même titre qu'une information divine, est une vision enfantine ou religieuse du monde.

La vision technocratique, elle, veut que ce soit le développement des canaux digitaux qui explique principalement l'essor de la désinformation. C'est une vision bancale de la réalité. Internet n'a pas créé en lui-même la désinformation, mais il a fourni un outil sans précédent de diffusion et d'amplification des idées, quelles qu'elles soient, qui existaient déjà dans la société, et qui sont nées de conditions sociales objectives.

La seule véritable arme contre toutes les désinformations est de s'exposer constamment à une pluralité de points de vue. Une mission fondamentale des médias, qui n'ont plus toujours les moyens de l'assurer, faute de moyens, ou faute d'une indépendance concrètement inscrite dans leur gouvernance. Quoi qu'il en soit, il ne faut jamais se contenter d'une seule source. Il n'y a pas besoin des réseaux sociaux pour s'enfermer dans une « bulle de filtre » : il suffit de s'abreuver toujours à la même source d'information, sans se confronter aux points de vue adverses. Une information d'une grande entreprise doit être contrecarrée par le point de vue des concurrents, des consommateurs, des employés, des ONG. Une information d'un gouvernement en campagne ou en guerre doit – évidemment – être contrecarrée par le point de vue des opposants internes, ou du pays ennemi, dont on devrait consulter les médias, non pas pour tout gober, mais pour opérer un arbitrage non partisan entre les deux argumentaires. Dans le domaine géopolitique, ces informations de l'autre camp ont dramatiquement manqué durant les guerres d'Irak, de Libye et de Syrie et continuent de faire défaut dans le cas de la Russie, de la Chine et de l'Iran. L'absence de diversité des points de vue aboutit à monter les populations les unes contre les autres, que ce soit à l'interne, ou à l'international. En chaque citoyen doit résider un « vérificateur », capable de se demander d'où vient le message, quels intérêts sert ce message (de façon ouverte ou couverte), et de défier cette vision, pour la mettre à l'épreuve et tendre vers plus de transparence et d'objectivité.

Seule une société où l'information diffusée fait état de tout le spectre des opinions permet de cimenter la démocratie. L'information qui est l'avocate du peuple et de l'intérêt général est celle qui cimente la société, et non l'information visant l'intérêt spécifique. À cet égard, l'information économique doit refléter toutes les situations sociales, informer sur les différences de situation. Quand on publie une statistique nationale du revenu des ménages, cela ne fait aucun sens de publier un revenu moyen de 7300 francs suisses, par exemple, alors que les plus hauts salaires ont augmenté de façon exponentielle sur dix ans, et que les bas à moyens salaires ont stagné ou reculé. Il faut montrer l'évolution contrastée des différentes catégories de salaire, les ventiler par tranches de revenus. Il est important de radiographier la situation économique afin que chaque citoyen puisse savoir où il se situe, et mesurer d'où il vient. Ce sont des informations essentielles à prendre en compte lors de votations, par exemple. Si on publie une statistique de l'inflation, ou de la hausse des assurances maladie, ces hausses de prix ont des impacts très différents selon le niveau de fortune. Là aussi, il faut montrer ces effets par catégorie de revenus. Car l'impact de la hausse moyenne de l'assurance maladie sur le revenu moyen ne veut rien dire pour personne.

Le citoyen doit aussi savoir d'où vient l'information, c'est-à-dire qui parle, au nom de quoi. Un expert qui s'exprime sur les vaccins doit, le cas échéant, divulguer ses liens d'intérêt avec des groupes pharmaceutiques qui pourraient être favorisés par ses recommandations dans la sphère publique. Un avocat qui crée des structures d'évasion fiscale doit divulguer ses conflits d'intérêts s'il vient sur un plateau de télévision défendre les paradis fiscaux ou les sociétés écrans. Ce ne sont là que quelques exemples pour illustrer le besoin de transparence et d'intégrité qui seul pourra permettre d'améliorer la confiance dans les institutions, les experts, les médias, la parole officielle.

Au final, ce livre souligne l'importance fondamentale de favoriser, par une information intègre, complète et inclusive, le meilleur intérêt de ceux qui sont les seuls, en réalité, à ne pas payer pour diffuser une information à but intéressé, mais qui en revanche la subissent en continu de la part d'institutions ou de groupes d'intérêt qui paient dans ce but. Ces personnes auxquelles on veut vendre des idéologies, des biens de consommation, des programmes politiques, ou des statistiques trompeuses sur leur situation, ont pour dénominateur commun d'avoir le droit de savoir, et d'avoir le droit de prendre des décisions éclairées, non polluées d'intérêts divers. Si la démocratie a un sens, c'est celui-là.

Également disponibles aux Éditions Favre

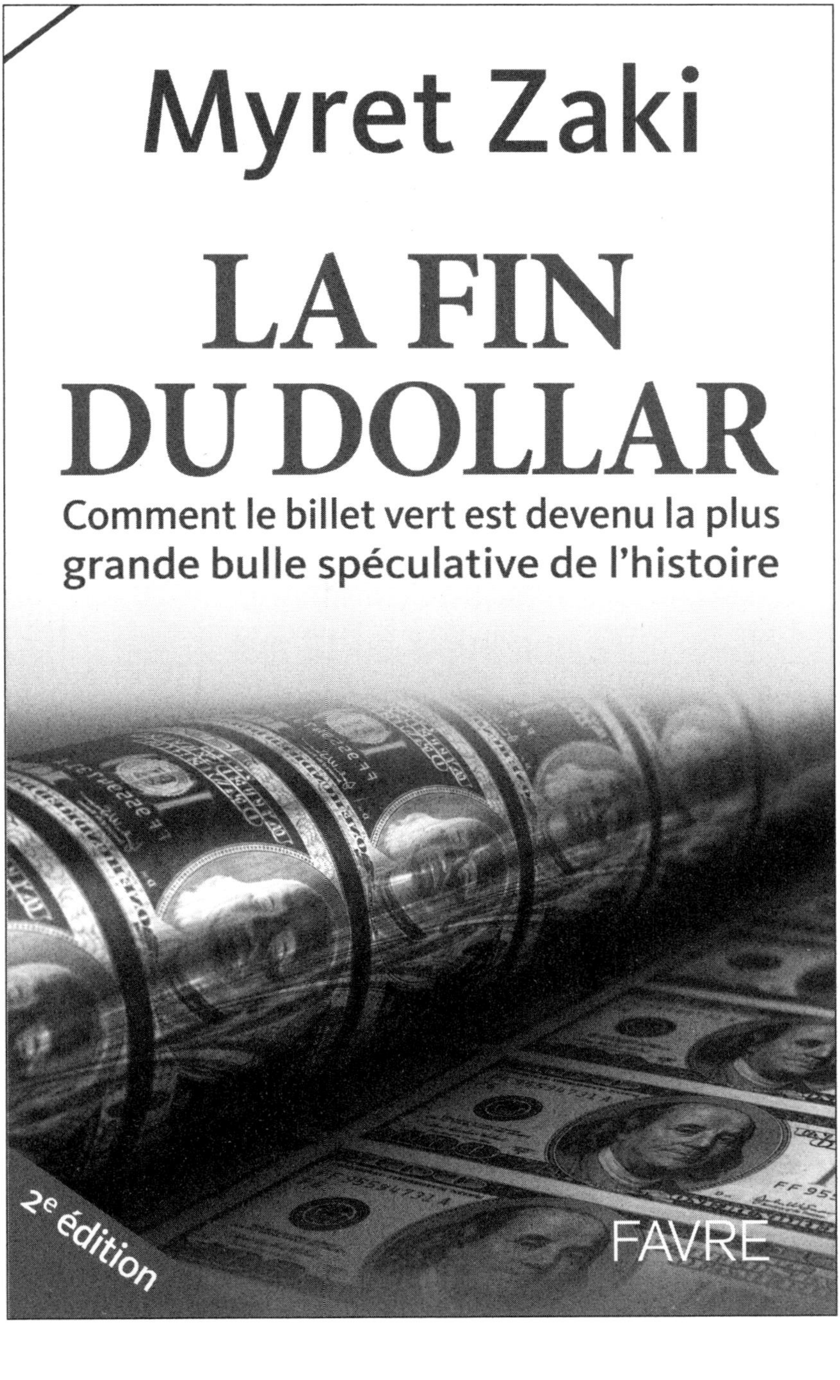

Dominique Morisod
Myret Zaki

LA FINANCE DE L'OMBRE A PRIS LE CONTRÔLE

Le risque systémique
a quadruplé en 12 ans

•

Les spéculateurs
remplacent les banques

•

Quelle sera la facture
de la prochaine crise?

FAVRE

MYRET ZAKI

Le secret bancaire est mort,

VIVE L'ÉVASION FISCALE

Par l'auteur de "UBS, les dessous d'un scandale"

FAVRE